司祭平服《スータン》と癩《らい》園

岩下壮一の生涯と救癩思想

輪倉一広
Wakura Kazuhiro

吉田書店

暁星小学校時代の岩下（左）、順に妹・雅、父・清周、妹・花、母・由加、妹・亀代（出所：『キリストに倣いて』）

大学生時代（明治44年）（出所：『岩下神父の生涯』）

七高の玄関にて、後列右から２人目が岩下、前列中央が校長・吉田賢龍（出所：『岩下神父の生涯』）

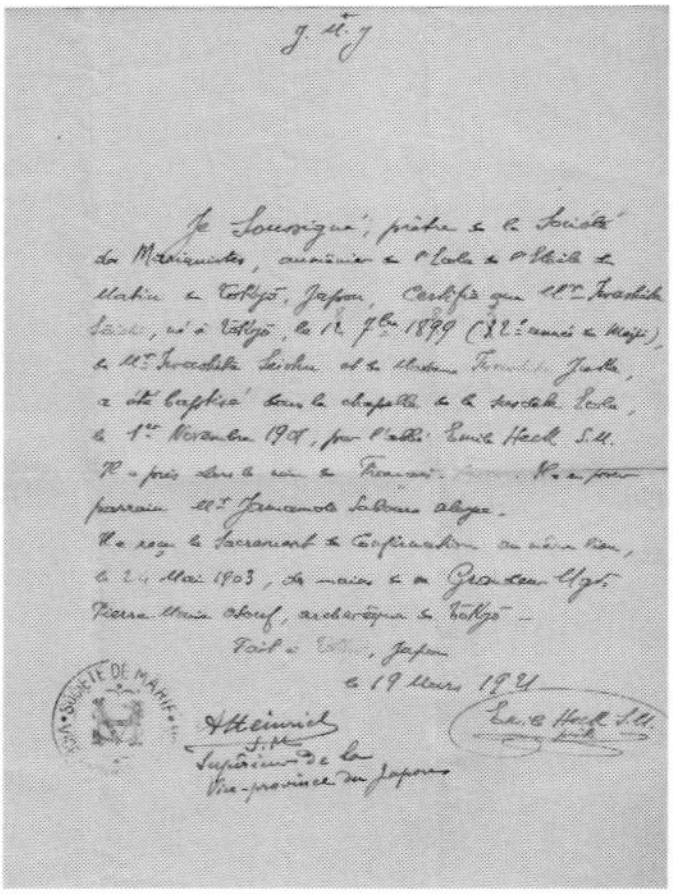

1921年にエックにより作成された岩下の洗礼証明書（生年月日に訂正の書き込み）。留学先への提出用か（東京教区事務所提供）

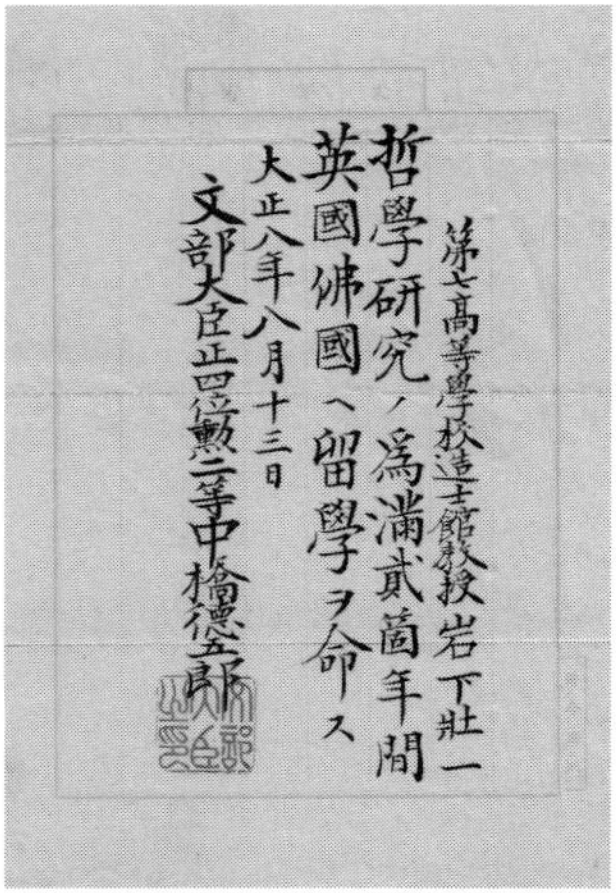

第七高等學校造士館教授岩下壯一
哲學研究ノ爲滿貳箇年間
英國佛國ヘ留學ヲ命ス
大正八年八月十三日
文部大臣正四位勲二等中橋德五郎

文部大臣からの留学を命ずる辞令（東京教区事務所提供）

1925年６月６日、ヴェネチアの聖母マリア被昇天の聖堂（香部屋）での司祭叙階式。中央の座位姿が枢機卿のラ・フォンテーヌ、すぐ左が岩下（東京教区事務所提供）

ヴァチカン万国布教博覧会日本館にて。白の法服姿が教皇ピオ11世、その右隣が岩下（出所：『岩下神父の生涯』）

1928年、神山復生病院への訪問。前列左から司祭・戸塚文卿、院長のド・レゼー、２人おいて岩下（出所：『キリストに倣いて』）

新しく整備された衛生施設（出所：『神山復生病院120年の歩み』）

改築された診察室（出所：『神山復生病院120年の歩み』）

就任早々、全生病院を見学（全生病院の職員に囲まれて）。前列左から２人目が婦長・石渡こと、後列左から技手・宮川量、医師・林芳信、院長・光田健輔、岩下、１人おいて医師・塩沼英之介、医師・田尻敢（出所：『神山復生病院120年の歩み』）

1933年、貞明皇太后のお召列車を患者たちとともに奉送。左写真の日章旗の下が岩下（出所：『神山復生病院120年の歩み』）

1934年、神山名物といわれた野球試合における復生チーム。前列左が岩下（出所：『神山復生病院120年の歩み』）

現在も残る日時計（出所：『神山復生病院の100年』）

1935年、貞明皇太后の御歌を刻んだ「つれづれの碑」の除幕式。左手前が岩下（出所：『神山復生病院120年の歩み』）

病院の事務本館。現在は復生記念館として使われている（出所：『神山復生病院の100年』）

1936年、帝大カトリック研究会で新入生とともに。前列左から２人目が岩下、順に吉満義彦、小林珍雄、大庭征露（出所：『キリストに倣いて』）

消毒着をつけた看護婦たちとともに。前列左が婦長・堀きよ子、３人おいて右が岩下（出所：『続キリストに倣いて』）

未感染児童とともに。後列左が幹事・楠豊吉、１人おいて岩下（出所：『神山復生病院120年の歩み』）

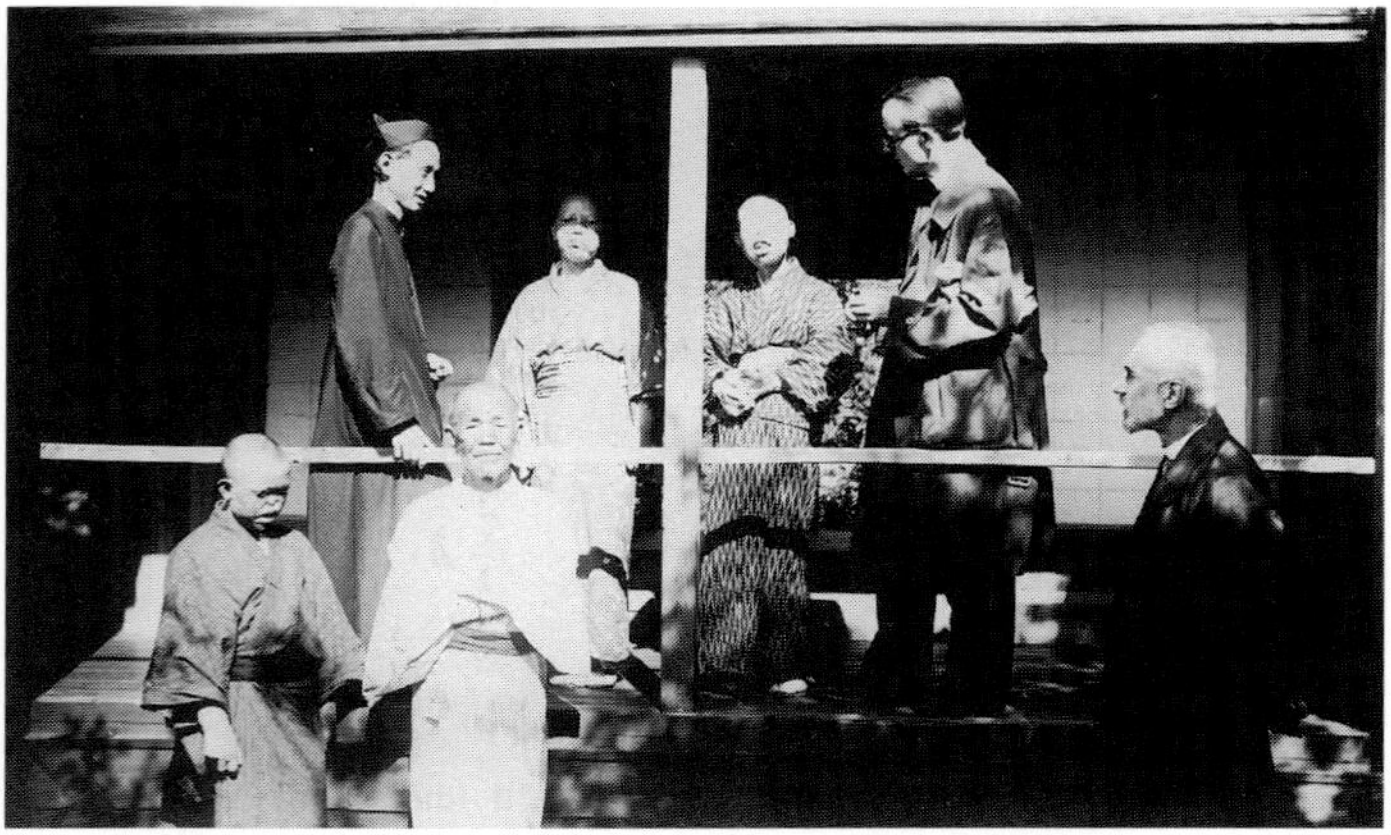

患者たちとの一コマ。劇の練習か。後列左が岩下（東京教区事務所提供）

1939年、創立50周年記念式典の際。前列左から母・由加、１人おいて理事・フロジャック、大司教・シャンボン、最右立位が幹事・楠豊吉、最後列左から岩下、１人おいて婦長・堀きよ子（出所：『神山復生病院120年の歩み』）

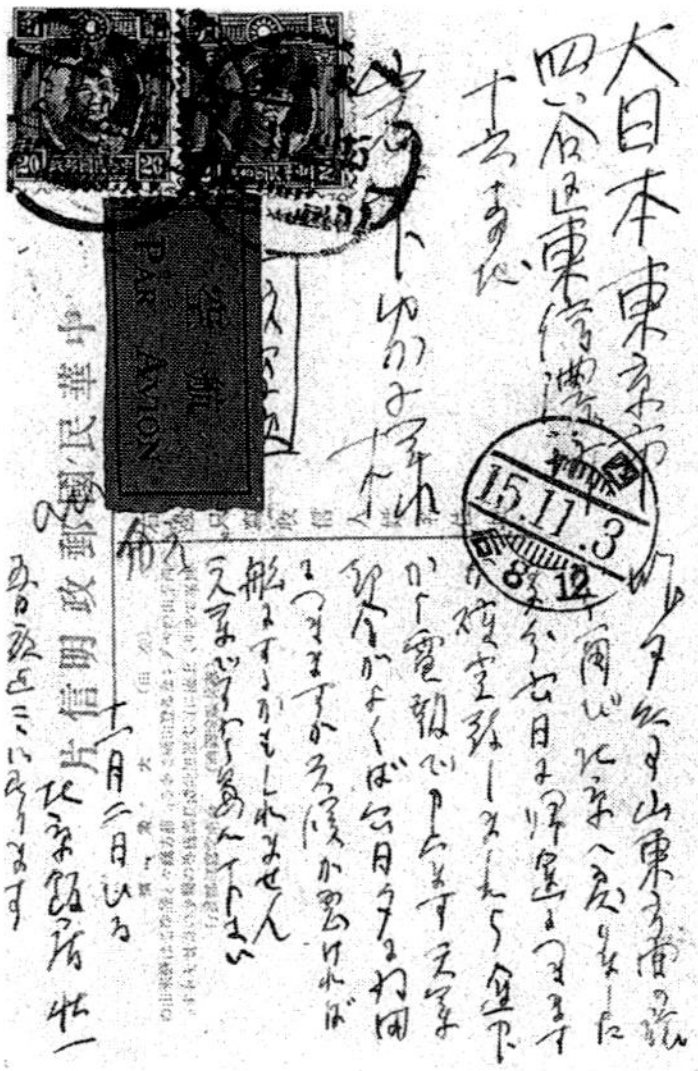

1940年、視察旅行中に北京から出された母・由加へのはがき（出所：『神山復生病院の100年』）

1940年、神山復生病院の講堂で営まれた岩下の通夜（出所：『神山復生病院120年の歩み』）

復生墓地内の岩下と千葉大樹の墓碑。府中のカトリック墓地にある遺骨が2005年に分骨された（出所：『神山復生病院120年の歩み』）

司祭平服《スータン》と癩菌《らい》——岩下壮一の生涯と救癩思想

はしがき

カトリック司祭・岩下壮一は昭和戦前期のキリスト教思想（史）家であり、ハンセン病患者に対する救療事業（以下、本書では救癩《きゅうらい》事業と表記）に後半生を捧げた異色の人物である。

岩下の生涯における主要事項については本書巻末の「岩下壮一関係略年譜」を参照いただくとして、まずは救癩事業家として半生を捧げた司祭・岩下を追悼した詩を紹介してみたい。一九二三（大正一二）年、関東大震災発生の一月ほど前にイエズス会の宣教師として来日し、以来、約半世紀にわたって日本の高等教育（上智大学）の場に身を置きながら静かにも深く日本人青年たちを感化したホイヴェルス（Heuvers, Hermann 一八八〇－一九七七）の詩である。岩下は救癩事業の傍らで、同じ東京大司教区の司祭であったホイヴェルスらとともにカトリック青年たちの指導に情熱を傾けていたのである。

司祭——岩下壮一師の思い出に

春の庭の草花をわが子に教え
その瞳を輝く蒼空に向け
天にましますみ父について語り
その手を合わせて主に挨拶させ
その子の生涯に信仰の種子をまく
司祭はあたかもその母親に似ている

じっと黙ってはいても
わが子が名誉を重んじ
家名を敬い　祖先に誇りを持つことを
切に期待している父親
その子らが気づかぬときも
かれは常に心くだいている
司祭はあたかもその父親のようだ

よろこぶ人とともに喜び
かなしむ人とともに悲しみ
若者たちの胸に高遠の気をやしない
純潔な生活と
キリストの道へと呼びかける
そのように大いなる友
司祭はあたかもその一人なのだ

司祭はキリストである
キリストは人々の眠る夜の間も
星ふる山の頂で父なる神に祈り
人びとに福音を告げ
おさな子を祝福し
病める者を癒やし　つみびとを慰め
おのが生命を渡して万人を豊かにする
世の光　生命の糧　よき牧者！

よき人もあしき人も照らし
もえでる種子を急《せ》かさず
見失ったわが子を迎えるに忙《せわ》しい
世の父親の遠くおよばぬ　父なる神
司祭はそんな天父にも似ている

司祭とはすべてこのようなもの
君こそは　まさにその司祭であった

〔ホイヴェルス、一九九六、二二七－二二八〕

司祭はまったく神に仕え、全生涯を奉仕の業に費やす人である。常に〈公人〉として、まったく「私」を離れた生活を旨とすることが求められる。なかでも岩下の犠牲と献身は、世の中で最も悲惨とされた癩《らい》（＝ハンセン病）を患う人々に仕えることであった。癩は古くから「業病」や「天刑病」とみなされ、「穢れ」の心象をまとわされた患者たちは地域や社会から忌避され、排除されてきた。そして、「廃人」同様の扱いを受けることになったそのような患者たちに対して、時には慈しみ深い母のように、また時には子の進むべき道を案じる父のように、さらに苦しみ迷う人を導く救い主のように、小さき者たちの傍らにいて彼らを等しく慈しみ愛する。まさに岩下の救癩活動は、そうしたたえまない心配りの連続であった。一九二五（大正一四）年に欧州から帰国した後は、東京大司教区の司祭としてカトリック書の著述・出版など、教会における信徒たちの司牧とは離れた立場で活躍していたが、一九三〇（昭和五）年に「神山復生病院《こうやまふくせいびょういん》」（静岡県御殿場市）に赴任してからは救癩施設の院長職として患者たちを牧することが彼の晩年における主な務めとなった。

他方、思想（史）家である岩下は、救癩事業という社会の底辺にしっかりと足をつけた活動を通して、生きた哲学の何たるかを見出そうとしたのである。それは、ヨーロッパ思想史を貫く重要なテーマ、すなわち「信仰」と「理性」あるいは個人と国家の関係に代表されるような互いに反目するかに見える、対立する二つの概念を媒介させるパースペクティヴ（＝考え方）とはいかなるものか、という哲学的な問いへの答えを探そうとするものであった。ただ、岩下自身承知していたことではあったが、その答えはすでに既存のカトリシズムの中に見出すことができた。だから、岩下のとり組みとは答えを見つけるというよりもその妥当性を現実事象の中で検証することであった。つまり、現実社会の諸問題はカトリック教会が依拠したトマス・アクィナス——中世最大のスコラ学者と称されている——の哲学で示された対立概念の〈総合〉ないしは〈内的結合〉という解釈で十分に説明され得るのか、というものであった。対立概念を全く分離して理解しようとした近代思想——プロテスタンティズムと置き換えてもよい——への批判の上に立ち、カトリック信仰にこそ見出される（と岩下が理解した）人間精神を豊かにするような真の哲学的よりどころを模索したのである。こうした哲学課題に対峙しつつ展開された彼の救癩実践とその思想が本書のテーマである。

岩下が生きた時代は、一九世紀末から二〇世紀前半にかけて起こった六つの他国との戦争すなわち日清戦争、日露戦争、シベリア出兵、満州事変、日中戦争（「支那事変」）、そして「大東亜戦争」へとつらなる時期と重なっていた。日本にとっては、国際社会における自国の立場についてのみならず、内政的にみた国民国家のあり方についても否応なく模索せざるを得ない時期であった。明治維新前の藩の枠組みを乗り越え、日本民族という新たな国家システムすなわち民族国民国家の形がしきりに模索される政治状況の中で、岩下もまた他の同時代知識人たちと同じく国家と国民とのあるべき関係を見極めようとしたのである。

こうした政治過程では、為政者によって人々の社会意識を統合体としての国民国家に同化（あるいは馴化）させるさまざまな術策が弄された。それらは、もとより法による強制的なサンクション（＝制裁）を伴うものだけではなく、人々の民衆意識に内面から働きかけるものがむしろ有効な働きをなした。たとえば、上述の日中戦争を例にとれば、大国である中国に送り込まれた日本兵たちは異民族である中国人たちに「白眼視」される中で、ある種の恐怖感のもとに「焼き尽くし、殺し尽くし、奪い尽くす」という「三光作戦」を意外なほど平然と展開したことに見出し得る（大濱、二〇〇二、一一四－一一五）。つまりこの場合、中国人から受けた「白眼視」が彼らへの侮蔑心につながり、それはまた「日本人」としての民族的な自尊意識の覚醒を伴って、結果として残虐な行為を正当化させたのである。また、国内的な面では、戦死を個人的なものから国家が天皇の名のもとに「靖国の英霊」として意義づけることにより、「大日本帝国」なる虚像（巨像）への同化を促したのである（大濱、二〇〇二、一二〇

―一二二）。

このように人々を内発的に国民国家に同化させる術策は、ハンセン病政策においても同様にみられた。その際に用いられた仕掛けは、もっぱら皇后や皇太后から直接に患者や救癩事業等へ向けたさまざまな形での下賜、すなわち国民統合を図る上においても強力な求心力をもつ「皇恩」という慈恵的なイデオロギー装置であった。古くから「業病」や「天刑病」として人々から忌み嫌われ、社会から排除されてきた癩者が、とりわけ一九三〇（昭和五）年初頭から展開される過剰な伝染病対策といえる療養所への絶対隔離政策とその国民的運動の中で、非癩者には皇室を介した同情心の喚起と民族浄化の協働運動として、他方、癩者たちには皇恩への報謝として、それぞれの意識を軍国主義国家とそのイデオロギーへと親和的に同化させていったのである。それは、国家権力への意に沿わない服従あるいはルサンチマン（＝憤り）からくる抵抗というような、癩に関わる従来の政策史や運動史の研究成果から措定される患者の立場とは異なるものであった。本書では、この点にも注目している。

癩に関わる歴史研究の中では、ここ一〇年ほどの間に元患者や元救癩事業関係者から直接にライフヒストリー等を聞き取って記述しようとするエスノグラフィ的な研究がいくつか現れてきた。今日、患者自身の手による夥しい数の自伝や随筆が出版されている一方で、患者個人の自然な「語り」に注目し、「古い記憶」から歴史を再現させようとする試みがなされている。しかし、一般に現在から捉えた「過去の記憶（life as told）」と過去の事象である「当時の意識（life as lived）」との間には心象上の評価において大きな隔たりがあることを忘れてはならない。患者の「過去の記憶」としては癩政策への不本意な服従ではあっても、「当時の意識」としては民族浄化の救癩国策に寄与し、ひいては天皇および天皇制国家へ同化することが彼等の民族的な自尊意識を大いに満たした、とみることに何ら不自然さは感じられない。それは特定の信仰をもつようなもので、この場合は軍国主義イデオロギーへの帰依と考えればよい。

本書は、岩下壮一の思想形成と救癩実践に関わる思想について独自な視点から分析した研究書である。その中心テーマは一九三〇年代の軍国主義イデオロギーとそれに伴って展開された救癩国策のもとで、岩下がカトリシズムの社会的意義を主題化しようとする過程についてとらえることにある。つまり、西洋思想史上のライトモチーフともいえる「信仰」と「理性」の関係の問題に、岩下が「現実」から目を背けることなく果敢に立ち向かった軌跡がまさに本書には記されている。しかし、本書は思想（史）家・岩下の単なる人物史にとどまるものではない。とくに第Ⅱ部においては近代日本救癩史の本質的なテーマである国民国家と患者との権力を介した関係史の問題を正面から見据えている。つまり、「岩下」というテクストを通して救癩をめぐる（包括的な）自他関係を読み取ろうとするものである（この点については第Ⅱ部序章第2節「研究方法と論文構成」で詳述）。

本書の構成を大雑把に説明すれば、前半の第Ⅰ部は岩下の生涯における業績と思想形成について評伝の形でまとめたものであり、本書全体の中では「総論」に位置づけられる。これまで思想形成を軸にして記述された岩下伝がなかったことからすれば、あらたな「岩下伝」として読んでいただけるものと思われる。一方、後半の第Ⅱ部は「各論」にあたる部分で、歴史研究としてはあまり馴染みのない方法、つまり現象学的な視座――それは、患者一人ひとりの（ありのままの）生活世界がもつ内的構造への洞察を通して救癩実践を展開した岩下の視座とほぼ共通した視座でもある――による分析・記述により岩下の救癩活動をめぐる自他の関係構造を深層において再構成させようとしている。したがって、第Ⅰ部と第Ⅱ部は直接に文脈上のつながりがあるわけではなく、どちらから読んでいただいても理解できる構成になっている。また、第Ⅱ部が学術論文の集成であるのに対して、第Ⅰ部は評伝的な記述により一般の読者にも比較的容易に読んでいただけるものと思われる（注も本文中に含めている）。なお、第Ⅱ部の主要な部分は科学研究費補助金を受けて取り組んだ成果であり、二〇〇七年に名古屋大学大学院文学研究科から博士号を授与された学位論文『救癩史の深層――岩下壮一の救癩思想研究』をもとにしている。また、第Ⅰ部と第Ⅱ部でいくつか重複する記述や引用があるが、そうした重複はともに岩下の思想の中核的な部分に遡っての分析ゆえのことでもあり、その点予めご理解いただければ幸いである。

最後に、本書の中で用いたハンセン病ないしはそれに関連する「癩」、「癩者」、「救癩」等の語は現代では差別用語に該当するものであるが、これらは戦前においては一般に使われた用語であり、史実をもとに分析・記述する歴史研究の慣例に従ってそのまま用いていることをお断りしておく。なお、本書の中の引用文は旧字体を改め、また明らかな誤記は著者の責任において訂正して掲載した。

司祭平服《スータン》と癩《らい》菌

目次

本書引用文中〔　　〕は筆者の補足である。

第Ⅰ部　岩下壮一の生涯と思想形成

この三章からなる第Ⅰ部は、カトリック思想家であり、晩年の一〇年間にカトリック救癩施設「神山復生病院《こうやまふくせいびょういん》」の第六代院長としてその事業に携わった司祭・岩下壮一の生涯を検討したものである。評伝としては、岩下の没後まもなく井伊義勇によって『復生の花園――救癩の慈父・前復生病院々長岩下壮一神父の生涯』(一路書苑、一九四一)が上梓されている。しかし、これは一般啓蒙書と呼べる類のもので、主観的・賞賛的な記述に傾いている。また、岩下の業績等については、彼の最晩年に秘書的な役割を果たした小林珍雄によって『岩下壮一全集』第一巻〜第九巻(中央出版社、一九六一〜六四)が編まれており、またそれらに加わる一巻として小林により伝記『岩下神父の生涯』(別冊、一九六一)が上梓されている。

小林の岩下伝は、岩下が生涯をかけてカトリシズムに向き合っていったそのおもな足跡を、一次史料を引用してかなり入念にまとめたものである。ただ、それらは断片的であり、体系立てて記述されておらず評伝としては読みづらいものとなっている。現在、小林がこの岩下伝をまとめるに際して利用した資料が岩下の日記以外ほぼそのままの状態で保管されており、今回、同書とその資料の他に新たに収集した資料(関係者からの聞き取りを含む)等も加えて、岩下の思想形成とりわけ救癩思想の形成の視点から評伝の形でまとめ直した。

岩下の思想形成は、大きくは三つの時期に分けてとらえられる。それは、①出生から欧州留学によりカトリック神学・哲学の研鑽を積むとともに司祭に叙階(任命)されるまでの時期、②帰朝後、カトリック神学・哲学の普及(著述・出版・講演等)活動に当たりながら、また救癩施設の院長としてその事業に当たりながらも人間(生活)に普遍的な哲学を探求しようとして模索していた時期、③救癩事業を進める中で、人間(生活)にとっての普遍的な哲学とはどのようなものかを見出すとともに、院長職を辞し、華北での戦争協力を経て没するまでの時期、である。

第1章「自分の務めを完全に全うしさえすれば、それでいい」
――出生から欧州での司祭叙階まで

出生から青年期前期

岩下壮一は、一八八九（明治二二）年九月一八日、実業家で士族の父・岩下清周と、同じく士族出身の母・由加《ゆが》の長男として東京市京橋区采女町に生まれた（「由加」の表記――「加」に濁点がついている――は静岡県裾野市役所発行の岩下清周（戸主）の除籍謄本による。ただし岩下伝（小林、一九六一）の中での表記がそうであるように、実際には通称である「幽加」または「幽香子」が用いられていた。なお、清周の実父・岩下佐源太と由加の実父・称津繁久はともに信州松代藩士）。父・清周は聖公会の信者であり、若い頃は宣教活動に情熱を燃やしたこともあった。また、母は熱心なカトリック信者であった。壮一は幼い時に罹ったポリオの後遺症により片足がいく分不自由となった。一八九七（明治三〇）年に、一年遅れて飯倉小学校（東京）の二年に入学することになるが、これはポリオの関係と思われる。

一八九九（明治三二）年、暁星小学校に転入する。これが岩下のカトリック信仰の出発点となった。この暁星小学校は、カトリック男子修道会の一つであるマリア会が運営する私立学校であった（日本におけるカトリックの宣教活動はプロテスタントに比べて精彩を欠いた。その宣教は、教育や養育の事業と表裏一体的になされる場合が多かった。そのような中で、マリア会は日本におけるカトリックとしては最初の男子教育施設である暁星学校を設立した。岩下が入学した当時の暁星学校は小学校および中学校からなり、小学校は四年制の義務教育および二年制の高等科、中学校は五年制であった。また、マリア会による男子教育への参入は、それまでプロテスタントに比べ下層階級への宣教に留まっていたカトリックにとって上層社会への宣教を進める足がかりとなった（記念誌等編纂委員会、一九八九：一七−二〇））。この年、政府はキリスト教系学校を取り締まる目的の「私立学校令」と併せて「文部省訓令第一二号」を発布し、教育勅語体制の確立のため学制に基づく国民一般の教育には原則的に宗教教育を認めない方針とした。したがって、キリスト教系学校は宗教性を排除した教育内容に限定されるとともに地方の府県庁が管轄することになった。こうした動きは暁星学校へも直接影響を与えた。そこで同校においては、今までの学校と教会が一体化した学校経営のあり方をいち早く改め、また宗教儀式をなくし、熱心な外国語教育等の評価されやすい面だけは残して宗教的に中立の立場をとる「許可校」になることにした。ところが、これが逆に功を奏して暁星学校は上層階級からの支持を得て、明治末には政治家・大資本家・高級官僚などの子弟が数多く入学することになった（高橋、一九九二：三一七）。

岩下は、早くも一九〇〇（明治三三）年に小学校高等科の第二学年を修業し、数え一二歳にして通常の入学資格より二年早く暁星中学校に入学を認められた（暁星学園同窓会事務局の調べによる）。同期の入学生は一五、六歳程度の者も少なからずいる中でのことであった。このことから、彼の類稀な秀才ぶりがうかがわれる。中学二年生の時に、暁星中学校において東京帝国大学（以下、「東大」と表記）教授で後に暁星中学校の校長となるエック*より洗礼（一九〇一年一一月一日）を受けた。霊名はフランシスコ・ザベリオである（カトリック東京教区事務所所蔵の岩下の洗礼証明書（一九〇一年三月一九日作成、口絵の写真参照）が残っている。なお、代父には旧友であり後に義弟となる山本三郎*の名前が記されている）。中学時代は寄宿舎生活であったためフランス人教師やアメリカ人教師たちに接し、フランス語や英語を自然に習得していった。それのみならず、外国人教師たちのカトリック信仰を目の当たりにし、宗教への関心を深めていった。それを助長したのがフランス語でなされていた公教要理（カトリックの教義）講話への出席であった。

さて、暁星学校時代の岩下はすでに非凡な人格を備えていたようである。多少の誇張を承知で友人評をとり上げれば、岩下とは暁星学校の寄宿舎仲間であった栗野斎次郎*の次の追想が手がかりとなる。

エック（Heck, Émile 一八六八－一九四三）：マリア会司祭、教育家。東大にてフランス語・フランス文学を教授。

山本三郎（一八八四－一九三二）：暁星中学校における岩下の二年先輩。キリスト（カトリック）者で、岩下の受洗時の代父。岩下の妹・雅子と結婚。公教青年会の初代会長。

栗野斎次郎（一八八五－一九六三）：言語学者。暁星中学校・第一高等学校および東大文学部では岩下と同学年。岩下と同じく下肢に障害がみられた。外交官であった栗野慎一郎の二男。

口も可なり達者で大人も避易するほどの堂々たる議論も出たし、その当時から諧謔皮肉も可なり云はれた。無邪気で腕白で寄宿舎で色々の悪戯を互にした事を覚えて居る。而しなかなか勤勉家で秩序正しい頭脳から毎日何頁毎週何頁と予定を立て読書された。当時私共は将来師は学界なり実社会なり何れの方面に行かれても必ず傑出さるるに相違ないと考へて居た。師は斯様に理知のすぐれた人であつたにも拘はらず、何んとも云へぬ温い心を持つて居られた〔栗野、一九四一：八八〕。

中学の卒業間近にその後の進路についてエックに相談しているが、結局、壮一はエックの助言どおり父を説得し、承諾を得ることになった。それは第一高等学校（以下、「一高」と表記）に進み、後に東大へという進路であり、父・清周の望んでいた実業家ではなく哲学教授への道であった。エックによる助言を引用してみよう。

さうだね。実業家は君の召命ではなささうだ。君はもつと高く尊いものに召されてゐるやうに思ふ。Ad majora natus es. 一高を受験して見給へ。そして帝大に進んだら哲学をやり給へ。君はさういつた方面に向いてゐると思ふ。ゆくゆくは帝大の哲学教授にならないとも限らないからね。……ていねいに正直にオトッサンに話してごらん。きつと許してもらへると思ふから〔エック、一九四一：二五〕。

一九〇五〔明治三八〕年、予定どおり一高文科甲類に合格、しかしながら所要年齢に達しないため一年間の入学延期を余儀なくされることになる。翌年無事入学した岩下は、カトリックの教義をもっと深く学びたい一心で暁星出身の仲間を集め、東大でフランス文学を教えていたエックにカトリック研究会の設立を願い出た。岩下は、「一高の先生方の講義を伺っていますと、いろんな疑惑が生じますので、その解決を求めたいと思ふんです」とその理由を述べた〔エック、一九四一：二六〕。エックはそれを次のように受け取ったという。

私は岩下師の考といひ、提案といひ、いちいちもつとも至極なことだと思つた。実際、ヨーロッパに於てさへも多くのカトリック学生は、カトリシズムとは正反対のことを教えられる官公立の上級学校に入学すると、信仰を失ふやうになるものである。彼等が信仰を守るためには、どうしても彼等の新しい境遇に即応した高等な宗教研究を、しかも有能な師について行はなければならない〔エック、一九四一：二六〕。

後に岩下は、著作の中でとくに学問的に影響を受けたと思える恩師五人を挙げている。その五人の中には含まれないが、岩下を最後まで支えた良き理解者として一番にこのエックを挙げねばならないであろう。

さて、こうした岩下らカトリック青年たちの信仰基盤の確立の必要性は、当時の日本思想界の状況とも大きく関わっている。明治後期の日本思想界は日清・日露両戦争によって帝国主義の度を一層加えていった一方で、国家主義の思想を批判し、これに対立するような思想がさまざまな形で現れてきた時代であった。その中で活発な活動を展開したのが新興労働者階級の増大を背景にした社会主義思想であった〔古田ほか編、一九七九：一九八〕。また、これと並んで、新中間層に属する知識人が中心となって広まったものに個人主義思想があり、この思想は一高生などの青年知識層にも大きな影響を与えた〔古田ほか編、一九七九：二一八〕。その後、この個人主義も青年知識層の理想を要求する過程を背景として多様に発展していった。つまり、岩下たちのような青年知識層にとってはある意味で多様な価値観とそれぞれの独自な主張に翻弄されていた時代といってよいであろう。

こうした時期、岩下の一高入学と年を同じくして新渡戸稲造*校長が着任した。新渡戸の教育理念は知識や教養それ自体が目的ではなく、これを現実の世界に応用できる人材を育てることにあった。すなわち、当時一高生をとらえていた二つの思想傾向である「籠城主義」と「個人主義」をともに断ち切って「ソシアリティー」に富んだ帝国主義者を育てることであった〔菅井、一九九三：一七三〕。つまり、新渡戸の教育思想は排他性に傾斜しやすい一高独自の「籠城主義」や、社会を意義の薄い擬制とみる「個人主義」を現実社会の全体主義に調和・融合させようとする性格をもっており、ともすると自己に埋没しようとする一高生のアイデンティティを外へ押し広げようと意図するものであった。

岩下の一高の後輩であった田中耕太郎*は、新渡戸以外に一高生に大きな感化を与えた人物としてかつて一高に奉職したことのある内村鑑三*を挙げている〔田中耕太郎、一九四一：四九－五〇〕。内村は聖書のみに基づくキリスト教の精神主義（＝無教会主義）を唱え、知識青年たちを革新的な信仰運動へと導いた人物である。この両者の影響力の大きさを、同氏は「所謂精神的な学生たちの多くは――勿論其の数は大したことはないが――高等学校と大学の課程中に於て一度は新渡戸、内村両先生の何れか又は両者の門をくぐつたのであった」と述べている〔田中耕太郎、一九四一：四九－五〇〕。しかし、一高生の思潮としては、これらのほかにも夏目漱石*（当時、一高講師）に接近していた文学的・哲学的グループを中心とした者など多岐に亘っていたようである〔田中耕太郎、一九四一：四九〕。それは、菅井凰展の言う「日露戦後の一高生の精神的活動は、むしろ、多岐な傾向に分化しはじめたところにその特徴が認められる」との追憶からも理解できる〔菅井、一九九三：一七四〕。

ところで、岩下に「とくにわたしを今日あらしめてくださつた」と言わしめた教師のひとりに一高時代の岩元禎*教授がいた〔岩下、一九四八：一二五〕。ただ、田中の「極めて少数であるが一高教授の岩

新渡戸稲造（一八六二－一九三三）：農学博士・法学博士、教育者。一高校長時代は東大教授を兼任。のち国際連盟事務局次長、貴族院議員等を歴任。キリスト（クェーカー）者。

田中耕太郎（一八八〇－一九七四）：商法学者・法哲学者。東大教授となり、文部大臣、最高裁長官等を歴任。一高では岩下の三年後輩。一九二六年に岩下の勧めでカトリックに入信。

内村鑑三（一八六一－一九三〇）：無教会主義を樹立した我が国キリスト教界の代表的人物。

夏目漱石（一八六七－一九一六）：小説家。一高・東大等の講師を歴任。後に朝日新聞社の専属作家となる。

岩元禎（一八六九－一九四一）：哲学者。東大在学中はケーベルに師事。一高教授としてドイツ語、哲学を教えた。

元禎先生を敬慕するものもあった」という指摘からもわかるように、岩元は学生からそれほど師事されていたわけではなかった〔田中耕太郎、一九四一：四九〕。それは、ドイツ語の容赦のない厳しい講義が災いしたせいかもしれない。ともあれ、岩下はこの岩元から後の哲学研究へと進路をとる上での重要な指針を与えられたと言ってよい。そのあたりを岩下自身の言葉からみてみよう。

学問に対する真剣な態度――これは先生から賜つた偉大な教訓である。「大学へ行つたらケーベルさんに就け」と岩元先生から教えられたことを、わたしは忠実に服膺した積りである。先生を通じて西欧文化の最もよきものと相接する道が示されたことを、私は常に感謝してゐる〔岩下、一九四八：一二七〕。

このように、岩下の哲学思想は良き師に出会い、その人たちに師事して学ぶことを通してその後も鍛錬されていくことになるのである。

ところで、岩下が深く関わったカトリック研究会の仲間に、同じ暁星学校出身の戸塚文卿*、山本信次郎*がいた。戸塚は医師資格をもつ司祭として後にカトリック病院を建て医療社会事業に尽力し、また、カトリック関係書の執筆活動にも大きな功績を残すことになる。一方、山本は海軍少将となり、その傍ら日本公教青年会の会長をも務めることになる。この日本公教青年会は、公私にわたって熱心にかつ一貫した態度をとる山本のような指導者を得て、大正から昭和にかけて日本カトリシズム発展の推進力となって信徒活動（＝カトリック・アクション）を展開していったのである（上智大学編、一九六〇：一九二）。なお、カトリックの信徒活動は、一九六〇年代に行われた第二ヴァティカン公会議の主要な教えのひとつとして現代では既成事実となっているが、そこに至るまではさまざまな発展段階があったといわれている（ハードン編、一九八二：一〇五）。こうした点から、カトリック慈善事業の研究者である田代菊雄は、この三人を「大正期後半から昭和初期のカトリックにおける指導的人物であった」と評している（田代、一九八九：一二〇）。明治期にみられた閉鎖的・消極的なカトリックから積極的な信徒活動への転換の端緒となったカトリック研究会は、やがて慈善団体である聖ヴィンセンシオ・ア・パウロ会と前述の公教青年会とに分かれて発展することになるのである。そこでも岩下は中心的な活躍をした（ヴィンセンシオ・ア・パウロ会の設立発起人の一人として岩下の名前が挙げられる（上智大学編、一九五四：七〇－七二）。また、公教青年会における岩下の働きについて、「遥かに偉大な功績はその会員中より戸塚文卿、岩下壮一、……等の有力なる司祭を輩出したことである」と評されている（上智大学編、一九五四：七三））。

岩下は、こうした日本カトリックのとりわけ社会活動の発展に寄与していったのである。彼の進取の気性は、もとより父親ゆずりと評されることが多い。父・清周は実業界の大物としてその豪放な経

戸塚文卿（一八九二－一九三九）：カトリック司祭、医師。一九一三年に司祭叙階。結核療養施設ナザレトハウス、桜町病院等を創開設。『日本カトリック新聞』主筆も務めた。一九〇七年に岩下を代父として受洗。

山本信次郎（一八七七－一九四二）：海軍少将。暁星学校の出身。キリスト（カトリック）者で山本三郎の兄。駐伊大使館付武官、東宮職御用掛等を歴任。

営手腕からイノベーターとしての資質を存分に発揮した〔西藤、一九八二〕。大阪で北浜銀行を生み育て、大阪の繁栄に貢献したのが彼である。後に政界をも巻き込んだ北浜銀行事件——過剰な貸付による北浜銀行の倒産に対して、同行の頭取であった清周に背任・横領等の罪で実刑が科せられた——によって第一線から退くことになるが、最後まで「将来に重きを置くという経営理念」を貫いた〔井門、一九八二：九六、西藤、一九八二〕。

カトリック・アクションへの傾倒

一高から東大さらに同大大学院では、学業はもとよりカトリック研究会へ継続的かつ活発に参加した。この頃の岩下について、当時、一高や東大で教鞭を執ったことのあるアンベルクロード*は岩下への追悼文の中で次のように述べている。

岩下さんは此のカトリック研究会の中心となつて他の会員を鼓舞奨励したと云つても過言ではありません。毎週集会を開きましたが、岩下さんは何時も一番先きに来て、開会前に茶菓を準備しました。是は午後四時に集まる学生会員は銘々自分の学校で長時間勉強して疲労してゐますから、元気を回復し、研究会で論ずる問題に能く注意させるためでありました。会の指導司祭は先づ聖福音書或いは聖パウロの書簡の一節を朗読し、簡単なる注釈を加へました。それから各学生は順番に予め準備した聖会史或いは護教学上の一問題に就いて述べ、最後に其の問題に関する意見を交換して散会しました〔アンベルクロード、一九四一：三二－三三〕。

このように岩下は、単なる参加者の域を超えて熱心に会活動に取り組んだのである。とくに大学・大学院時代に無二の親友であった九鬼周造*は、この頃の彼を「ちょっと蕾の時代であり、外部の事情に於ても何の心配もない或る意味に於てもっとも幸福な時期であったらう」と追想している〔九鬼、一九四一：三五〕。大学から大学院にかけての学生時代は、哲学・神学に真正面から向き合うことで青年期の知的な好奇心や批判精神を大いに満たそうとした時期といえるであろう。

ところで、この頃から熱心に培ってくることになる自身のカトリック信仰とそれに基づく人格形成の問題について考えてみたい。まず、岩下は大実業家の御曹司として何不自由なく育ちながらも、かなり冷徹な性向をもった人であった。それを、暁星学校の後輩であり、とりわけ岩下の大学院生時代以降つかず離れずの交流が続いていた伊澤千三郎*の見立てを紹介しておこう。

アンベルクロード（Humbertclaude, Henri 一八七八－一九五五）：マリア会司祭、教育者。暁星中学校教諭を経て、一高・東大で教鞭（仏文学）を執った後、マリア会日本準管区長を務めた。

九鬼周造（一八八八－一九四一）：哲学者。一高を経て、東大哲学科に進んだ。欧州留学中、哲学者のハイデガーらに師事。京都帝国大学教授。岩下とは一高・東大の同級生。

伊澤千三郎（一八九五－不詳）：暁星における岩下の後輩。

私の感じた岩下さんは、人を自分の方へ引き寄せようとする、で近付いて行くと或る距離に達すると鋭く反発する、で遠くへ引き退つてゐると何かの機会に又引き寄せようとする、かう云ふ人のやうであつた。さうかと云つて岩下さんは冷い人かと云ふとさうでもなかつた。お茶を送つて呉れたり、著書を呉れたり、実にまめだつた（伊澤、一九四一：五三）。

伊澤の見立てから改めて考えると、どうも岩下には人格形成上で自己－他者の関係における〈距離〉を強く意識しなければならないような何らかの心的な葛藤を抱いていたのではないかと推察される。

ここで思い出されるのが、岩下が洗礼を受けて以来、常にクリスチャンの修養書とも呼べる『キリストに倣いて』（トマス・ア・ケンピス著）*を愛読し、積極的にキリストを模範として生活しようとしていたことである（岩下、一九四八：一一二）。つまり、岩下の中ではキリストの模範に従って積極的に隣人に愛を示そうと努力する自己と、そうした無理な犠牲を払うことを止めようとする本性的な自己とのせめぎ合いが生じ、両者のギャップを他者に知られたくないという思いが常に存在していたのではないか。それゆえ、他人とは常にある一定の距離をとっておく必要を感じていたのではないだろうか。そう考えると、こうした岩下の内面を彼の生まれや育ち、その恵まれた資質などから形成された当然の属性であるとする小坂井澄の次のようなとらえ方にもうなずける。

復生病院の関係者ではないが、若いころ、岩下から「公教要理」を学び、後に彼の雑誌編集を手伝ったある老人から、筆者〔小坂井〕は岩下について多くの追憶談を聞いた。岩下神父にたいする敬慕と傾倒はいまもなみなみならぬ老人が、その中でもらしたつぎのような言葉が、印象深かった。「よく、〝分際〟ということをおっしゃる方でした。分際をわきまえよ、とね。だから、下の者から、たとえばわたしなどから忠告めいたことを言われると、感情を害された。平生は与太話なんかもされて、人を笑わすのが好きな気楽さを示されたけれど、いったんことがあると、鋭い抜き身を突き出すという感じでした。そういうときは、びくりとさせられたものです。」抜き身のような鋭さを、神父として、とりわけ、ライ患者たちのおやじとして、忍耐と謙虚さで幾重にも包むようにしていた、彼にすればそれこそ血のにじむようなことであったかもしれない戦いが、ふとしのばれる〔小坂井、一九八九：一二五〕。

キリスト者であれば、キリストを模範とした生き方を目指しつつも現実の至らなさとのギャップからくるこうしたアンビヴァレントな感情は、その程度は異なっても必ずといってよいほど存在するものである。岩下の場合、生育環境が手伝ってその傾向がかなり強くみられたということであろう。こ

トマス・ア・ケンピス（Thomas a Kempis 一三八〇－一四七一）：アウグスチノ修道祭式者会員、修徳・神秘霊性家。著書とされる『イミタティオ・クリスティ』はキリスト教の霊性文学として著名。

のことは、岩下の人生観や慈善観をとらえる上で重要な視点となるが、ひとまず彼のその後を続けてみよう（岩下の救癩思想としてみられるアンビヴァレントな感情については、本書第Ⅱ部第4章で検討している）。

さて、岩下の慈善活動に目を転じてみよう。前掲のアンベルクロードの説明からもわかるように、彼は東大二年生の時に日本で最初の聖ヴィンセンシオ・ア・パウロ会を創立した。岩下が雑誌への投稿を始めた一九一三（大正二）年（大学院へ入ってまもなく）、カトリック雑誌である『声』誌に「オザナムの百年祭」と題した文を寄せている。その中で岩下は、その年ちょうど会の創設者であるオザナム*の生誕一〇〇年を迎えるにあたって、これまで世界二五〇〇余りの聖ヴィンセンシオ・ア・パウロ会支部を拠点にして行われたカトリック慈善事業の社会への貢献度の高さを日本のカトリック青年たちが知り、それにならって日本でも本格的に活動を展開しなければならないと次のように呼びかけている。

救世軍の社会事業を指して、わが公教の無為を嘆ずる者よ。なんじの頭を高く擡げ、刮目して、今も、何時も、何処にても世々に至るまで、キリストの奇しき妻なる広大無辺のカトリック教会の荘厳麗美の姿を相見せよ。（中略）聖ヴ・ド・ポール会（=ヴィンセンシオ・ア・パウロ会）を組織するものは聖職者に非ず、修道者に非ず、妻あるもの、夫あるもの、子女あるものあり、商人あり、軍人あり、職工あり。而してこれ等千差万別の会員を統一指揮して活動の骨子となるものは、青年なることを記憶せよ。我等に欠くるものは真の愛なり。而して真の愛のみ（岩下、一九四八：二二三）。

岩下は、カトリック信仰には慈善活動への積極的な参加が重要であり、その方法がすでに教会の補助組織の中に用意されていることを、将来のカトリック教会を支える青年信徒たちに理解させようとしたのである（第二ヴァティカン公会議（一九六二－六五）の神学に至るまでは、カトリック・アクションは位階制の使徒職への信徒の参加、協力でしかなかった（学校法人上智学院編、一九九六：八一））。そして、日本のカトリックが社会的な認知を獲得するためには、カトリック・アクションがとりわけ重要であることを痛感していたのである。

この頃すなわち大正初期前後の社会状況を概観してみると、日露戦争以降の帝国主義が強化される中で、明治四〇年代初頭の恐慌は本格的な失業問題を生み、また、大正初頭よりの米価を中心としたインフレは国民生活を圧迫していた。とりわけ、小作農民や障害者、底辺労働者などの下層社会層の拡大により貧困が大きな社会問題になった。そこで、治安的な啓蒙対策を中心に据えた感化救済事業（感化救済事業とは、天皇制国家体制の強化が図られる日露戦争後の政治動向に連動した社会福祉の発展段階

オザナム（Ozanam, Antoine-Frédéric 一八一三－五三）：カトリック護教家、慈善事業家。信徒による奉仕・慈善活動団体「ヴィンセンシオ・ア・パウロ会」の創立者。

のひとつを指す用語であり、貧困や失業の原因を社会に求めずにあえて個人の能力や性格の問題としてとらえ、倫理的あるいは教育的視点から解決を図ろうとする考え方をとるところに特徴がある）が展開されたのである。これはまた、社会主義運動の高まりのもと、資本家と労働者の衝突・ストライキが起こり、社会階級間の闘争が顕著になってきた時期でもある〔一番ヶ瀬ほか編、一九九〇：三九〕。こうした民衆の社会化の萌芽期にあって、岩下はカトリック慈善活動の要諦を次のように述べて、カトリック青年たちのとるべき役割と態度を明らかにしている。

聖ヴ・ド・ポール会員は、社会政策、経済理論を攻究する余暇をも余裕をも有せざれども、社会問題は「胃の問題にあらずして心の問題」であり、社会階級間の争闘を除くものは、富と権利との平等なる分配に非ずして、キリストの教え給へる愛なるを知る。彼等は赤貧に苦しむ兄弟を見て、その救助に赴くのである。飢えた者にまずパンを与へ、傷つける心を労るに愛を以てし、然る後に徐ろに道を説いて貧民の境遇改善を図るのである〔岩下、一九四八：二二四〕。

このようにカトリック信徒の社会問題に対する対処姿勢は集合的な施策としてではなく、個々人の精神のあり様の問題として「愛（＝普遍的な善）」の実践を介して展開されるところにその特徴がある〔遠藤、一九七七：二二三－二二五〕。この考え方は、当時の資本家や内務官僚が恐れた社会主義思想の広がりを予防するという寓意をもつ感化救済事業期にあって、結果的にはそうした体制を支持することになるのである。こうしてカトリックの慈善思想は日本の国民国家形成の過程で内面的には矛盾をはらみつつも、外面的には同時代日本の専制主義や帝国主義を是認するものとして展開されていくのである。また、こうした国家と個人の関係についてのとらえ方は、その後の岩下の思想や社会実践にも直接・間接につながっていくことになる。

さて、当時の私設社会事業の状況をみると、キリスト教ではプロテスタントの活躍がめざましかった。中でも伝道と社会事業を組み合わせて信徒たちが積極的に事業を展開していった救世軍（牧師であったW・ブースが一八七八年に英国で組織したプロテスタントの社会活動集団。日本では日本救世軍の活動として、明治三三年に始まった廃娼運動が有名である）の活動は注目される。他方、日本のカトリックの慈善事業は依然として修道会中心の展開であり、一般信徒が中心となって関わる余地はほとんどなかった。それゆえ日本においては、聖ヴィンセンシオ・ア・パウロ会が数少ない信徒による慈善組織であったといえる。田代菊雄はこの辺の状況を次のように述べている。

〔一般に日本におけるカトリック慈善事業は〕司祭の指導のもとに、あまり、組織的でもなく、継続的でもなく実施されることが多かった。これに対し、ヴィンセンシオ・ア・パウロ会の意義は信徒が中心となって組織し、世界的に拡がったことであろう。そして扶助方法を制度化・組織化していることである〔田代、一九八九：一〇〕。

岩下が中心人物の一人となって発足した公教青年会も、一九一八（大正七）年には慈善部を含めた五部体制による組織的な活動として展開され始めていた。

ところで、慈善事業に限らず岩下はあることに関心をもつとその探求のために目標や計画を立て、それを達成しようと堅実に努力するタイプの人間であった。先に引用した栗野斎次郎の岩下評がそれを示している。また、七高時代のノートの片隅には「海外遊学中の計画（一）ギリシャ語の完成、ホメロス、プラトーン、（二）近世哲学の研究」と書かれており、学問探求のために堅実に努力する姿勢がここからも読み取れる〔小林、一九六一：九四〕。さらに、大学時代の恩師ケーベルを介した友人である久保勉*も、「何事も綿密周到で現実的な計画に基づいて遂行する君は大いなる実行力の持ち主であった」と評している〔久保、一九四一a：七九〕。後述するが、岩下の緻密で一貫性のある思想とそこから惹起された諸実践は、こうした着実な学問の積み上げを背景にして作られていったものといえよう。

恩師ケーベルとの交わり

一九〇九（明治四二）年、岩下は東大文科大学（現在の文学部）哲学科に入学する。一高時代に身近に教えを受けた恩師・岩元禎の助言により、ケーベル*に師事した。ケーベルは東大文科大学の哲学史の教授で、かつてロシア正教会の信者であったが、同僚のエックによってカトリックに改宗した。岩下にとっては大学、大学院で個人的にも親しく教えを受けたこともあって、ケーベルが退官し、欧州へ向け旅立つ時には、彼に伴って留学する久保勉らとともに同行する手筈を整えたほどの師事ぶりであった〔久保、一九四一b：三六〕。また、卒業論文として書いた「アウグスチヌス之歴史哲学」〔原文は仏文〕は、指導したケーベルから高い評価を受けた。岩下がアウグスティヌス*研究を通して得た学問的関心は、以後のスコラ哲学へ向かう学問的探求の出発点ともなった〔稲垣良典によると、アウグスティヌスは多くの著書の中で繰り返し、それも議論が重大な転機にさしかかったところで、「イザヤ書」第七章九節の「もしあなたが信じるのでなかったら、知解することはないだろう」という箇所を引用しているという〔稲垣、一九七九：八六〕。つまり、岩下が後に「信仰と理性の関係」というスコラ哲学の課題を探求することになる、その端緒がこの卒業論文であった〕。岩下自身、恩師ケーベルについて次のように述べている。

ケーベル先生はよき哲学史の教授であつたが、哲学者といふよりは寧ろ芸術家肌の方ではなかつたかと思ふ。其方面に鈍感な私は、先生の宝を充分奪い取れなかつた様な残念さを感ずる。併

久保勉（一八八三－一九七二）：哲学者。ギリシャ哲学を専攻し、プラトンの著作を翻訳・紹介した。東北帝国大学教授、東洋大学教授を務めた。岩下は東大の同級で、同じケーベル門下。

ケーベル（Koeber, Raphael 一八四八－一九二三）：ドイツ系ロシア人の哲学者。一八九三年に来日し、東大教授として西洋哲学と西洋古典学を講じた。また東京音楽学校でピアノを教えた。

アウグスティヌス（Augustinus, Aurelius 三五四－四三〇）：神学者、哲学者。西欧世界の精神性の礎を築き、「西欧の父」と称せられている。

しこの両方面の渾然と融和してゐた処に、先生のかけがへのない高潔な風格があつた。より偉い哲学者も哲学史家も、より傑出せる芸術家も、いくらも世にあらう。併し先生の様な方は、求めても得られるものではない。先生の晩年に大学へ入つたことは、何といつても私には幸なことであつた（岩下、一九四八：一二七‐一二八）。

ケーベルはおもに一九二〇年代に活躍する日本の文化人を多く育て、その影響力の大きさは相当なものであった。彼はモスクワの高等音楽学院を優秀な成績で卒業した、芸術家の感性をも兼ね備えた聖哲学者であった。ケーベルの日本思想界への影響力の大きさについては、間接的でありながらも、たとえば次の指摘で十分であろう。

一九二〇年代は、こうして「教養主義」の時代となるのである。そのなかで、阿部次郎や和辻哲郎をはじめ、ケーベルに深く影響され、また、夏目漱石の門をくぐった人びとが、「教養」と「文化」の担い手として活躍する（荒川、一九七六：七四二）。

ケーベルや漱石にみられたような自由主義も、反エゴイズムの視点で重ねてみれば岩下が帰依したカトリックの考え方と立場を同じくしている。たとえば、漱石は学習院輔仁会における講演「私の個人主義」（一九一四）の中で、「個人主義、私のこゝに述べる個人主義といふものは、けつして俗人の考へてゐるやうに国家に危険を及ぼすものでも何でもないので、他の存在を尊敬すると同時に自分の存在を尊敬するといふのが私の解釈なのです」と述べている〔夏目、一九六八：四二三〕。それは、国家主義批判の立場をとる個人主義ではなく、むしろ国家権威を積極的に認める立場に立って個人と全体（社会）との調和を志向する〈共通善〉の思想に近いものと理解できる。トマス・アクィナス*の共通善思想を支持するカトリック教会は、社会問題についての初めての回勅とされるレオ一三世の回勅（「資本と労働の権利と義務」Rerum Novarum, 1891. 5. 15）により、社会正義の観点から個人すなわち労働者の人格の尊厳と基本的人権を認め、擁護すべきことを明確に強調した。また、この点をさらに明確に強調したピウス一一世（ピオ一一世とも表記される）の回勅（「無神的共産主義について」Divini Redemptoris, 1937. 3. 19）は、個人と社会との有機的一致の必要性とそれを保障する上での国家の役割について次のように説明している。

社会は人間のためにつくられるのであって、人間が社会のためにつくられているわけではないからである。だからと言って、個人主義的な自由主義が考えているように、社会を個人の利己的な利用に委ねてはならない。むしろ、個人と社会とは、有機的に一致し、相互に協力することに

トマス・アクィナス（Thomas Aquinas 一二二五頃－七四）：中世ヨーロッパ、イタリアの神学者。ドミニコ会士。スコラ学の代表的神学者。主著に『神学大全』などがある。

よってこそ、この地上に、万人のために、真の幸福を築くことができるのである。（中略）カトリック教の教えは、この有機的な協調と平穏な調和とを保障するために、国家に神と人間との諸権利の用心深い防衛者、先見の明をそなえた防衛者としての尊厳と権威とを認める〔ピオ一一世、一九五九：六七、七九〕。

さて、一九一二（明治四五）年、岩下は東大哲学科を恩賜銀時計組の一人として優秀な成績で卒業し、同年大学院へ進学する。この時、欧州留学の後、スコラ哲学講座を担当してもらいたい旨、上田萬年文学部長からエックを通して打診があった。しかし、岩下にその気はなかった。この時点で将来を縛られることを嫌ったからである。生来自由独立の精神に富んだ彼ならではの答えといえよう。このような態度は、神山復生病院を引き受けてから後、シャンボン東京大司教の後任として打診があった時の応答と不思議なほどよく似ている。小林珍雄は、岩下から友人の井上紫電*へ宛てた手紙の一節「東京大司教なぞ素より真平御免蒙り度候、何故にカトリック教会は小生に知識的に働く余裕を与えぬものにやと」をとり上げ、このあたりの事実を証拠づけている〔小林、一九六一：二五二〕。目先の地位や名誉にこだわらない岩下の毅然とした信念がうかがい知れるエピソードといえよう。

岩下の親友であった九鬼によると、岩下の大学院での研究テーマはギリシャ哲学であったという。本人は後年ギリシャ語を自分のものにできなかったと半ば後悔しているが、九鬼の評では「発音が玲瓏として玉のやうに美しかつたのが、未だに耳に残つている」ほどだったという〔九鬼、一九四一：三七〕。ほかの言語もそうであるが、岩下の外国語能力には定評があった。この才能は、晩年の華北宗教事情視察の際に、共通言語として現地の司祭たちとの意思疎通において存分に発揮されたことは言うまでもない。

ところで、岩下は大学院時代もカトリック研究会や聖ヴィンセンシオ・ア・パウロ会の活動に熱心に参加し、会の発展に大きく貢献した。そもそも、戦前の日本においては各種カトリック研究会の中でも学生研究会が最も盛んに行われていたので、実質的には日本のカトリック研究会を岩下がつくり育てたと言っても過言ではないであろう〔上智大学編、一九五四：七一〕。

その設立経緯は、まず一九〇六（明治三九）年に岩下が発起人となって、アンベルクロードにより暁星学校にカトリック研究会が設立された。岩下は会員として、そこで中心的な働きをした。また、一高、東大と彼の進学先には同研究会がつくられていった。その後、欧州留学から帰ってから再び同研究会に加わって学生の指導に当たった。このカトリック研究会は、すでに述べたようにカトリックを研究して信仰の鍛錬に努めるとともに未信者・求道者や新しい改宗者を信仰生活に導こうとする目的をもっていた。

井上紫電（一九〇七－八五）：岩下の影響で内村鑑三門下からカトリックに改宗。小樽高等商科学校（現、小樽商科大学）教授、南山大学教授を務めた。

進路選択上の導き

その頃の岩下の信仰生活を知る手がかりとして、アンベルクロードによる次の追悼文が参考になる。岩下が司祭への道を選ぶうえでの意識的な準備段階の初発とみられ重要なので引用しておこう。

毎週の聖ヴィンセンシヨ《ママ》・ア・パウロ会の集会があるばかりでなく、其の外に会員は時々教会の主任司祭或は警察署に告げ知らせられた貧民の家庭を訪問して、之に衣類を始め米、木炭などの購買券を施し、之と同時に同情と奨励との親切な言葉をかけて貧しい者を慰めました。この宗教的活動と社会的、慈善的活動との動機は単に自然的のものでなかつたことは誰でもお分りでせう。この活動は最も深い個人の宗教生活の結果でありました。その頃から岩下さんは自ら定めた内的生活の規則を忠実に守りました。すなわち毎日霊的読書をして念禱し、毎週告解し、度々聖体を拝領し、毎月数時間の黙想をなし、毎年三日間の静修を実行しました。其の時代には日本語の信心書が未だ稀でしたから彼は外国語の良書を沢山取り寄せて勤読しました。つまり彼の信心は決して感情的なものではなく、牢乎たる確信に基くものでありました〔アンベルクロード、一九四一：三三〕。

このように岩下は、自らの外面においても、また内面においても精力的にイエスを模範として修養にとり組んでいったのである。では、その後の彼の進路についての目標はどのように形成・変容していったのか。先に引用したアンベルクロードの岩下追悼文の続きを見てみよう。

ですから岩下さんが大学院の第二学年の終りに一身を全く天主に奉献して司祭とならうとする志望を起したのは毫も怪むに及ばないのであります。実際彼は其の時から此の問題に就いて相談するためレイ大司教と会見を重ねました。岩下さんは普通の司祭として教会を牧すべきか、或は学者的司祭として文書伝道に従事すべきかに迷つてゐたので、東京の神学校に入学しようか、或は先づ欧州に至り哲学の蘊奥を究めた後、歸朝して神学の研究を修了した方がよいではなからうかと相談したのであります〔アンベルクロード、一九四一：三三二〕。

ここからは、大学院時代の岩下に明確な司祭への志望があったことが理解できる。ともあれ、大学院を修了するにあたり、いかなる進路を選べばキリスト者としてキリストに仕えることができるかという純粋な問いの中で展開されたとみられる。つまり、東京の神学校に入学して普通の司祭になるか、それとも大学院を一時離れ、ケーベルに伴って欧州へ渡り哲学の勉強をした後、大学の哲学教授の職に就くかの選択であった。岩下自身の進路選択上の迷いと欲求は、そうした曲折を経た一九一九（大正八）年八月一四日夜、渡欧する岩下と小倉信太郎*のために開かれた送別会の様子を懐古した五代伝造（カトリック研究会の仲間か）の次の文章から浮かび上がってくる。その席で、岩下は次のように語ったという。

われわれカトリック青年のなすべきことは、今各自のもっている自分の務めを完全に全うしさえすれば、それでいい。（中略）僕はあるとき神父さんより修道士になろうかと思っていたこともあったのだけれども、だんだん知識欲がすすんできたら、神父さんや修道士の生活が煩わしく思われるようになった（小林、一九六一：九三－九四）。

これは、進路選択に迷った先に至った岩下の飾りのない心境と言ってもよいであろう。彼の考える進路の決定過程は自身の資質を最大限に活かし、「今」を完遂することによって自ずと導かれるというものである。では、岩下にとって聖職者から哲学教授へと志望が変わっていった時期はいつ頃だったのか。岩下を追悼した高須鶴三郎*の次の文章によれば、それは渡欧前の第七高等学校（以下、「七高」と表記）教授時代であったことがわかる。

斯くも師（岩下）と親しかつた私が、私の知つて居る限りで師の心情を考へて見ると、師が外遊迄は、叙品の志は、カトリック新聞に出たハムベルクロード師の追憶文にもあった通り、師が大学の二年以来、時々は動いた様であつたが、大体は矢張り〇〇〇女史と結婚して、偉大なる学者として大成せられる事に傾いて居られた跡は歴然として居る〔高須、一九四一a：一三二－一三三〕。

つまり、岩下の志望はカトリック司祭（大学・大学院時代）から哲学者（七高教授時代）へと変化していったのである。

しかし、こうした岩下の思いの変化や、変化の過程におけるさまざまな自己へのチャレンジは、他方では岩下自身の信仰の未熟さを反映するものであった。それゆえ、ここで強調しておきたいことは、彼自身常に問題意識として自身の未熟さを感じていたし、またその未熟さを克服しようと考えていたということである。こうした見方で岩下の思想形成をとらえるならば、大庭征露*の分析は非常に興味深いものである。彼は岩下への追悼文の中で岩下の信仰姿勢を分析して次のように述べている。

岩下師が学生時代に始められたヴィンセンシオ・ア・パウロ会の目的は青年の信仰を保つことであつて、貧者訪問は実はその手段であつた。師はこの会によつて一般カトリック学生の信仰

小倉信太郎（一八九四－一九二四）：一高時代は岩下らとともに公教青年会草創期の会員。欧州留学中は岩下と学びをともにした。
高須鶴三郎（一八九〇－一九七二）：数学者。東北帝国大学教授を務めた。岩下と同じ七高教官の職にあった。
大庭征露（一九〇四－一九八〇）：哲学者。東大哲学科出身。神山復生病院第七代院長・千葉大樹の実兄。キリスト（カトリック）者で、南山大学教授を務めた。

の保持と向上を図ることをも勿論念とせられたに相違ないが、師御自身の衷にもかゝる社会奉仕、愛の業によつて充たさざるを得なかつた罅隙——理性と信仰との相克による統一的人生観の欠除——が存したことも一の大きな動機ではなかつたらうか。普通の司祭たるべきか学者的司祭たるべきか迷はれた事にも、献身の機熟さざりし事にも、自ら鹿児島へ赴任されたことにもこの知信の内面的矛盾が関係してゐると私は考へる〔大庭、一九四一a：一五六〕。

大庭の指摘する理性と信仰との関係の問題は、岩下が後に明確に意識し、自己の哲学課題として位置づけることになる中世スコラ哲学における中心的なテーマであった（一般に、「理性と信仰との完全なる一致の確信はスコラ学派の出発点」と認識されている〔フービー、一九四三：一八七〕。また、今日のカトリック教会はこの問題についてスコラ哲学とりわけその絶頂期にあったとされるトマス・アクィナスの哲学を全面的に支持している〔久保、二〇〇二：六九〕）。後述することになるが、岩下が青年期に取り組もうとした真理探求の過程においては、この問題に否応なく行き当たらざるを得なかったのである。

家庭環境そして家庭観

ところで、岩下が育った家庭環境をみてみよう。彼は経済的に恵まれた家に育ったが、酒好きで野心家の父とそうした家庭を顧みない夫に無言で従う母との関係は、岩下によしとは映らなかったようである。それはまた、父・清周が頭取をしていた北浜銀行の不正融資事件（既述の北浜銀行事件）で一九一五（大正四）年に起訴された父への怒りも手伝っていた。岩下は父の豪放ぶりに反感を覚え、反面、母へのいたわりの気持ちからことさら父に反発していた面さえみられる。留学を終え帰国後まもなくの頃、事件後に両親が移り住んでいた裾野の農場を訪れた寒川鼠骨*は、岩下父子の会話を次のように憶想している。

間もなく食後の果物が運ばれて卓の上に置かれた。見ると瑞々しいメロンであつた。勧められるまゝ私は其一きれを手皿に取つた。父君も取られた。私が伴つた二人の子供も取つた。母君も取られた。壮一さんは手を出されない。父君が「うちの温室で出来たのだよ。新らしいから食べて御覧」とすゝめられると壮一さんは静かに「メロンは駄目ですね。西瓜の方が遥かにうまいです。メロンの本場の真味を知らないからだ。本場では人間は食べませんよ、豚や牛に食はせてゐますよ、西洋でも物の味の分らない金持の馬鹿が珍重するだけですよ」。父君は寂しさうであつた。其の気分に同情すると共に、壮一さんの、無遠慮な率直さと、万事敢行の勇気に敬服した。淋し気でゐられる父君を余所に、壮一さんは小供等を相手に賑かに話して、明日長尾峠行を約定されてゐるのであつた。美田を買ふのが子孫を愛する唯一の道だと信じて疑はない人の子として

寒川鼠骨（一八七五－一九五四）：正岡子規門下の俳人。

生れて来られた壮一さんの悩みを思ふ毎に、私は人生不如意の格言が余り当り過ぎてゐるのに何時も御同情せないで居られなかつた〔寒川、一九四一：一九〕。

ここからは、これまでの父親の豪放覇気な性格が災いして母親を悲しませる結果になったことに対してそれを臆面もなく責める息子の姿と、そうした息子に負い目を感じている父親の対照的な姿が浮かび上がってくる。寒川はまた岩下の様子を次のように述べている。

父君に対して、あれ程峻厳勇敢の猛者であり乍ら、世間の人々に対しては寛宏大度で、あはれさをのみ先ず感ぜられる壮一さんの心のうちを忖度すると何時も一掬の涙を禁じ得ないのであつた〔寒川、一九四一：二〇〕。

聖職者になってからでさえも、肉親への赦しは容易ではなかったといえようか。友人の大庭が懐古するところから推せば、留学先から帰国した翌年、成城高校で破戒の問題について次のように講演したとされることは岩下自身の自戒の意味をも含んでいるように思われる。

人間は誰だつてさういう罪を犯す可能性はあると、人間の弱さの故の過失に対してはいつも温い同情を示され、問題はその過失を如何に処理するかの態度に在ると言つて居られた〔大庭、一九四一b：三二〕。

父の葬儀の際に述べた壮一の会葬者への挨拶でも、亡き父の非を償うために社会に奉仕したいと強い決意で語っている。その一部を紹介しよう。

万一父が生前の所業から世間に御迷惑を掛けたものが有りと致しまするならば、私は私の一身を擲て進んで其の罪を贖ひたいと存じます。私は終生娶らず終生家を成さず、心身を神に捧げ、頂天立地、我が道とする所に依りて、国家民人の福利の為に最善の力を尽したいと思ふて居ります〔故岩下清周君伝記編纂会編、一九三一：五五〕。

父の「生前の所業」とはもっぱら先述の北浜銀行事件に絡むものであるが、ここからわかるように、後に救癩施設である神山復生病院の院長職を引き受けた際に根本にあった動機は亡き父の代わりに自らを犠牲にし、社会に奉仕するという決意からのことであった。

しかし、こうした父との関係とは裏腹に岩下の母へのいたわりは、端で見る人からもうらやまれるほどであった。母へのそうしたいたわりを示す資料には事欠かないが、ここではひとつだけその例を紹介しておこう。

まことに神父様と御母上の御間柄を私は心に御子と聖母もかくやと比べたことが度々あつた。——お母様こちらへいらつしやいませんか。復生病院後援会の会合で茶菓の用意に下座に立働いていらつしやる御母上を床の間の正面に招じられる神父様の御声音は厳然と騎士的でさへあつた〔田中峰子、一九四一：六三〕。

こうした幾分ゆがんだ家庭環境のもと、岩下が自らの内にカトリック信仰を積極的に内在化する過程で形成した家庭観とはいかなるものであったのか。大学院時代に近親の女性——妹・亀代（「亀代」の表記は戸主・岩下清周の除籍謄本によった）と思われる——から事情のある求婚に応じるべきか、それとも修道女として召命に応じるべきかという相談を受け、助言した岩下の書簡の一部を紹介してみよう。

〔与える愛に価値を置く人にとっては〕俗世は同時に修院であり得ると思う。この世にスウィート・ホームを歌うことができぬが故に家庭を呪うのは、現世は幸福であらねばならぬという誤った見解から出発している。（中略）むくいられることは愛の望ましい結果である。しかし、愛の第一義は自らを与えるにあると思う。いわんや我々は常にゆたかに神よりむくいられているのではないか。たとえ〔神ではなく〕人を相手の、二つの心〔愛を与えたい心と報いられたい心〕を一となす誠の愛がなくとも！　二つの心を一にする愛は、貴重なものである。それが石塊のようにこの世にころがっている筈のものではない、それを得るには苦しまねばならぬ、すべて貴重なものは苦痛を要求する、いわゆるスウィート・ホームほど浅薄なものはない、それほど深さのない愛はない。真のスウィート・ホームは涙の後にくる、苦の後にある、青年の愛ではない、晩年の親しみである、人生の苦闘を共にせるものが落日の如く神を望んでこの世を去りゆくときにある。永遠の汀にたたずんで神の国の光栄に浴する時にある。スウィート・ホームなきが故に修院とは、けだし修院を侮蔑したものではないか〔小林、一九六一：四九－五〇〕。

岩下は、聖俗の垣根を越えてどこにいても犠牲を払って与える愛の行為こそ価値のある愛であると考えた。だから、家庭生活では「スウィート・ホーム」を夢想して現実との落差に悲嘆するよりも、むしろ「苦」を伴う犠牲的な愛をいとわず、与えられた家庭環境で精いっぱい努力することこそがカトリック女性の真骨頂であると述べた。岩下伝の著者である小林珍雄*は、岩下のこうした主張には『新約聖書』「コリント人への手紙」第一三章にみられる愛の賛歌の調べが奏でられている、と評している〔小林、一九六一：五〇〕。幾分青年らしい気負いは感じられるが、クリスチャンとしての修養の何たるかを熱心に探り求めていた岩下の純粋さが映し出された主張とみてよいであろう。

小林珍雄（一九〇二－八〇）：カトリック文筆家、教育者。岩下の感化を受け、受洗。上智大学教授を務めた。

七高教授時代

一九一五〔大正四〕年夏、岩下は鹿児島の第七高等学校造士館の教授〔英語科目担当〕として赴任した。折しも、明治末以来懸案の学制改革がなかなか進まない状況にあって、大学予科から完成教育としての高等学校への刷新を見越し、いち早く鹿児島へ良い教師を集めようという吉田賢龍校長の意図が込められていたのであろう〔伊藤、一九九三：一四九〕。岩下にとっては、一高の岩元禎の助言を実行する形で、四年ほど地方で勉強する機会となった。しかし、七高への就職を思い立ったのは、同年二月に父が北浜銀行事件で起訴されたことにより、父への赦しがたい思いから経済的にも自立を図りたいと考えたためであろう。就職活動としては、前年に七高へドイツ語教師として赴任した旧友の天野貞祐*に推薦の依頼をしている。この辺の経緯を天野の岩下追悼文からみてみよう。

大正三年夏私〔天野〕はドイツ語教師として七高へ赴任したが、間もなく彼から自分も就職したい故校長へ推薦して欲しいといふ手紙を受け取つた。私は彼に返書を送つて君の如き学才を有ち、且つ生活のために教師をする必要もない人が鹿児島まで来る事に賛成できない、むしろ東京の大学に止まつて学問研究に専念して貰ひたい旨を述べたところ、自分は余りに境遇に恵まれすぎてゐる故社会に奉仕したいのだ、是非推薦を頼むとのことであつた〔天野、一九四一：三二〕。

この「社会に奉仕したい」という言葉からは、学者への志を捨て、家督を継ぐ者として父の罪の償いをしなければならないと考えていた岩下の心情がうかがい知れる。当時親交のあった高須鶴三郎は、その頃の岩下の家庭環境を「世間周知の境遇」にあったと述べている〔高須、一九四一b：三八〕。それは、重ねて説明するまでもなく岩下の父が北浜銀行事件の容疑者として起訴されていた状況を指していたのである。

とはいえ、岩下にとってその後の七高教授時代は比較的に安定した時期であった。岩下が敬慕した師の一人として、「とにかく先生との交際に刺激されて、私はこの時分にヴィルギリウスやホラチウスなぞを片附ける事が出来たし、聖書を原語で読むことも覚えた」と、かつて同校の教授であったマードック*との学問的な交流を記している〔岩下、一九六二b：二四九〕。

このマードックは、明治初年にスコットランドの大学を辞し、ジャーナリストとなって日本へ渡来した経歴をもっていた。その後、一高や七高等で教鞭を執ることになった。岩下と交流していた頃は、鹿児島県立志布志中学校の英語教師であった。岩下の七高教授時代は主としてこのマードックが彼の学問上の師となったのである。そのうち、第一次大戦がその激しさを増す中、マードックはメルボル

天野貞祐（一八八四－一九八〇）：哲学者、教育者。岩下とは九鬼周造・児島喜久雄らとともに一高の同期。七高教授、京都帝国大学教授、一高校長、文部大臣などを務めた。

マードック（Murdoch, James 一八五六－一九二一）：イギリス人の日本史研究者。一八八九年に初来日。一高講師、七高講師等を務めた。

ン大学へ日本学教授として赴任することになった。その時岩下も同行しようとしたが、同僚の天野貞祐に説得されシドニー行きを断念したのである。その際の天野の説得はこうであった。

きみの取ろうとするのは奇道である。奇道は正道へすすめぬ時にとるものだ。君は正道をすすむ資格においていて欠くるところがないのだから、そんなことはよせ〔岩下、一九六二a：二四九〕。

前述の、七高の教師に推薦してほしいと頼まれた時の対応とも重なって、天野は岩下にとって親身になって助言してくれる良き理解者であったといえよう。

さて、岩下はこの七高教授時代に、母親が紹介した家政婦の女性と婚約している。この辺の事情を、高須は岩下自身の話として次のように述べている。

君〔高須〕だけに打ちあけるが、僕は婚約したよ。君の知つているあの——君にも飯を食はせたあの僕の飯炊の女ね。彼の女は君の見る通り美しくもなく弱々しそうな可愛相な女だ。然し信仰の固い心のしつかりした感心な奴ぢや。彼の女は母が心あつてよこした女だ。僕は彼の女と婚約した。僕の月給は本を買つたから四ケ年間に郵便貯金が六百円しか残らなかつた。其れを全部彼の女の退職資金にした。仏蘭西から帰つたら彼の女と結婚するよ。僕の様な貧弱な体の持主で跛足の身、当り前の立派な令嬢を迎へるのは罪だ。僕だつて跛足でなかつたら今頃は親父同様前垂をかけて居る頃だよ〔高須、一九四一a：一三〇〕。

この時には、すでに欧州への二年間の留学が決まり、出発直前であった。岩下は、母親が持ってきた縁談に、内心不承不承ではあったようだが承諾の決意をしたものとみられる。普段、自身のもつ障害に対して卑屈になるような気弱さを感じさせない岩下ではあったが、障害のある者を一人前とみなさず、とりわけ軍国主義の時代にあっては「非国民」とさえみる世間一般の障害者観に容易に抗えないことは彼にとって自明のことであった。ただ、それまでにも岩下の結婚（恋愛）話はなかったわけではない。大学・大学院時代について親友の九鬼は次のように追想している。

岩下君の家と私の家とは元来多少知合つてゐたので、私共二人の交際は次第に家庭的にも延長して行つた。（中略）私の父も岩下君のことはよく私にたづねた。岩下君とは控え目ではあつたが女性に関する話もし合つた。結婚問題に関しても前後三回ほど話合ふやうな事情になつた。初めの二回は岩下君の方から話を出し後のは私から出したのであつた。岩下君と私とは、ひよつとするともつと外面的にも近づきになる可能性が多分にあつた。岩下君に気に入りの美しい侍女がゐて、母君の心配で遠ざけられた話を私にしたことがあつた〔九鬼、一九四一：三八〕。

この追想からもうかがわれるが、岩下の五つ違いの妹である三女・亀代と九鬼との交際は公然の事実であった。とはいえ、七高在職時代における母親の心配事は壮一の結婚についてであった。この間母親は、鹿児島の壮一のもとに毎年二、三カ月滞在するのが常であった。

さて、教師としての岩下はといえば、自分より年上の学生もかなりいる中、バンカラ気質の七高生さえもおとなしくさせる魅力をもっていた〔天野、一九九二：一八八〕。教え子の一人であった金倉円照*は、岩下の優れた学識と人格について次のように追憶している。

どこまでも私共に穏かな良い先生であつた。生徒は自らずぼらでも先生の学識に対しては不思議に鑑識の能力を働かせて過たないものだ。これは昔も今も変りなき事実であらう。さういふ意味に於て、岩下先生の学識、特にその語学に対する秀でた才能は、薫陶をうけた学生の皆敬服した所であり、ひいては全学生徒の尊敬をあつめしめた所以である〔金倉、一九四一：一三五〕。

なお、この頃の岩下のキリスト者としての信仰生活の面では記述するだけの資料をもたないが、七高内のキリスト教サークルで講話や論争をしていたという〔小林、一九六一：九四〕。

哲学探究への道程（二）――欧州へ留学

一九一九（大正八）年八月、岩下はカトリックの哲学・神学を研究するため文部省在外研究生として欧州へ出発する。なお、当初は二年間の公費留学の予定であり、ローマで勉学中の一九二三（大正一二）年まで七高教授の身分は続いていた（カトリック東京教区事務所には、文部大臣・中橋徳三郎からの留学命令書（大正八年八月一三日付）や渡航旅費の支給通知書（同日付）等が残されている。口絵の写真参照）。

同年八月一四日、麻布教会にて渡欧する岩下壮一、小倉信太郎の送別会が行われた。出席者は山本三郎ほかカトリック研究会などで親交を温めた人々であった。その席上で岩下は次のように語っている。

神父さんになるか、あるいは一般信者として普通の職業につくかという岐路に立たされた場合、真剣に祈るけれども、まだどっちがよいかわからないで迷うとすれば、迷いながらもその人はどっちかへだんだん進むようになるから、そのだんだん進んでいった方向が聖旨なのであって、真実、心から熱心に祈りつつ与えられたことに全力をつくせばそれでいいのだろう〔小林、一九六一：九三－九四〕。

ここでの岩下の物言いは三人称として一般化されて述べているように見受けられるが、結果的に欧

金倉円照（一八九六－一九八七）：インド哲学者、仏教学者。七高から東大へ進み、後に東北帝国大学教授を務めた。七高における岩下の教え子（英語）。龍厳寺住職。

州留学という進路を選択することになった岩下自身の心境を代弁したものであったと思われる。岩下が欧州留学を選択した理由については彼の思想形成を知るうえでも重要なので、少し長いが岩下自身の言葉を引用しよう。

有体に云へば、私は日本出発以来自己の全心をもつて意志したのではない行為に纒ひつく一種の不安を感じてゐた。素より私の旅行は、名目に於て欠くる点はない。旅券には御丁寧にも公用と云ふ印が捺してある。また実際「公用」を果して帰る積りなのは勿論であるが、併しキリスト様の御血で高価を以て買はれた私の一生を、公用で終つては一大事だ。此の旅行は最高の意味に於ても有意義でなければならぬと旅の路すがら自問自答し来つた私は、パリ到着の朝に於て更にこの不安を感ぜぬわけにはゆかなかつた。

忘れもせぬ九月二十八日、（中略）私は既にこの問題に逢着せざるを得なかつた。

私の脳裡には、日本の隅の平和な天地が浮んだ、私はそこで麗しい自然の懐に抱かれ、愛読の書と愛する青年等に囲まれて、過去五年に近き閑静な生活を営んだのであつた。私はそこで、平穏な生活を包み隠す人生の苦しい戦を、心の中でひとり戦つた。私は確に幾度も躓いたに相違ない。併し蹉跌は私をして神に近づかしめた。私はとにかく苦しい幸福を味つてゐた。さうして鏡のやうな青い海の上に桜島が朝な夕な紫に匂ひ紅に燃ゆる土地に、私の骸骨を埋めても決して不服はなかつた。その潤ひのある月日は、正に終つたのである。そこも遂に安住の地ではなかつた。

私の前途には一万浬の航程が横たはつてゐた。その万里の波濤の彼方に展開すべき将来は、全く想像がつかなかつた。私は八千屯の巨船が煙突から吐き出す団々たる黒煙の流れが銀河を斜に横切るのを仰ぎながら、よき処に漂泊の児を導き給はんことを神に祈つた（岩下、一九四八：一四三－一四五）。

ここには、岩下の思想遍歴が如実に告白されている。「全力で自分の務めを果たす」という、先に引用した渡欧直前の所信表明と重なって、外見では平静な信仰生活を送っているかにみえた七高在職中の岩下であったが、その内面にあっては大庭が鋭く指摘してみせたように「理性と信仰との相克による統一的人生観の欠除」からくる、キリスト者として生きるうえでの確信の不十分さという問題が彼を煩悶させていたのであった（ヨーロッパ思想史を貫くテーマである理性と信仰の関係の問題は時代を超えた普遍的なものではあるが、とくに中世スコラ哲学では中心的な問題であった（稲垣、一九七九）。なお、現代のカトリック教会においては、故ヨハネ・パウロ二世の回勅「信仰と理性（Fides et Ratio）」（一九九八年一〇月一日）がこの問題への立場を明らかにしている（教皇ヨハネ・パウロ二世、二〇〇二）。つまり大庭は、真理探究において理性によるアプローチと信仰によるアプローチを全く関連のない別物ととらえる近世以降の哲学との現実的な緊張関係を指摘したのである。それゆえ岩下は、渡欧以降の将来のことについてはまさに「導かるるまま」に聖旨に委ねる覚悟をしたのである。

ともあれ、渡欧した岩下は到着早々まずパリのモンマルトル大聖堂の奉献式に日本代表として参列することになった（この大聖堂は、第三共和制の憲法が発布された一八七五年に、フランスの新しい政体の門出を記念する目的で政府による直接の支援を受けて建造された教会堂であり、一般の教会堂と比べると上位に位置づけられていた。これはまた、一八七〇年から七一年の普仏戦争とそれに続くパリ・コミューンによって命を失ったフランス市民を称える象徴的な建造物であった。この時の岩下は、イタリア大使館付武官であった山本信次郎（岩下の義弟の兄にあたる）の代役として参列した。なお、この山本は暁星学校における岩下の先輩であり、熱心なカトリック信徒でもあった）。岩下にとって、この式典への参列はこれまで疑うことのなかった自己の（客観的ともいえる）立場の是非を問い直す機会となった。それは、主体性を欠いた理性本意の依存的立場がいかに脆いものであるかを知ったことでそうせざるを得なくなったと言ったほうが正しいであろう。つまり、国民国家は国民の宗教的愛国心——カトリックは国家権威を積極的に認める立場をとる——という間主観的な紐帯によって信仰共同体と重なり合うことでより強固に構築される、という現実がまざまざとそれを物語っていたのである。また同時に、自己の宗教的・社会的立場を明確に表明することの重要性を痛切に意識する機会になったのである。岩下は、会場でのカトリック信者たちの熱気に包まれた中でのこの経験を、翌年留学先からカトリック信者向けの雑誌である『声』誌に寄稿して次のように述べている。

愛国心と信仰との貴き結晶を感慨に打たれて眺め入つた時ほど、私は批評的態度の価値を疑つたことはない。私の理性は、ドイツにあらゆる罪悪を嫁さうとする議論や見解に敬服し得なかつた。この日といへども私は、その態度を決して捨てたとは云へない。併しこの世の中に事を処するに当つては、か丶る抽象的の態度がもはや決して嘗て自ら誇れる如く、最高のものでも又最上のものでもないことを感ずる。私を囲繞した人々の純粋な熱烈な至情の前に、私の冷淡な客観的態度は如何に不徹底に、みじめに、力無く見えたであらうか。こ丶でも亦私は、新なる形で哲学が真か、詩がより高いか、理に従ふべきか情に任すべきか、正義勝つべきか愛支配すべきかと言ふ矛盾に逢着したのだ。自己の全身をあげて執着し固守する立場を持たぬ者は実に不幸である〔岩下、一九四八：一五四〕。

その後まもなくして、山本信次郎に伴ってベルギーのルーヴァン近くに滞在中の名高い司祭・マテオ*に面会した〔当時、マテオは世界各地を回って布教活動を行っており、その穏やかで慈愛に満ちた物腰から「聖心の使徒」と呼ばれていた〕。この経験は、岩下に非常な感銘を与えたようである。そして、この経験が機となって、岩下は司祭への召命を感じたのである〔山本、一九四一：四二〕。このあたりの岩下の心の動きを、他称的な表現ながら彼自身のことを示す次の記述からとらえてみよう。

マテオ〔Mateo Crawley-Boevey 一八七五－一九六〇〕：イエズス・マリアの聖心会会員、司祭。教皇ピウス一〇世の認可のもと、イエスの聖心の絵を家庭の中心的な場所に正式に安置し、司祭の先唱によって奉献の祈りを行う運動を推進した。「救癩の使徒」と呼ばれたダミアン神父も同会会員。

霊的生活の知識に幼稚な彼〔岩下〕は、真の聖徳が如何に心の底に秘められ得るかを悟つてゐなかつた。〔中略〕果然二十世紀の洗者ヨハネ〔マテオ〕の説くところは、神の怒ではなくてその愛であつたのだ！　彼は嬉しかつた。しみじみと感ぜられた。この数語は一々、特に彼の心の底の奥にあるものを特に目差して云はれたかのやうに、しみじみと感ぜられた。彼は遠き以前から、神の正義を思ふと、とても苦しくて堪られなかつた。たとえそこにどれだけの自分の意志がまざつてゐようとも、過去とその過去の産み出した現在は、到底金輪際動かすことの出来ぬものである。正義の立場からは、もう立ちすくむ他に一歩も動き得ないのである。神様の方から一切を赦して、愛して頂くより他に活きる道はないのである。彼には天に在す父は一種の荘厳と畏敬の感を与ふる、遠い実在のやうに思はれてならなかつた。それはよし永却不変の正義と法則の権化であらうとも、決して愛の姿ではあり得なかつた。彼はその至上の尊厳の前に跪いて、ひたすら罪を犯すまいとあせつた。さうして躓き続けてゐた。〔中略〕彼は己の一切の罪悪と汚れと、虚無とみじめさとをそのまま受容れて下さるキリストの愛を、権威ある言葉によつて保証してもらひたかつた。今や天来の声は、甘露の如く飢え渇ける心に囁いた〔岩下、一九四八：一五九－一六三〕。

この経験は、岩下にとって先の「理性と信仰との統一的人生観」への信仰側からの接近であったとみられる。他方、理性側からの歩み寄りは二人の恩師ヒューゲル*とガリグ＝ラグランジュ*との出会いを待たなければならなかった（同時代の人ではないが、岩下がこの二人以外に強い影響を受けたカトリック哲学者としてJ・F・ニューマンがいた。とくにニューマンとヒューゲルとは性格的にはかなり異なっていたようであるが、ヒューゲルの調和のとれた哲学思想はニューマンに深く影響を受けていたという（川中、一九六二：三五）。なお、マテオとの交際は留学中続いていた。

哲学探究への道程（二）――司祭に叙階

さて、日本を発ってまもない一九一九（大正八）年一一月、岩下はパリのアンスティテュ・カトリックに聴講生として入学することになる（アンスティテュ・カトリックはカトリック教会立の大学で、フランスにある五つのカトリック大学（Paris, Angers, Lille, Lyon, Toulouse）の内のひとつを指す〔上智大学編、一九四〇：八三〕）。ここで新トマス主義者であったマリタン*などの講義にも出席したようであるが、この大学での講義は岩下を満足させるものではなかった。その後、岩下はベルギーのルーヴェン大学、ロンドンのセント・エドモンド大神学校を経て一九二三（大正一二）年にローマのプロパガン

ヒューゲル（Hügel, Friedrich Freiherr von 一八五二－一九二五）：カトリック神学者・思想家。
ガリグ＝ラグランジュ（Garrigou-Lagrange, Réginald 一八五五－一九一九）：フランスのカトリック聖書学者、ドミニコ会司祭。
マリタン（Maritain, Jacques 一八八二－一九七三）：フランスの新トマス主義哲学者。岩下を「霊的師父」と敬愛するカトリック哲学者の吉満義彦はマリタンに師事した。

ダ・フィデに入り、直ちにドミニコ会経営のコレジヨ・アンジェリコに転じカトリック神学・哲学の研鑽を重ねていったのである（ルーヴェン大学はカトリック教会立の総合大学のひとつ、セント・エドモンド大神学校はカトリック教会立の高等教育機関で聖職者の養成学校のひとつ、プロパガンダ・フィデは教会直属の派遣宣教師の教育機関、コレジヨ・アンジェリコは大神学校のひとつである）。こうした中、一九二〇（大正九）年の夏頃から数カ月間、岩下は当時ロンドンにいた宗教哲学の泰斗・ヒューゲルから定期的に学問上の指導を受けることになった。このことは、岩下にとって「理性と信仰との統一的人生観」への理性側からの接近を図る機会となったのである。かつてヒューゲルに師事したことのあるデュモリン*はヒューゲルと岩下との交際を語る中で、ヒューゲルが岩下を指導（書簡による）した内容の一部を紹介している。

われわれ全人類は、常に一つのものではなく二つのもののために働かなければならない。知性的哲学的霊的生活の繁栄（単なるesseとして区別されたbene esse）のために多かれ少なかれ必要な土台として、一般社会的経済的政治的などの状態を改善するに務めなければならない。また、一般社会的経済的政治的などの状態、およびそれがわれわれの周囲に生み出した精神のわくを利用（或いは中立させ、或いは促進し或はそらせて）せねばならない〔デュモリン、一九五〇：一九〕。

ヒューゲルは、現世的なものと霊的なものとを分離する近世哲学はもとより二〇世紀初頭にカトリック教会内で勃興した近代思想への適応を図ろうとするモダニズム（modernism）に対しても批判的な立場をとっていたのである。そして、トレルチ*の『キリスト教社会論』を引用し、岩下にスコラ哲学の本質について指導したのであった（この点は、第I部第3章で詳述）。実際、このことが岩下の「スコラ哲学との和解」に寄与したのである（岩下、一九六二b：二五二）（遠藤興一は、この時の岩下の学問への姿勢を「一方でルターをはじめとするプロテスタンティズムを厳しく批判しながら、トレルチの業績に学ぼうとする姿は決して与えられた教義をそのまま信ずるには、煩悶の深さと知的理解への願望が常人を超えてはるかに強烈だったことを示している」と評価している（遠藤、一九九七：二二））。ヒューゲルの意図は、岩下の提示した問い「東洋人にキリスト教をすすめる最善策いかに」より、むしろ岩下自身に「いま以上に活々と正確にキリスト教の神髄とその原動力とを感じとらせ、それを追求」させることに重点が置かれた（いずれも、小林（一九六一：一二二））。そして、カトリシズムを広める方法の鍵は「読者や聞き手は、真理を自力でつかむように導かれねばならない」ことである、と求道者に対して誘発的に働きかける布教姿勢の必要を説いた（デュモリン、一九五〇：一八）。こうしたヒューゲルからの指導は、岩下の帰国直後からの出版・神学生指導等に生かされていった。

デュモリン（Dumoulin, Heinrich 一九〇五－九五）：ドイツ人の宗教学者、イエズス会司祭。一九三五年に来日。上智大学教授を務めた。禅宗研究における世界的な権威者。

トレルチ（Troeltsch, Ernst 一八六五－一九二三）：ドイツ人のプロテスタント神学者、歴史学者、宗教哲学者。主著に『キリスト教の絶対性と宗教の歴史』がある。

さて、一九二一（大正一〇）年、岩下はロンドンのセント・エドモンド大神学校に入学した。しかし、ここでの岩下の勉学状況は手持ちの資料からは推察できない。それよりもむしろ、司祭修行中の戸塚文卿、小倉信太郎らとボン・サマリタンという修道会のようなグループを作って、カリエス（結核菌の浸食によって骨が崩壊する病気）を病んだユダヤ系イギリス人の修道女・ヴァイオレットを囲んで祈禱と修道の生活を送っていたことが特筆される（この修道女について、小林珍雄は「老嬢」と記述しているが、一九二二年において二九歳であることは同頁中の「岩下日記」の引用から明らかである〔小林、一九六一：一四三〕）。これは、前述のマテオが日本での布教を盛んにするには祈ってもらうことが一番だと助言したためであった〔岩下、一九四一ｃ：四三〕。このロンドンでの修道的な生活は、岩下にとっては神秘経験の連続であったようである。それを示唆するものとして山本信次郎は、「私共の欧州に向かつての航海中、君は度々書信を私に寄せられた。そして当時一度ならず、シッスタ・ヴァイオレットの身辺に起こつた不思議の出来事に就て観察され、私になるべく速やかに君を訪問せよとのことであつた」と述べている〔山本、一九四一：四二〕。

この時の岩下は司祭への強固な志をもっており、「ここでの生活をやがて日本での布教の根拠地にする」つもりであったという〔小林、一九六一：一四五〕。またこの頃、小林は岩下の父・清周の話として息子との往復書簡で次のような内容のやり取りがなされたと述べている。

ある日故人を農園に訪ねると、今日は非常に愉快だ、といっていた。どうしたのですかと承ると、実は過月末在英中のせがれ（壮一師）から、今後精神界に身をゆだねて思想の善導に微力をさゝげたい、と申してきたから、それはよろしい、日本には癩病者が多い、お前はこれに力をつくせ、といってやった。その返事が今日到来して、つくせるだけつくす、とあった〔小林、一九六一：一七三〕。

「思想の善導」が癩病者の救済へと言い換えられるこの記述の論理は理解に苦しむところであるが、清周が癩病問題に強い関心があったことは確かである（清周の神山復生病院への援助実績について、一九二六年発行の『神山復生病院概況』（神山復生病院静岡県後援会発行）によれば、匿名以外での一〇〇円以上の個人寄付者四八名中の一人として岩下清周の名が確認できる）。ただ当時、岩下がどれだけ関心があったかは疑わしい。清周は裾野へ隠棲してからド・レゼー*が院長を務める神山復生病院を援助していたが、父が刑事訴追されて以降、何かと反発していた岩下にとっては癩病問題への関心はそれほどなかったと思われる。それを裏づけるものとして、岩下自身の言葉の中に次のような一節がある。一九三五（昭和一〇）年の大阪朝日新聞社主催の「御恵みの日」記念講演会の席で述べたものである。

ド・レゼー（Lezey, Lucien Droüart 一八四〇－一九三〇）：パリ外国宣教会司祭。一八七三年に来日し、一九一七年から神山復生病院の第五代院長。男爵。著者に『真理之本源』などがある。

私と癩との関係は極めて最近から始まつたことで、約五年前偶然な機会から只今の復生病院を引き受けるやうになつたのに始まります。それ迄は癩病の事を考へた事がなかつたと申してよいくらいです〔岩下、一九四一b：四〕。

ただ、前述の高須によれば、「父君の功徳のために病院でもやり度いとは鹿児島でも一、二度洩らして居られました」と語っていたという〔高須、一九四一b：四〇〕。このことからすれば、当時の岩下には癩患者や癩病院の置かれた状況についてある程度の認識があり、また私立の癩病院として清周が支援していた神山復生病院の経営上の窮状をも知っていたことは恐らく間違いないであろう〔岩下が神山復生病院と関わり、支援し始めるのは彼が欧州留学から帰国してからのことである〔岩下、一九三五a：二七〕。なお、この頃の日本におけるハンセン病事情をみると、一九一九（大正八）年末の全国のハンセン病患者数は一万六二六一人、全国の療養所の入所者数は一五五五人、うち公立療養所（全国五施設、その後の国立療養所の整備により、これらも一九三〇年代はじめに国立（厚生省）に移管）が一三三八人、他は私立（神山復生病院を含む七施設）であった〔厚生省医務局療養所課内国立療養所史研究会編、一九七五：巻末表〕。この数字は、法律第一一号（癩予防に関する件、明治四〇年公布）の制定に際して資料とするため、その前年に行われた癩の全国一斉調査で確認された住所不定患者すなわち「浮浪癩」の数一一八二人を収容するには足るものであったが、その後も増え続ける住所不定患者に追いつくには程遠い状況であったとされる〔井上、一九五五：五〕。もとより、私立療養所においてはこうした浮浪患者ではなく、在宅患者が自発的にまたは家族等からの勧めによって入所していた。なお、国公立療養所に在宅患者が入所できるようになるのは一九三一（昭和六）年の癩予防法の制定を待たなければならない）。

さて、ほかの仲間より先にロンドンから離れ、ローマのプロパガンダ・フィデに入学した岩下は、一週間ほど通学しただけで教授たちに失望し、同じローマのコレジヨ・アンジェリコへ転校する。ここで、留学中の学問修行におけるもう一人の恩師ガリグ＝ラグランジュに出会うことになる。ガリグ＝ラグランジュは教理神学の教授で、トマス哲学者でもあった。後年、岩下はガリグ＝ラグランジュについて次のように述べている。

わたしはローマにゆく前に一学年をルーヴァン大学ですごしたが、そこの近世思想と妥協したような新スコラ主義は余り感銘を与えなかった。ローマへ行ってドミニコ会の設立したアンジェリコ大学の講義をきいた時初めてここに本物があるような気がした。人は今時トマスの神学大全を金科玉条として一点一画をもゆるがせにしない態度を守旧とも固陋とも笑うであろうが、それでなくては聖トマスの精神はよみがえってこないのである。わたしは生まれて初めて教室における講義によって文字通り感激した。ガリグ・ラグランジュ先生の水も洩らさぬ堂々たる三段論法の連続から成る講義で、どうして満堂の学徒を祈りの境地にまで引きずりこむ力があったのか。先生の語る言葉は母国語ならぬラテン語で、聴衆は世界中の二十何か国から集まった異人種の集合であり、テキストは神学大全中最も無味乾燥に近い第二部（倫理神学）である。しかるにわれわれは講義終了後相顧みて「今日もかれはわれわれを祈らした」と感慨を洩らし合った。わたしはとぎすました利剣のような鋭い論理的思惟と、深遠な神秘的真理洞察とが一致する境地のあることを示唆されて驚喜した。ガリグ・ラグランジュ先生において、アキノの聖トマスの精神は生きていたのである〔岩下、一九四八：一三二－一三三〕。

つまり、このガリグ＝ラグランジュの講義によって、岩下は「理性と信仰との統一的人生観」の獲得という自らの哲学課題に対する解決策を理性の側から示唆されたといえよう。しかし、これはまだ彼の中で明確に確立し得たというほどのものではなかった。

さて、一九二五〔大正一四〕年六月六日、岩下はヴェネチア大司教で枢機卿のラ・フォンテーヌにより聖母マリア被昇天聖堂において司祭に叙階すなわち司祭の聖職位を授けられることになった〔口絵の写真参照〕。この経緯について、当時ローマで岩下とともに神学生であった渋谷治*は、コレジヨ・アンジェリコでの学生生活から話を説き起こし、「夏季にはローマ郊外フラスカティのホテルにとまり、そこでヴェネチアの大司教ラ・フォンテーヌ樞機卿と知り合い、その教区の神学校に入り」、叙階されるに至ったと述べている〔小林、一九六一：一五二〕。ただ、一方で同氏は「ヴェネチアの某樞機卿を味方にして受品〔＝叙階〕まで漕ぎつけた外交手腕は大したものである」という辛口の評も付け加えている〔渋谷、一九四一：四七〕。なるほど制度的には、大司教あるいは司教により、当該者自身が志願していることと司祭への適格性〔能力〕を有していることが認められた――懲戒罰等の教会法上の障害がない者で、教区内の半年間以上の滞在が前提条件――場合、大司教あるいは司教は当該者に司祭への召命を勧告するものとされていた〔上智大学編、一九四二：七一〇〕。こうした点からすれば、この指摘が案外に妥当ではないかと思われる。

ところで、司祭になることを決心してから叙階に至るまでの岩下自身の心境は、母・由加に宛てた書簡からうかがえる。

種々ご心配ありがとうございました。ほんとうに神様に近づくには独りで苦しんでこの世の執着をすてるよりほかに道はありませんから、万事神様にお任せするのが一番です〔小林、一九六一：一五六〕。

この書簡は、司祭となる約一年前のものであるが、岩下の信仰告白ともいえる内容である。この世の執着から逃れるために、ヴァティカン布教博覧会の日本準備委員をはじめとする教会活動への熱心な参加やそこでの奉仕がなされていたのである。そうした姿勢はまた、司祭になる前後の「暁の星祈り会」の創設活動にもみてとれる。この会は、日本布教のための祈禱会をスペインを中心としたヨー

渋谷治（一八九三－一九七二）：カトリック司祭。一九二八年に司祭叙階。岩下とほぼ同時期に欧州で司祭叙階のための準備を行った。

ロッパに広めるという趣旨のもので、ここから察すれば岩下が「日本のカトリックに市民権を得させる」ために並々ならぬ使命感をもっていたことがうかがわれる〔岩下、一九六二a：五四－五五〕。

外国へいつてゐると自分らがその運動や事業のヒーローである、立役者であるという錯覚を起こす。それで神父になれるものが先ずなるやうにといふ運動を起こしたが、誰が神父になるかといふと、神父になるものが入用だと考えたその人から、ならなければならないのではあるまいか。かういふ考へを起こすのが神の召命といふのではなからうかと考へられて、たうとう自分が司祭になった〔鈴木、一九四一：六〇－六二〕。

こうした取り組みにより、岩下は神に導かれている自分をより強く感じたに違いない。ともあれ、司祭に叙階された岩下は一九二五（大正一四）年一二月にヴェネチア教区からの派遣宣教師として日本へ帰国することになったのである。

小　括

岩下は若い時期から類稀な秀才ぶりをみせた。中世哲学への関心は自ずとカトリシズムの哲学的探求への関心につながった。エック、岩元、ケーベル、ガリグ＝ラグランジュ、ヒューゲル、彼らは岩下の思想形成に強い影響を与えた。しかし、岩下は中世哲学の熱心な学徒に過ぎなかったと評価するのは早計である。彼がとりわけ後二者の師から学んだのは、カトリシズムの理性的な探求とともに信仰による霊的理解の重要性であった。プロテスタンティズムが導いた近世以降の哲学思想が〈理性〉と〈信仰〉とを分離してとらえようとするのに対して、カトリシズムでは両者を総合することにその特徴をもっていた。「分離」によってキリスト教そのものが無機的なものに化すのではなく、「総合」によってより豊かな内実を獲得することを二人の師から学んだのである。岩下の進路選択は、日本のとりわけ知識層にこの豊かな内実をもつカトリシズムを理解させることに見出されたのである。そのために、彼は天からの導きを求めつつ、与えられた機会を歩もうとした。そして、まさに導かれるように司祭への門が開かれることになったのである。

第2章　「哲学することが何の役に立とう」
――欧州からの帰朝以後、救癩活動の中頃まで

帰朝早々の身分と国内情勢

一九二五（大正一四）年、岩下は六年間の欧州での勉学を終えて帰国する。二年前に起きた関東大震災によってそれまで順調に高揚を続けていた大正デモクラシーの潮流は打撃を受け、同年に公布された治安維持法はそれと同時に成立した普通選挙法による国民の権利の拡張を相殺させた。その意味で、大局的には岩下の帰朝後の思想とそこから惹起される諸活動はこうした政治的な動向を背景にしてとらえられる。それは、帰朝早々から開始する日本でのカトリシズムの普及活動はもとより一九三〇（昭和五）年から晩年の一〇年間をかけて取り組む救癩事業、さらに最晩年に興亜院からの要請で関わる華北宗教事情調査にまで種々の場に及んでいる。

さて、岩下の日本への帰国はヴェネチア教区からの派遣宣教師としてであった。このことは、司

祭の教区移転許可に関わる受け入れ側司教のもつ裁治権を無視するものとして東京大司教レイ*の顰《ひん》蹙《しゅく》を買うことになったという（小林、一九六一：一五二）（渡欧中ほぼ同時期に司祭となった戸塚文卿はパリで叙階され、帰国している。東京大司教区は戸塚が叙階したパリを本拠地とするパリ外国宣教会の管轄であったことを考えると、岩下との立場の違いは明らかといえよう）。しかし、岩下が形式的には教区にとって「招かれざる派遣宣教師」であったにもかかわらず、東京大司教区への転入後一九二八（昭和三）年の時点では「教区顧問」の職にあり、時の大司教シャンボン*からはその活躍が好意的に評価されることになった（松村ほか訳、二〇〇〇：四六、六七）。実際、岩下の出資で同年に会館が建設された日本公教青年会の指導司祭にも任命されている。そればかりでなく、カトリック関係書の執筆・出版を手がけたり、新設された東京大神学校の教授に任命されるなど教区での貢献は多岐にわたった（松村ほか訳、二〇〇〇：四六、六七）。もとより、第一次大戦によって神学生を含む国内外の外国人司祭が母国へ帰って出征し、戦死した者も少なくない状況の中で、日本国内の各教区でも邦人司祭の養成の必要が叫ばれていたのである（高木、一九八五b：三四二）（教皇ピウス一一世の回勅「福音宣教について」（Rerum Ecclesiae, 1926. 2. 28）でもその必要が述べられていた）。それだけでなく、内村鑑三の不敬事件以降、キリスト教界は著しく国家主義的傾向を帯びるようになり、日本化を進めていた（五野井、一九九〇：二九〇）。とりわけ外国人宣教師は、国防面で国際情勢に関心を深める軍部から執拗なまでに警戒され、各県警察部に置かれた特別高等課によってその動静が詳しく調査されていた（高木、一九八五b：二四六）。当時、東京大司教区の邦人司祭は日本で叙階した数名しかおらず、それゆえ教区内では欧州で十二分に研鑽し、神学・哲学あるいは医学に造詣の深い岩下や戸塚に対しては同胞司祭としてその活躍が期待されていたわけである（実際、前述のとおり二人は一九二九（昭和四）年に設立された東京大神学校の初代教授（科学、歴史、英語、漢文、極東の諸宗教を担当）に任命されている（松村ほか訳、二〇〇〇：六七））。

岩下が代弁したカトリックの戦争観・国家観

一九二〇年代は、国家主義が勢いを加速し始める時代であった。階級矛盾の激化に対応することが困難となった天皇制国家は、政治的詔勅をもって民心の統合を図ろうとした（須崎慎一は、教育勅語や戊申詔書等の、民衆に対する天皇制国家の公的発言である政治的詔勅の内容を分析して、一九二〇年代は「それまでの勤倹力行→個人の『治産』→国家の興隆という訴え方が、（中略）『民心の和会』→『忘私奉公』へと変わっていった」時期であると評価している（須崎、一九九九：二五））。それは、「日本ファシズム」とも言われる一九三〇年代の準戦時、戦時体制へと急激な変化を遂げる前段階であった。岩下が帰朝し、カトリック司祭として活動を開始する時代は、とりわけキリスト者として矛盾を覚えつつもこうした

レイ（Rey, Jean-Pierre 一八五八－一九二九）：パリ外国宣教会会員、第四代東京大司教。

シャンボン（Chambon, Jean-Alexis 一八七三－一九四八）：パリ外国宣教会会員、第五代東京大司教、初代横浜大司教。

体制に何らかの折り合いをつけて向き合わなければならなかったといえよう。実際、それより前の一九一二（明治四五）年には、過激な社会主義運動を弾圧し、天皇制国家観に基づく国民教化と国家主義的政策の強化を図るために宗教団体を利用しようとする政府の求めに応じ、神・仏・基（カトリックを含む）の三教は国家祭祀を司る神社神道に従属させられることを了承した（五野井、一九九〇：二九二）。では、岩下はこうした国家主義の変節期をどのような主張を示して切り抜けようとしたのであろうか。ただ、国家主義が全体主義化する一九三〇年代においては特高警察が宗教人や言論人を厳しく監視していたこともあってか、岩下が意図したかしないかにかかわらず国家主義権力に対して直接に批判的な主張をすることはなかった。

ただ、男子修道会のマリア会によって設立された暁星中学校の生徒による徴兵忌避事件（一九二六年六月）に対してカトリック信徒側から社会に向けて弁明しようとした際の岩下の主張が明らかにされているのでそれを説明してみたい。この冊子は、二つの内容に分かれており、前半は暁星中学生の徴兵忌避事件について、兵役制度のもとでカトリック信徒の置かれた難しい立場を事例検討として分析している。また、後半はカトリック信仰の視点から、キリスト者の信条としての「愛」と現実事象としての「戦争」の根本的な関係理解を普遍化させて解き明かそうとしている。その狙いは、岩下自身が同書の序で述べているように、「カトリック教会に関する世人の誤解をとき、間接にわれらの立場が、極端な国粋論の偏見と左傾思想の危険とに陥ることなく、中庸を持して、しかも日本国民の健全なる伝統を肯定し得る確乎不抜のものであること」を明らかにする点にあった（岩下、一九二六：一）

（とくにこの冊子の後半部分の内容は、カトリックのみならずキリスト者一般についてその立場を明らかにしたものといえる）。

暁星中学校は岩下の母校であるが、そもそも彼がこの冊子を著して戦争に対するカトリック信徒ならびにカトリック教会の立場を明らかにしようとした契機は、当時、暁星中学校の母体であるマリア会の日本準管区長兼視学の職にあったヘンリック*から執筆依頼されたことによる（岩下、一九二六：二）。つまり、管区の要職にあったヘンリックが、管区内で起きたこの悩ましい問題の善処策とカトリック教会の立場の擁護を求めて岩下に依頼したものと理解できる。岩下にしてみれば、カトリシズムが本来的に有する愛国的立場を社会に向けて表明することで、それが天皇制と相容れない戦争観や国家観を有しているとする社会からの批判的な評価をかわそうと考えたのである。それはまた、軍国主義の進展とともに日本のカトリック教会が国体に服して、信徒に向けて皇国史観の奨励を表明せざるを得なかった姿勢と対比的にとらえることができる（一九三五（昭和一〇）年に出された日本の全教区長連名による教書がその代表的な例である（高木、一九八五a：四七－五六））。

では、岩下が代弁したカトリック信徒あるいはカトリック教会がもつ本来の戦争観とはどのようなものであったのか。まず主張の前提として、岩下は左傾思想への反動からカトリックをとらえること

ヘンリック（Heinrich, Alphonse 一八六〇－一九三九）：マリア会司祭、日本におけるマリア会創立者。日本初のカトリック男子学校である暁星学校を開設。

の誤りを説いた〔岩下、一九二六：一六〕。そのうえで、①正常な主権下にある忠実な市民は国家の命によって兵務に従う義務をもつ、②有事に際して戦争の是非論をかざす者は祖国に対して忠実な者とはいえない、③交戦国のキリスト者同士が戦っても信徒にとっては矛盾なく、また神の前に恥じることはない、④これらの考え方は、キリスト教が主張する人類愛とも、また戦争を人類から絶やそうとする理想とも矛盾しない、という主張を提示した〔岩下、一九二六：二六-二七〕。岩下の主張はカトリック者が不本意にではなく主体的に戦争への協力を首肯し得ることを述べたわけであるが、一九三五（昭和一〇）年の全教区長の共同教書以降の展開が示すように、その後の軍国主義の進展と相まった神道国家体制の確立により、こうした「主体的」協力という理念的ともいえる姿勢は現実へと十分に投影されることなく明らかに後退していかざるを得なくなるのである（この共同教書の趣旨は、非常時局下のカトリック信徒の覚悟を訴えるものであった〔高木、一九八五b：四六・七〇〕）。

カトリシズムの普及活動

ともあれ、岩下は帰国後まもなくから大神学校での講義、公教青年会での学生指導、カトリック書や哲学書の出版・著述、大学や高等学校での哲学講座など、精力的に活動を始めることになる〔小林、一九六一：二一〇-二一六〕。帰国後すぐに自宅を拠点にして始める聖フヰリッポ寮の事業もそのひとつで、それはカトリック学生たちの寄宿舎を兼ねて彼らに宗教教育を提供する目的をもっていた〔小林珍雄によれば、岩下の聖フヰリッポ寮の設立は、一六世紀に霊的な信心を目的に弟子たちを集めて共同生活を行った司祭・ネリ（Neri, Philippus 一五一五－九五）の活動にならったものであるという（小林、一九六一：二二四）。なお、この聖フヰリッポ寮は現在「真生会館」（東京都新宿区）として引き継がれている）。この寮は岩下が私財を投じて設立したもので、一九三四（昭和九）年には財団法人となり、岩下自らが理事長に就いた。聖フヰリッポ寮の発展を後押ししたのは、一九三一（昭和六）年六月に教皇ピウス一一世の回勅「イタリアにおけるカトリック・アクションについて」（Non Abbiamo Bisogno, 1931. 6. 29）が発せられるのを前に出された東京大司教シャンボンの教書「東京教区に於けるアクション・カトリック（カトリック・アクション（英語）と同断）について」（同年三月）であった。この教書は日本における布教、出版、学生カトリック研究会、邦人司祭養成、慈善などの分野における信徒の組織的活動を発展させる契機となった（上智大学編、一九五四：六九）。聖フヰリッポ寮も当然こうしたカトリック・アクションのひとつとして、日本のカトリックの発展に貢献したのである。なお、寮の運営にあたっては、岩下の宗教哲学面での後継者といわれる吉満義彦が一九三三（昭和八）年から四五（昭和二〇）年まで寮監を務めた（現在、東京教区事務所には吉満が記した聖フヰリッポ寮日誌（原本）が保管されている。内容はおもに週一回行われていたミサの司式者、当日の行事や来訪者などを記した業務日誌といってよい。なお、岩下とは面識がないと思われるが、戦後文学史上「カトリック文学」と呼ばれる領野を開拓した遠藤周作は吉満寮監時代の寮生であった）。

岩下のこうした宗教教育への情熱は、他方ではカトリックに限定せず一般の教育にも大きな関心をもっていた。不二農園の所有地内にある温情舎小学校は農園従事者の子弟のために一九二〇（大正九）年に父・清周が建てたものであるが、岩下が初代校長を務めていた（岩下は、温情舎小学校の経営母体である財団法人私立温情舎の理事長も務めていた。その校風はカトリックの精神に基づいていた。また、ここは昼間は小学校として、また夜間は地元青年の研修の場として著名人を招いての講演会の開催、農業技術者による実地指導などが行われた〔温情の灯会編、二〇〇一：三六－三七〕）。また、後に触れるが神山復生病院の院長に就任してから取り組んだ未感染児童の保護の問題にも積極的に関わり、少ない人数ではあったが国公立療養所の未感染児童を院内の保育所に受け入れていた（患者の子どもで、未感染の児童を親とは別に保護する必要があった。とくに学齢期の子どもには教育を施すことが望まれた。当時この問題は、国公立の療養所では差し迫った難題であった〔邑久光明園入園者自治会編、一九八九：三七〕。なお、児童をほかの療養所から受け入れていたことは、一九三五（昭和一〇）年一〇月九日付の九州療養所発信の照会文書（財団法人神山復生病院所蔵）から確認できる）。岩下は、さらに中学校をも設けたいと希望していたという〔筆者が二〇〇二年八月九日に行った温情舎小学校の卒業生U氏からの聞き取り〕。

また、岩下はカトリック研究社を興し、暁星中学校への公教要理解説の出稽古や同研究社での福音書講義、カトリック書籍の出版などを始めている。さらに、一九二七（昭和二）年には母校の東大に帝大カトリック研究会を創設し、学生の指導に当たった。この会は日本におけるカトリック・アクションの先駆のひとつであり、続けて諸大学にカトリック研究会の発足を促し、またそれらの育成に尽力したのも彼であった。さらに、一九二九（昭和四）年にはカトリック中央出版部設立のための出版委員に就任し、主としてカトリックの代表的な月刊誌である『声』の経営に当たった。こうした講演ないしは文書による宣教活動もまた、ひとえに「カトリックに市民権を得させる」という岩下の年来の目標を宣教させるべく取り組まれていったのである。

この頃、無教会主義を唱える内村鑑三門弟の井上紫電は、帝大カトリック研究会を指導する岩下によってカトリックへと導かれつつあった。それまで井上は内村の強烈な人格に傾倒しており、内村がしばしばカトリック教会を「ファリサイ主義」――イエスの〈愛〉の教えとは裏腹に、律法に厳格な態度をとった――の本家として攻撃の俎上に載せていたことから「歪曲せられたカトリック教会」を聞き知っていたという〔井上、一九四一：五六〕。晩年の内村は、カトリック宣教の攻勢に対してこのようにラディカルさを増していったという〔関根、一九九一：一五二〕。ただ、内村は晩年の自身の日記において、ついつい俗世的な思考の枠にはまってしまう自身の意志の弱さを嘆じている〔一九二六年五月一八日付日記および一九二八年一二月二一日付日記。http://uchimurakoreahp.infoseek.co.jp/uchimura/goroku/goroku.htm〕。それゆえ、自身もまた否応なく本性としてのカトリック信者であると認め、そのうえで本当のプロテスタントとなって人や教会に頼らず純粋に聖旨に従える信仰を得たいと述べていた〔同日記〕。もとより内村の基本的な立場は、自身プロテスタントとして教権の存在を教会には認めないとするものであった。他方、岩下の無教会主義者への批判も内村に負けず劣らずラディカルであった。その論旨は、無教会主義は信仰でも福音でもなく、一種の反動であって、教会あってこその無教会主義である、というパラドックスの形をとっていた〔岩下、一九九四：六七三、おもに一九二七（昭和二）年とその前後に『カトリック』誌に連載された「公教要理解説」に初出）。

このような中、井上は偶然にもカトリック研究会が催す「カトリック教会の根拠」と題した例会に出席することになった。そこでは、岩下が熱弁を振るっていた。井上はその時の印象を次のように述べている。

〔岩下の〕造詣の深さ、頭の鋭さを物語る明快なる話、それにも増して初めて接する聖職者の快活にして温か味のある態度、私は斯の如き立派な人物があの様に非難攻撃せらるゝカトリックを信じて居ることが不思議に感ぜられると共に、カトリックも満更捨てたものでもあるまいと思ふに至つた〔井上、一九四一：五六〕。

岩下という理性・信仰・人格が統一的に融合したとみられる人物に出会い、井上のカトリックへの先入観は打ち砕かれたといえようか。岩下の思想形成の流れで振り返れば、渡欧中の岩下が高徳な司祭マテオからの影響によって司祭への召命を感じ、それが岩下にとっては信仰側からの「理性と信仰との統一的人生観」へ接近する契機となったのである（前章参照）。以来、岩下においては人格形成における〈理性〉と〈信仰〉との融合へ向けて意識的な取り組みが続けられていたのである（ともにカトリックへの改宗者である大庭征露と吉満義彦は、岩下への追悼文でこうした観点から彼の思想形成を分析している。それは、岩下が中世のスコラ学者トマス・アクィナスの思想を内面化しようとしていた、とする理解に基づいていた〔大庭、一九四一a：一五二―一六一、吉満、一九四一：一四〇―一五一〕。

実際、岩下は井上に「君、人を導くためには議論で相手を凹ますことは無益だよ」と言っていたという〔井上、一九四一：五六〕。これは井上が推測として述べるところであるが、これまで内村の高弟に対して行った論駁すなわち理性的アプローチに限定した方法をとることへの岩下自身の反省が意識されていたのであろう。顧みれば、岩下は議論によって相手を無理やり納得させることの無益さを渡欧中に恩師ヒューゲルから教えられていた。ヒューゲルが岩下に教えた望ましい宣教の方法とは何なのか、長いが引用しておこう。

> 君が君の道に他人をかちえようとするならば、（似而非教師が十人の中九人までするように）君自身の結論から始めてはならないという一大事実は、もう今まで少なくとも三十年このかたの私の信念となつている。むしろ君の結論は君の説教の中に暗黙のうちに含まれるようにしなければならない。この説教は全体としてその一般的傾向、その地色において君が全く適正で真剣で雄弁であれば、聞き手の仮説となり、聞き手はそれから君の心中にひめてあつた結論をひき出すようになるであろう。君の聞き手はそうしたくなるであろう。なぜなら普通の人間は性質上に反対を好むということほどたしかなことはないからである。そこで君はこの反対心に一つの標的を与えたわけではない。またすべての人は自分の創意工夫のための材料や機会を与えられることを好むことも、同様に確かである。そこで君は、全く現存していたものだが注目される現実としては

余りにも遍在的だつたものを彼らが発見するようにした。そのものは全く新鮮なもの、読者自身の改善進歩として発見されてくる〔デュモリン、一九五〇：一八〕。

すなわち宣教者は、読者や聞き手の主体性を尊重し、彼らが強いられるのではなく自ら悟るように助けることに注意をしなければならないという、人間が本来もっている心理的特性を考慮した助言であった。ヒューゲルの岩下への助言は、普遍的な真理を一段掘り下げて現実的な視点から述べているところにその特徴がある。元来「カトリック」という言葉がもっている普遍の意味は、少なくともこうした形でヒューゲルから岩下へ伝えられたといえよう。ともあれ、岩下のバランスのとれた人格から影響を受けたことでカトリックに近づいたのは井上ひとりに限ったことではなく、その頃カトリック研究会の内外で岩下を知る機会のあったプロテスタントたちにほぼ共通した改宗の契機であったといえよう〔中尾、一九四一：五八－五九〕。

救癩事業への関心と接近

岩下の救癩事業への関心は、前章で述べたように父・清周を通じてであった。しかし、それが積極的な関心として意識されたのは、おそらく欧州留学の終わり頃ではなかったかと思われる。なぜなら、神山復生病院の院長職にある一九三四〔昭和九〕年に「救癩の使徒」ダミアンを訪ねてモロカイ島を視察した際の帰朝報告の中で、自ら「ハワイに往きたいといふのは十何年前の希望であつたので、一九二五年の末にヨーロッパからの帰途モロカイ島に寄りたかつたのでありました」と述べているからである〔松風、一九四一：三五－三六〕。

では、岩下が神山復生病院を引き受けることになるまでの経緯を近親者である妹・亀代はどう見ていたのか、彼女の言葉を引いて見てみよう。

〔父が〕ある日兄に「日本が今、世界の大国と肩をならべるようになったのに、恐ろしいハンセン氏病患者の世話を、外人に任せておくなどは……」。兄が「では私がその世話を引き受けましょう」と答えた。早速土井司教様に懇願して、当時老年のドルワル・ド・レゼー神父様をお援けするようになり、その御帰天後、神山の病院長となった〔岩下きよ子、一九七九：二四〕（ただ、土井が司教（東京大司教）に就任するのはすでに岩下が神山復生病院長の職にある一九三七（昭和一二）年のことであるから、亀代のこの記述は誤りである）。

岩下は、父・清周の跡を継いでド・レゼーを助けるためにたびたび神山復生病院を訪れるのである。そこで、彼は司祭になった時と同じように「問題意識をもった者が実行する」論理で、日本人としての責任感を感じながら神山復生病院へ急接近していくのである〔鈴木、一九四一：六〇〕。

一九三〇（昭和五）年末、岩下は東京大司教シャンボンの任命により周囲の驚きをよそに神山復生病院の第六代院長に就任する。当時、東大に在学中であった千葉大樹（次代院長）は、あまりに唐突に思えたこの時の印象を「親しく師の御指導に与つていた私は、突然の出来事に鳶に油揚を攫はれた以上に呆気にとられ、師の真意を汲取ることが出来なかつた」と述べている〔千葉、一九四一：一一九〕。それは、欧州で哲学の研鑽を積んで誰からも学者的司祭の道を順当に進むと思われていたからである。教区における神山復生病院の院長の地位とは、前院長のド・レゼーに「天主教の神父の仕事の中で、癩病院の院長より下の役はありません」と言わしめたようにきわめて劣悪なものであった〔小林、一九六一：二六九〕。しかし、岩下自身に悲壮感はみられなかった。小林珍雄は次のように記している。

岩下師は、いささか誇張した悲壮感もなく、むしろ亡父の遺志をつげるのをよろこぶかの如く、当然のこととして、そこに赴任され、十年院長をつとめる間に、ここここそ師の心のふるさととなったのである。外面からみても、その活動ぶりに変化なく、それまでは東京と裾野との二つの根拠地が、ただ神山という三つにふえただけのことであった〔小林、一九六一：二七〇－二七二〕。

なるほど、岩下が救癩の道に進むうえでの重要な契機があったことは確かである。それは一九二八（昭和三）年の父・清周の急逝である。清周は明治期の関西経済界に名を馳せた実業家で、そればかりか桂太郎*や原敬*とも親しく、明治末から大正初めにかけては衆議院議員も務めた経歴をもつ。しかし、その後は北浜銀行事件の責任を取り富士裾野に農園を買い求めて隠棲していた。農園経営の傍らで、清周は近くにあった神山復生病院を支援していたのである。前章で述べたようにこの事件によって父子の間に大きな確執が生じていたが、清周の社会奉仕の意志が壮一に受け継がれていったことは次の引用からも確かである。

君〔清周〕は曾て不二農園から杖を曳いて神山なる復生病院を視察し、当時の院長ドルワール・ド・レゼー老師（仏人）が廃人救護のことに畢生の力をそ、ぐのを見て大に感ずる処あり、我国力未だ足らずして此の如く外国人の力を借るのは、如何にも残念で堪まらぬと思つたらしい。そこで一書を令嗣に送りて、神の使徒たる者、何ぞ之を看過するに忍んやと論じたのに対し、令嗣より返翰ありて、他日機会を得ば、願くは父の志を行はんとありしを見て、会心の笑を（中略）漏せることあり〔故岩下清周君伝記編纂会編、一九三一：四八－四九〕。

清周の葬儀は、長男である岩下が自ら司式した。岩下の式辞は、亡き父への思慕の念と父が犯した罪への償いの気持ちが交錯したものであった。しかし、岩下がより気に留めていたのは後者のほうで

桂太郎（一八四七－一九一三）：軍人、政治家。一九〇一年（第一次）、一九〇八年（第二次）および一九一二年（第三次）に首相。その間、西園寺公望と交代で首相を務め、「桂園時代」と呼ばれた。

原敬（一八五六－一九二一）：外交官、政治家。一九一八年に成立した原内閣は、日本初の本格的政党内閣といわれている。

あった。岩下の式辞の一部を改めて紹介しよう。

元来父は善を喜び善を行はんとして鋭意致した者で決して、私利私欲を営んで世人のご迷惑を顧み無かつた者ではありませぬ。併し父は直情径行で自ら善と信ずることは忌憚無く行ひました為に、其我儘が世人をして父を誤認せしむる原因とも相成りましたから、皆様も亦父の我儘の為に幾多のご迷惑を蒙られたかも知れぬと存じます。（中略）万一父が生前の所業から世間に御迷惑を掛けたものが有りと致しまするならば、私は私の一身を擲って進んで其の罪を贖ひたいと存じます。私は終生娶らず終生家を成さず、心身を神に捧げ、頂点立地、我が道とするところに依りて、国家民人の福利の為に最善の力を尽したいと思ふて居ります〔故岩下清周君伝記編纂会編、一九三一：五五〕。

引用文の後半部分には、今後の身の処し方についての岩下の毅然とした決意が述べられている。生涯にわたって自分が犠牲を捧げることを宣言したのである。それは、清周の生前（岩下が七高在職の頃）から父の罪の償いをしなければならないと口にしていたことを思えば容易に理解できる〔高須、一九四一b：四〇〕。ただ、確かに彼の思いを満たしていたものは背任・横領等の罪で有罪判決を受けた清周の長子としての「罪の代償」意識ではあったが、その根底にはキリスト者の信仰実践における積極的な「犠牲」をも内包していたと考えられる。つまり、岩下の代償意識はキリストの律法が要求する

〈正義〉に基づく強いられた「犠牲」だけでなく、父の過ちを反面教師にして積極的な善へと自らの歩みを確かなものとする契機を併せもっていたと思われる。なぜなら、聖書が説くキリストの教えは、過ちによって悪の報いを受ける父とは反対に、子がキリストのように正義と憐みに徹した生き方をするならば義人としてその報いを受けることができるとするものだからである（『旧約聖書』「エゼキエル書」には「利息や高利をとって貸すならば、その子〔本人〕は生きるであろうか。彼は生きることができない。彼はこれらの憎むことをしたので、必ず死に、その血は彼自身に帰す。しかし、彼が子を生み、その子が父の行ったすべての罪を見て、恐れ、そのようなことを行わず、山の上で食事せず、目をあげてイスラエルの家の偶像を仰がず、隣人の妻を犯さず、だれをもしいたげず、質物を奪わず、かえって自分の食物を飢えた者に与え、裸の者に衣服を着せ、その手を引いて悪を行わず、利息や高利をとらず、わたしのおきてを行い、わたしの定めに歩むならば、彼はその父のために死なず、必ず生きる」と記されている〔第一八章一三―一七節〕）。この点について、小林珍雄は岩下伝の中で「罪の代償」が「功徳の転換性（réversibilité）」概念で説明されるとして、フランスの小説家ブルジェ（Bourget, P.）の「息子の苦しみは、現世でも来世でも父親の罪のあがないである。自分のもたなかった〔他のキリスト者の〕功徳の恩沢に浴するのだから、自分の犯さなかったあやまちもつぐなわなければならない」という記述を引用している〔小林、一九六一：一七二〕（ただ、小林が表記している出典［P. Bourget, *L'émigré*, 370］については原典との照合から誤りであると認められる。なお、「功徳の転換性」は通常「功徳の相互転換性」と呼ばれている）。小林の解釈は、あくまでも父親の罪の代償に重点を置くものとなっている。しかし、自己犠牲の精神によるキリスト者個人の善なる功績が全キリスト者にとっての功徳になるとする「功徳の転換性」の教理は、「諸聖人の通功」の教理——すなわち、すべてのキリスト者は超自然的共同体に蓄えられた諸々の善（祈り、犠牲、善行）の相互授受に参与しているというカトリックの教理で、現在では「聖徒の交わり」と訳されている——に通底しており、岩下の代償意識もまたこうした本来のカトリックの教理と共鳴する可能性を多分にもっていたことがわかる〔徳永、二〇〇八：八二〕。しかし、後の彼の救癩実践をその限界へと向かわせる陥穽がこの「犠牲」の中に潜んでいることを、自身この時点では気づく由もなかったのである（この点については、第Ⅱ部第4章で詳しく分析している）。

ただ、岩下が普段意識した「犠牲」については、吉満義彦が岩下から受け取った書簡の一部を引用して疑う余地がないほど明快に述べている。

岩下師の基督教思想家としての最も深き意味容易に追随を許さざるものは尚ほ更に進んで正にそのキリストの弟子としての生ける模範を自らの愛の犠牲的実践において示されたと言ふ点に帰さねばならない。私は師より賜つた言葉の中に最も深く胸中に残つているものは「カトリックの事業はすべて犠牲の上に立つているのだ」と言ふ一句である〔吉満、一九四一：一四八〕。

岩下の救癩思想における「犠牲」のとらえ方は、吉満が続けて述べる「その点癩病院は最も楽であると言ふ賀川氏〔賀川豊彦〕*に同感である」という岩下の言葉に集約できよう〔吉満、一九四一：一四八〕。

賀川のこの発言の意図は、彼の社会運動の思想的枠組みである「社会事業のせまい枠をはるかにこえた周辺の多元的な領域を常に包摂する社会改造の大プラン」に比して、救癩施設（本書では救癩事業に供される施設を、国公立療養所を指す場合を除いては基本的に「救癩施設」と表記している。それは、私立の場合には医療施設の範疇に入れるよりも救済施設のひとつとみたほうが機能上妥当であると判断するからである）の事業は社会から閉鎖されたその中だけでの小規模な実践という違いを強調することにあったと考えられる〔吉田ほか、一九七一：一八七〕。賀川には「社会問題として見たる癩病絶滅運動」という題目の講演（一九二七）がある。その一説を引用してみよう。

今日喧しく云はれて来た優生学とか、教育の運動が、即ち心理的、道徳的改造の方面から経済運動と提携して、初めて改造運動は完成し得るのである。民衆の立場から考へなければならないのは、生理的に、筋肉運動に少しでも欠陥がある場合に、道徳能率は上がらないと云ふことである。私が何故癩病問題を喧しく云ふかと云えば、それは国民の社会的能率を上げるために云ふのである〔賀川豊彦全集刊行会編、一九六四：三七五〕。

賀川豊彦（一八八八－一九六〇）：牧師、社会運動家。キリスト者を中心とした救癩運動団体である日本ＭＴＬ（＝Mission to Lepers）創設の中心人物の一人。

賀川は、この講演を行う二年前の一九二五（大正一四）年に「無癩県運動」を支援するキリスト者を中心とする推進団体「日本ＭＴＬ」を設立し、活発に活動していた。賀川の優生主義思想は患者への愛と同情を主張しながらも、その中核には「白人と対抗する」ための「大国意識と排外的優越民族意識とがあった」と藤野豊がその表裏性を指摘したように〔藤野、二〇〇一：一二三〕、彼の課題意識はあくまでも社会改良というマクロな側面に置かれていた。そうとらえれば、岩下は賀川の救癩思想に全面的に同調していたわけではないことがわかる。

賀川のとらえる「癩病問題」の解決案とは、祖国浄化の国民運動により非生産的な癩患者を社会の周縁に完全に排除することで「国民の社会的能率」が上がり、それによって社会変革が進展していくというものである。他方、岩下のそれは患者個々人をあくまでも社会に包摂（療養所等への入所をも含む）しつつ包括的に問題の解決を図ろうとするものであった。そうした異なった視点に立って、賀川は直接的に社会改良の必要性の主張を前面に押し出してＭＴＬの運動を展開したし、岩下のほうは社会改良とカリタス（＝神愛的な徳行）というマクロ／ミクロを分ける二つの相反する実践的概念を一元的にとらえようと構想したのである。こうした点について、吉満は全体主義国家の論理とは対極にある「民衆的」という言葉を用いて、救癩活動を含めた岩下の社会実践の取り組み姿勢を次のように評価している。

> 教会的聖性の愛の連帯といふ基本的信条のうちに、言はば民衆と共なる民衆的なるカトリック敬虔性に即して行はれる事を求めてゐられたのである〔吉満、一九四一：一四七〕。

翻って、前述の岩下が同調した「癩病院は最も楽である」の意味を解せば、癩者は世の中で最も哀れむべき存在としてとらえられていた――こうした見方からすれば、より完全に保護されなければ生きていけない人々である――が、救癩事業家は単純に大きな量的犠牲を彼らに払いさえすれば十二分に成果（功徳）が得られることになる。すなわち、あたかも思春期の子どもを育てることよりも赤ん坊の世話をすることのほうが、ほかの複雑な社会関係や思春期ならではの心理的諸特性を考慮しなくてもよい分煩いが少ないように、ほかの社会事業よりも質的には容易である、ということを意味したものと推測できる。実際、岩下は多忙を極めてはいたが病院を引き受けてからもカトリシズムの普及活動（研究、出版、神学校での学生指導など）をこれまでどおり継続することを快しとしていたのである。院長に就任してまもなくのことではあるが、岩下の言葉を引いてみよう。

此所〔神山復生病院〕こそ真に俗世を超越して賢哲の書を繙くにふさはしき聖地であると感じたからである。（中略）研究したいことは山積してゐる。これから大にやるのだと思ふと何とも云へぬ愉快を覚える。この瞬間私はたしかに知的生活の幸福を満喫したのであつた〔岩下、一九三一：二二七〕。

では、神山復生病院の患者たちは岩下の院長就任をどう受け取ったのであろうか。まず、前任者のド・レゼーが亡くなった時の様子について、資料の性格上多少の脚色を承知で紹介してみよう（この著作『救ライ五〇年苦闘史』は途中まで岩下によって書かれ、その後に東京大司教区が分割されたのを機に同大司教区長から横浜教区長へと異動したシャンボンが書き継いだ。とくに第三代院長のベルトラン*の時代以降の記述はシャンボンがフランス語で書いたものであるが（岩下および財団法人藤楓協会が翻訳）、その記述は岩下のそれに比べて実証性に欠ける感が否めない）。

どんなにこの神父〔ド・レゼー〕が患者から愛されていたかを思わせる。彼は実際患者たちみんなから哀惜された。しかし、この悲しみに加えて、大きな心配が彼等の上にただよっていた。誰がドルワール神父の後任になるのだろう？　小さき聖女テレジアと共にあったドルワール神父は、資金を集めることにかけては第一人者であった。そして大名らしく気前がよかったので、毎日の食事の点で、患者たちの生活は非常に改善された。あと戻りするのではなかろうか？〔岩下、一九六二a：一六五〕

著者のシャンボンは一九二七（昭和二）年から東京大司教区長を務め、前院長のド・レゼーが司祭として入所患者たちをよく司牧しつつも院の経営においては相当苦労している様子を十分に聞き知っていた（シャンボンが東京大司教区長に就任してから宣教母体であるパリ外国宣教会本部に最初に送った年次報告書（一九二八）には、「一つのまったく異なった事業として、最初八〇歳の重荷から解放されたようにも見えるドルワル・ドゥ・レゼー師に十年来、指導されて来た癩病院がある。（中略）異教徒として病院に入院した人の殆どが改宗する。今年、レゼー師は二四人に洗礼を授けた。毎日曜日、皆は祭壇に近づく。しかし経済的面は、同僚にとって大きな悩みである」と記されている（松村ほか訳、二〇〇〇：四六）。また、教区内の宣教師たちにとっても「大司教に招かれたら、受諾できるかどうかと自身危ぶんでいる者もあった。断わるのはかれらにとって辛いことに思われた。しかし、後任になることは非常にむずかしいように思われた」と言うほど後任人事は関係者にとって難航が予想されていた（岩下、一九六二a：一六五―一六六）。しかし、人事権をもっていた当のシャンボンのその後の記述によれば、「よき摂理により、すでにすべてのことが定められていた」という（岩下、一九六二a：一六六）。シャンボンはド・レゼー亡き後、本人の希望を認めて岩下を後任の院長に任命した。第六代院長となる岩下の就任はド・レゼーの死後二日後のことであった。

院長就任と経営改革

さて、岩下が院長に就いた頃の神山復生病院の状況は、「『救らい』の意識が従来の信仰による救済事業から医療への転換が進む時代にあって、当時の復生はいまだ旧態の中にあり、多くの問題をかか

ベルトラン（Bertrand, Joseph 一八六七―一九一六）：パリ外国宣教会司祭。神山復生病院の初代副院長および第三代院長。

えていた」とされる〔百年史編集委員会編、一九八九：一一七〕。その代表的な問題が、医師および医療設備についてである。就任早々に、当時癩医療の第一人者であった院長の光田健輔*を第一区連合府県立癩療養所の全生病院に訪ねて医療面の協力を願い、一九三一（昭和六）年から眼科医の塩沼英之助*や大西富美子*（後に林文雄*と結婚）が定期的に診察に出向いてくれることになった。しかし、常勤の医師が得られないことは病院にとって後々まで悩みの種であった。

それまでも、御殿場から勝田博医師（内科・外科）が隔日で往診に来てくれてはいたが、治療体制としては十分とはいえなかった。ある時、岩下は大西に「貴方のお友達でどなたかこちらへ来てくださる方はいませんか」と何気なく問うた。後年、自身のカトリックへの改宗が少なからず岩下から影響を受けたと述べる大西は、病院のこうした医療事情を知りながらも現実的な問題から協力できなかったことへの悔いを抱いており、一九五一（昭和二六）年に専任医師として神山復生病院へ赴任する時までその言葉が脳裏に焼きついて離れなかったという〔林、一九九二：一七八〕（筆者が一九九三年一一月一〇日に行った林（大西）氏本人からの聞き取りでもそのことは確認された）。

一方、懸案となっていた医療設備の改善の面では、岩下は先の全生病院の視察やほかの救癩施設への積極的な訪問によってそれらの良い点を次々に取り入れていった（口絵の写真参照）。岩下は、かつてド・レゼー院長の時代に神山復生病院の前近代的設備の実態を次のように指摘されたことについて、ことのほか気にしていたのである〔『皮膚科及泌尿器科雑誌』に掲載された「神山復生病院視察報告」（泥谷・坂本、第二〇巻、一九二〇）記事に述べられた点を問題視していたという〔塩沼、一九四一：三六〕〕。

研究設備ノ全ク欠如シ病室ノ狭隘ニシテ或ハ常時医員ヲ傭聘セザル等ハ一定ノ収入ナキ本院トシテハ経費ノ関係上已ムヲ得ザルコトナレドモ苟モ病院タル名称ノ下ニ存在ヲ認メラレツツアル以上ハ多少コノ種類ノ施設ヲ必要トセザルヤ。之ヲ要スルニ本院ハ癩病ノ医学的治療病院トシテハ不完全窮マルモノニシテ（塩沼、一九四一：三六）。

一九三一（昭和六）年頃に私立の救癩施設は全国に七カ所あったが、すべて宗教立の病院であり（患者本人だけでなく、家族や関係者をも巻き込んで差別と偏見の的にされた癩および救癩事業は、俗世間から距離を置くことのできた宗教家のような立場の者でなければ取り組むことが難しい事業であった）、所管する内務省でもしばしば私立の救癩施設における消毒が不十分であることを問題にしていた（内田、

光田健輔（一八七六－一九六四）：癩病理学者、医師（皮膚科）。東京市養育院内に癩患者のための回春病院を設営。公立癩療養所全生病院長を経て、一九三一年に国立癩療養所長島愛生園の初代園長に就任。生涯を通じて癩に関する医学・医療に尽力したが、患者の絶対隔離策を強く主張したことで評価が二分されている。

塩沼英之助（一九〇三－七九）：癩医（眼科）。全生病院・長島愛生園の医師を経て、一九四四年に国立癩療養所星塚敬愛園の第二代園長に就任。キリスト（プロテスタント）者。

大西富美子（一九〇七－二〇〇七）：癩医（眼科）。全生病院・長島愛生園の医師を経て、一九五一年に神山復生病院の専属医師に就任。一九四八年にプロテスタントからカトリックに改宗。

林文雄（一九〇〇－四七）：癩医（皮膚科）。全生病院・長島愛生園の医師を経て、一九三五年に国立癩療養所星塚敬愛園の初代園長に就任。キリスト（プロテスタント）者。岩下とは知己の関係にあったとされる。

一九四一：三九〕。

ところで、神山復生病院においては一八八九（明治二二）年の創立当初から資金問題が重要な位置を占めていた。特定の大口縁故寄付者があるわけではなく、まして、まとまった基金をもたないミッションからは何の援助も得られなかった。創立者テストヴィド*亡き後、その経営を任されるヴィグルー*に宛てた東京大司教・オズーフ*の書簡（一八九一年八月五日付）はそのことを如実に表している。

> かれらの衣食住の経費を同様に貧乏なミッションが、貴師に与えることができないのは申上げるまでもない。貴師はその資金をテストヴィド神父が求めた同じところに、すなわち摂理の金庫の中に求めるより他に途はないのである。お気の毒ではあるが、貴師は親愛なるライ者諸君のため、かれらと同じく乞食をしていただきたい。この慈善事業の設立に協力した後継者たちは、もしできるならば、今後も惜しみなくこれを後援するであろう。新しい協力者が加わることも十分可能である。これらの不幸なライ患者を救済する立派な仕事は、人類の苦痛に関心をもつ人たちの心を動かさずにはおかないであろう〔岩下、一九六二a：一一五〕。

さて、一九三〇（昭和五）年七月、富士岡村村長より神山復生病院に次のような照会状が届いた。岩下が院長に就任する四カ月前のことである。

私設社会事業ノ廃止、休止、若シクハ縮小ニ関スル件〔照会〕

ソノ筋ヨリ……（一）経済界ノ不況ニヨリ事業ノ廃止・休止・若シクハ縮小ヲ為シタル私設社会事業、（二）経済界不況ガ私設社会事業経営上ニ及ボシタル影響〔寄付金品等募集並ニ被救護者ノ増減状況等ニ付〕成ルベク数字ヲ以テ揚ゲ其ノ概要ヲ記載スルコト〔百年史編集委員会編、一九八九：一一二〕。

これは、一九三〇〔昭和五〕年から翌年にかけて起こった昭和大恐慌による経済界の不況が私設社会事業の資金調達を困難に陥れていたことを受けてのものであった。この照会に対して、病院側は次のように回答している。

昭和四年一年の寄付は例年の金額が収入されている。被救護者の増減も自然の成り行きであって、財政状態の如何にかかわらず、収容力の許す限り患者は収容する。現在の財政では昭和六年三・四月までは維持することが出来る〔百年史編集委員会編、一九八九：一一三〕。

テストヴィド（Testevuide, Germain Léger 一八四九 - 九一）：パリ外国宣教会司祭。神山復生病院の設立者・初代院長。

ヴィグルー（Vigroux, François-Paulin 一八四二 - 一九四二）：パリ外国宣教会司祭。神山復生病院の第二代院長。

オズーフ（Osouf, Pièrre-Marie 一八二九 - 一九〇六）：パリ外国宣教会会員、初代東京大司教。

年毎の収支額をみる限り、一九二八（昭和三）年からは毎年の剰余金が増えている状況にある。しかし、それは補助金や下賜金、寄付金が増えたというのではなく、患者費の支出を意図的に減らした結果とみられる（財団法人神山復生病院編、一九三五：五一－五二）。もとより一九二三（大正一二）年から入所患者数は漸次増加し、一九三四（昭和九）年には倍増となったことを考えると、患者処遇にとっては厳しい状況であったといえる（財団法人神山復生病院編、一九三五：四三）。

回答文の文面からはド・レゼーの剛毅な人柄を推し量ることができるのであるが、それはともかくとして岩下の就任後における経営改革の基本姿勢を理解するうえで役立つと思われるので、岩下がド・レゼーと意見を対立させた事件を押さえてみよう。

岩下はド・レゼーの後任となる前から、父親の遺志を継いで神山復生病院を援助していた。一方、ド・レゼーは創立以来の懸案であった上水の確保問題の解決策として、院内に井戸を掘るべく大金を次々に注ぎ込んでいた。これはド・レゼーの一途な信念からのことと理解できるが、岩下はこうした向こう見ずなやり方に賛成できなかった。だが、何が幸いするかわからないものである。岩下はこのことがきっかけで神山復生病院やド・レゼーに特別な関心を覚えるようになるのである。この経緯について岩下自身の記述を引いてみよう。

この井戸では、私も一度爺のご機嫌を損じた事がある。ある篤信の一婦人が何かよい事に捧げたいとて、私の所へ大金を持参されたことがあつた。私はすぐ復生病院がよからうとお勧めした。

併し右の手のなす事、左の手をして知らざらしむべしとの趣意に基づいて、私が取次いで出所は秘密にすることにした。しかも現金でお渡ししては井戸へ投り込まれる危険があるので、お米を買って差上げることにした。それが数年つゞいた。ある年のこと、私はうつかり千円までお預かりしてあるから、お米の入用の時は差上げますと口走つてしまった。爺はすかさず、「なぜお米を買はなければいけないのか」と質問された。私はやむなく「お金であげると、あなたは井戸に投りこんでしまうといふ評判ですから」と露骨にお答へした。爺は非常に憤慨してしまつた。併しこんな事でもなかつたら私はたゞ復生病院とレゼー爺の一アドマイラーたるに止つて、進んで陰ながらお世話しやうなぞとの老婆心は起さなかつたであらう。私は爺の性格と信仰とを知ることの深くなるにしたがつて、この鑿井事件に賛成こそしなかつたが、外に反対する必要はないといふ立場をとつた〔岩下、一九三二a：七六〕。

岩下は、もしかしたらド・レゼーに父・清周との共通点を見出していたのかもしれない。実業家としての清周は、やはり「豪放不羈」であったのである〔井門、一九八二：九四－九六〕。

さて、このような状況の中で新院長に就任した岩下は、前院長の方針であった「経営安定化のための基金づくり」を否定し、独自の財政面での経営方針を打ち出した。就任後の経営の見通しについて、時の東京大司教・シャンボンは前院長のとった基金積み立ての方針を岩下が継承するかどうかを尋ねた。岩下の答えは決まっていた。

わたしはそれは間違いだと思います。勿論、若し誰か非常な慈善家があって、利子だけで患者を食べさせるばかりでなく、病院を拡張し、次第に収容者の数をふやすことができるほど、大きな寄附をしてくれるようなことがあれば、ちゅうちょすることはありません。けれど、それは夢物語です。もしその反対に、わたくしたちが僅かな資本をつくれば、こんなことになるでしょう。つまり、お上ではわたくしたちに援助を送ることをやめ、皇太后陛下の御下賜金も、文部省や県の補助金もなくなって、病院はささやかな資本の乏しい利子と、日本人や外国人のだんだん限られてくる寄附で細々と暮していかなければならなくなるでしょう。病院の発展は止まり、資本をつくった目的とは全く反対の結果になるでしょう。この事業が発展するためには、今のままでなければなりません。すなわち神の摂理にもとづくものでなければなりません〔岩下、一九六二a：一六七〕。

ここからは、ド・レゼーとは対照的に二つの面で岩下の賢明さがうかがえる。ひとつは、宗教社会事業の限界を極めて論理的かつ的確に分析している点であり、もうひとつはそのことが自身のカトリック信仰と一体化している点である（これらの点については、本書第Ⅱ部第2章で詳しく分析している）。

皇室との関係

さて、岩下は院長に就任早々大宮御所で行われた下賜金の配分式に出席した。神山復生病院への下賜は一九〇一(明治三四)年以降、明治天皇妃であった昭憲皇后・美子《はるこ》や大正天皇妃であった貞明皇后・節子《さだこ》の特別な計らいによって幾度か行われていたが、この配分式は貞明皇(太)后により一九三〇(昭和五)年から正式に毎年救癩事業に下賜されることになって以降の式典である(そもそも皇室と癩との関係は、明治政府の救貧法規であった恤救《じゅっきゅう》規則(一八七四)が実効性を欠く中で、昭憲皇后が「国母」として率先して慈善・救済事業に携わったことを契機として、貞明皇后もまたその遺志を継いだことによる。しかし、貞明皇(太)后の救癩への直接の「思召し」(=意向)は一九三〇(昭和五)年に当時の内務省地方局長次田大三郎の献策により内務大臣安達謙蔵が皇室の力添えを願い出たことから実現したものであった。それは、深刻な経済不況を背景に内憂外患の政治状況の中で「国民を打って一丸としようとするプロパガンダ」として、最も哀れとみなされていた癩患者の救療対策に皇恩の効果を最大限に引き出そうと企図するものであった(片野、二〇〇三:一六八-一六九))。しかし、それだけに留まらず、神山復生病院が沼津御用邸に近いことから特別な配慮があった。岩下はド・レゼーと違わず、皇室のこうした計らいに次のように慇懃を尽くし敬意と感謝をもって応えたのである。

実に往昔の光明皇后様の御事跡と共に、日本救癩史上画期的の重要事件でありまして、其御恩恵は遠く植民地に及び、日本帝国及び属領内幾万の患者と幾十万の其家族とに、千年の暗黒時代の後に、希望の曙光が輝きそめたのでありました〔岩下、一九三五d：四〕。

こうした岩下の皇室に対する態度は終生変わることなく、それは元来権威に与しない彼の性格からすると一見奇異に思えなくもない。確かに、七高教授時代などの彼の独立不羈に徹した様相からは想像できにくい面でもある。

しかしながら、神山復生病院に関わってからの岩下の皇室敬仰の姿勢は単に体裁だけでなくあまりに徹底している。それは、フランス貴族出身のド・レゼーにも勝るとも劣らぬほどであった。絶対的な天皇主権を確固のものとする明治憲法下で、また一八九〇〈明治二三〉年に発布される教育勅語による皇民教育のもとで育ったとはいえ、クリスチャンの家庭に生まれ、カトリック系の学校で教育を受け、さらに六年余の欧州留学を経験した岩下にとって、天皇が神格化された「絶対的主権者」として是認されていたとは思えない〈岩下の母校である暁星学校発行の資料には、教育現場では「教育勅語のもつ絶対性を認めないわけにはいかなかった」としながらも、カトリックの「教育理論のどこにも、かりに教育勅語と合流する接点を見出したくとも見出すことは不可能であった」と、既存の社会実践やその理論を無視した国家権力の強引さが記述されている〔記念誌等編纂委員会編、一九八九：三五〕〉。それゆえ、遠藤興一が岩下を「彼の皇室に対する敬仰意識は明治に人となった日本人の平均的感覚を超えて、自らのカトリック信仰と意識的に結びつけて理解していたのではないか」と推察している点は大枠としてうなずけるところである〔遠藤、一九七七：二九〕。

ここで、遠藤の言う「意識的に」という言葉に注目したい。つまり、岩下は時局における自らのカトリック信仰のあり方を自覚したと思われる欧州からの帰国後に、こうした新たな皇室観を身につけようとしていたのではないだろうか。もとより、この新しい皇室観とはカトリックのもつ社会秩序を重視する国家観から引き出されたものであろう。これは、前述したカトリックの戦争観とも密接に関係するが、ここでは岩下が代弁したと考えられるカトリックの愛国的な国家観について、次の例を引いてみたい。

最近米国に起つた学生の軍事教練可否の論争に於て、プロテスタント宗教家中に反対者の多くあつたに反し、賛成者のおもな名士中にニユーヨーク大司教カルヂナル・ヘーズ以下のカトリツク信者が多数あつた事を知つてゐた筈である。余が昨年末米国通過の際、ワシントン駐在の日本大使館員の一人から「一体なぜカトリツクはあんなに国家的なのか」との質問を受けた事を記憶してゐる。其人は感謝日に行はれたカトリツク教会の祭式に参列して、兼ねて世界的ときいてゐる教会内に、星条旗が余りに跋扈してゐるのに驚いたらしかつた〔岩下、一九二六：七〕。

ここにみられるのは、国家方針への消極的な追従ではなく、模範的な市民として国家方針に進んで従うカトリック信者の姿である。それゆえ岩下の皇室への姿勢も、基本的には当時の天皇制国家とそのもとでの国民個々人の関係として考えればカトリックの国家観に沿っているとみられる。

さて、岩下の皇室敬仰の姿勢は患者たちのそれとも重なっている。貞明皇太后が沼津御用邸に滞在の際には、病院を挙げて「朝に夕に、陛下の御無事と皇室の御繁栄の為に特別の祈りが捧げられ」たという（岩下、一九三五d：五）。さらに、一九三三（昭和八）年六月には沼津からお召列車を仕立てて東京へ帰る貞明皇太后を、病院所有地内の線路脇で患者、職員ともども奉送した（口絵の写真参照）。それまでの宮内省、皇室と神山復生病院との関係が配慮され、宮内省の特別な取り計らいにより病院所有地内の線路脇で患者、職員ともに奉送することになったのである。この奉送という極めて社会的な行為は、とりわけ患者にとっては単に国民一般のもつ皇室への敬仰意識を超えて、癩の発病により皇室を基軸にして形成された国民国家から一旦は弾かれたが、再びその国民国家へとつながり得るという特別な意味をもっていたことは確かである（本書第Ⅱ部第3章に詳しい）。また、院長と患者とが立場は異なっても奉送という共通の「社会化」体験を通して〈民衆性〉を通底させることができたことも大きな意味をもっていたわけである。御召列車の奉送に至る経緯は、岩下によって次のように述べられている。

あれ程の御恩恵を蒙り乍ら私達は世にいまはしき伝染病患者の故に平常は軽症患者が伐木採薪の作業に出掛ける院所有地に於てさへ奉迎は許されません。（中略）併し百有余名の親代りとして、院長は一同のこの心〔本意とは裏腹に奉送を断念したこと〕を黙殺するに忍びませんでした。遂に四月二七日、意を決して無位無官の身を顧みず大胆にも沼津御用邸に拝趨いたし、日頃の御礼を西邑事務官殿を通じて言上致しました。（中略）私は唯々感激にみちあふれたのであります。将に御暇乞をせんとした刹那、余りの御親切に気を許した故か、私の胸底に潜んでゐた言葉が遂に発せられてしまひました。私は率直に患者一同の切なる御願として、御還啓の砌には是非鉄道沿線適宜の場所で、特別の御詮議によつて奉送の儀御許可ありたき旨を申上げましたところ、陛下の大御心をご存知の事務官殿は即座に「自分は至極結構と思ふ。宮内省の方は尽力してみよう。併し警察の意向も聴いた上で」との御返事を得ました。私は天にも昇る心地で御用邸を拝辞し、直に患者諸君を集めて事の次第を復命しました。さて我等の熱望が実現されるかどうか、院内は異常の期待と緊張に満たされた。ところが海よりもひろく山よりも高き御仁恵は、我等一同の意表に出づる形で下つたのであります。（中略）此時の院内の歓喜は到底筆紙には尽くされませぬ〔岩下、一九三五d：五－八〕。

癩患者に対する社会一般の見方は、一九三一（昭和六）年に癩予防法（改正法）が成立することにより政府の癩対策がそれまでの部分対策――もっぱら浮浪患者に限定――から一般（悉皆）対策へと移行することで大きく変わっていった（癩予防法の内容は、①行政官庁は癩予防上必要と認め、しかも病毒伝搬の恐れのある患者は全て療養所に入所させることができる、②国公立療養所の入所費および救護費を国庫または都道府県の負担にする、③私立の救癩施設は従来のような国公立療養所の「代用」ではなくなり、今後は主務大臣が設備・管理に関して別途必要な事項を定める、④患者を療養所に入所させたため生活ができなくなった家族、あるいは患者の従業禁止規定により生活できなくなった患者および家族に対して生活費を補給する、⑤業務上知り得た患者の情報を漏らした者には懲役または罰金を科す、というものであった）。それは一口に言えば、社会からの排除の徹底であった。この「癩予防法」は、直接的には一般在宅患者の隔離を法的に認めようとするものであったが、その制定の意図は一般対策化の負の側面ともいえる強制隔離への条件整備を行う目的をもっていたのである〔藤野、一九九三：九七〕。また、併せて同法施行規則により国公立療養所の所長に監禁等の強制的な患者処罰を認める懲戒検束権が定められた。さらにそうした動向を受けて、ファシズムに後押しされて民族浄化をスローガンにした無癩県運動——すなわち半強制的な入所措置により各県から癩患者を一掃しようとする全県的な国民運動——が活発化し、これを背景として患者に対する社会の排除意識は一層拡大していったのである〔藤野、一九九三：一二二〕。その際、無癩県運動を盛り上げるためのプロパガンダとして政策的に「皇恩」が利用されたことは巧妙としか言いようがない〔財団法人藤楓協会編、一九八三：四、次田、一九五九：一二〕（この皇恩の象徴として、貞明皇太后による御歌「癩患者を慰めて」〔一九三二〕が機能した。「つれづれの友となりても慰めよ　行くことかたきわれにかはりて」がそれである〔口絵の写真参照〕〔荒井、二〇一一：一七五〕）。

ともあれ、このお召列車の奉送に触れて、岩下びいきの患者の一人は岩下院長の追悼特集を組んだ院内文芸誌にその感想を書いているので紹介しておこう。

この事〔お召列車の奉送〕は当時身に余る光栄で親父の人徳がもたらした倖だったのです。終戦後御殿場に御養生中だった秩父宮様をお見舞いに参られる皇后様を病院の入口礼聖橋のところまでお迎えし近々とお見舞いのお言葉を戴いた私達ですが、親父が存命して居られたらどのように感激なさったでしょう。存命させたかったと思います〔外山、一九五五：二〇〕。

患者たちから「親父」と呼ばれ慕われた岩下は、患者が社会とつながりをもつうえでの仲介者であったばかりでなく、患者のそうした本性的な欲求を理解して共感し合える良き支援者であったといえよう。なお、患者側からすると、ひとつには岩下の生来の不自由な右足が彼らの癩の罹患に伴う二次的な身体障害と重なって親近感を抱かせもしたのであろう。

病院の改善計画

さて、岩下は就任早々から神山復生病院が直面している問題を次の四点に整理して、翌一九三一（昭和六）年より施設・設備の改善五カ年計画を実施するのである。

（一）病院としての医療施設の整備
（二）衛生・消毒設備の徹底的改善
（三）専任医師の常勤化と専門医の招聘

（四）患者の生活の向上

岩下がこうした計画を打ち出した背景には、前院長のド・レゼーがとった時代遅れで頑な経営方針に対する批判というよりも、むしろ時流へ同調することで事業自体の社会的承認を得ることの利点が強く意識されていた。そこで、対比的にまずド・レゼーの病院運営における基本的な考え方を押さえてみよう。

一九二二（大正一一）年、内務省より神山復生病院へ下された補助金の下付決定書の付帯条件では、①医師の往診回数を増やすこと、②医療設備の充実、③看護人の採用、④有毒・無毒区域の区別、⑤女子重症者棟の増築、などが求められた（百年史編集委員会編、一九八九：九八）。こうした監督官庁からの具体的な要請は、病院医療の近代化を図ろうとしていた国の医療政策への思い入れが多分にその背景にあったといえよう（厚生省医務局編、一九五五：二四九）。

この要請に対して、ド・レゼーは救癩政策および事業のあり方に関する自らの所信を述べるべく静岡県知事を通じ、内務大臣宛てに意見書を提出した。その要点は、①癩病は現在なお不治の病であるので「本当の病院」（医療重視の病院）を建てても利とするところは少なく、莫大な費用を無駄に費やすばかりである、②癩病の医学的な解明のため、国内に充実した研究施設を設けなければならない、③研究施設の設置以外に必要なことは、絶対隔離政策によって癩根絶を成し遂げた中世ヨーロッパにおいて見られたレプロズリー（治療施設でなく、癩患者を救い慰める目的で建てられた施設）を多くつくることであり、癩患者を救済する場合は庶民が得られると同様な程度の簡素な医療にすることである、というものであった（百年史編集委員会編、一九八九：一〇二）。こうした根本的な信念に立って、ド・レゼーは患者への処遇観を結論的に「癩病人が多く集りたる所に於て最も重大な事は決して医学ではなく、道徳的取締と愛情を以ての取扱であることを飽迄断言致します」と表明している（百年史編集委員会編、一九八九：一〇二）。

ド・レゼーの救癩思想は、あくまでも消去法的な二者択一の思想である。それは、日本の近代化に伴って「文明国家を目指し、ようやく病院制度の確立や水準を高めようと動きだす」政府の進取的な方針を根本的に否定し、ヨーロッパ中世の宗教病院が主として行ったような精神的救済に傾斜した処遇を推奨するいわば時代逆行的な論理である（百年史編集委員会編、一九八九：九八）。ともあれ、ド・レゼーの意見書は少なくとも内務省においては一蹴に付されたようである。国の医療行政の方向転換を迫るほどの説得力はもっていなかったといえようか。

一方、後任院長に就任した岩下は、病院整備五カ年計画の財源確保に奔走した。一九三七（昭和一二）年発行の『感謝録』第二集には、ほぼこの計画を終えるまでの経費と財源および効果について記されている。それによると、新事業のために改めて募った寄付はほとんどなく、ド・レゼーの遺徳を偲ぶ同情者からの寄付金や、一外国人宣教師からの遺言による寄付金、さらに、かつて父・清周が援助した建設会社からの助成金などにより賄われたことがわかる。なお、岩下の個人財産からも一部支出があったとされている（財団法人神山復生病院編、一九三七：七－一六）。

病院整備五カ年計画は、法改正により私立の救癩施設が国公立療養所の「代用」としてではなく、別個に国の規制を受けることになったのを機に、岩下が就任した翌年から一九三七（昭和一二）年までの、延長期間を含む実に七年の年月をかけて次々に実行されていった（口絵の写真参照）。岩下は、ド・レゼーの頃からとくに問題とされていた消毒設備、第三代院長・ベルトランの時代から種々手を尽くしていた水問題、さらに補助金下付の折に内務省より改善の指示があった医療設備、医療職員、有毒・無毒域の区分、病棟増築、患者の生活向上などの問題に取り組んでいったのである（患者の生活改善の一環として特筆できるのは、巷間の野球ブームに乗じて娯楽としての野球を積極的に取り入れたことである（口絵の写真参照）。自身も選手として出場した神学院学生との交流試合は恒例となり、患者の名プレーや女子患者の応援は「神山名物」と称された。岩下がこうした余暇活動に熱心であった理由は、入所元患者のT氏が語るように、沈積しやすい患者のストレスを発散させる機会を積極的に設けるところに眼目があったといえる〔筆者が二〇〇三年三月一三日に行った元入所患者T氏からの聞き取り〕）。

岩下のこうした取り組みに、当時の癩医療の関係者は皆一様に賞賛の言葉を寄せている（そうした評価は患者からみても同様であった。前述のT氏はこの計画の実施が「ものすごい大改造やった」と述べ、たとえば一九三五（昭和五）年に完成した水洗便所を、日本全国で上野駅とここだけにしかないもの、と自慢げに語っている〔同前聞き取り〕）。その中でも国立療養所の管理者の一人であり、学会や国の癩政策においても第一人者と認められていた光田健輔の評を引いてみよう。

伝染区域と非伝染区域との境界が厳重に区別され、消毒が実行せられ、官公立療養所と何等区別がない様に院内が整備せられた有様を見て歓喜に堪へなかつた。製氷冷蔵装置の如きは我が療養所には備付けがなかつたので、岩下神父から設計書を頂戴するようになつた。そのほか薬局に専門家を置くこと、院内に泉水を設け、御歌の碑や御恵みの森の石碑は実に見事なもので我々は後れ馳せについて行かざるを得なくなつた。（中略）先生は宗教病院であれば、あるほど思想的にも経済的にも堅実であつて学術的にも「テンプラ学問」ではなく真理を摑みたいと努力せられた。之を要するに復生病院は独り我が国の療養所を今日の程度に指導して呉れたお師匠さんであつた〔光田、一九四一：二五〕

つまり、光田評を控え目に解釈したとしても、田代菊雄による「医療施設として、最新の施設・設備の整備を行っていて、カトリックで科学的社会事業を取り入れた先駆的人物」という評価は首肯できるものであろう〔田代、一九八九：一四三〕。しかし、それにも増して「不易」としての宗教的な救済と「流行」としての保健・医療的な対策の両面を「現実事象」であるカトリック社会事業として統合させた岩下のバランス感覚を評価すべきであろうと思われる（本書第Ⅱ部第2章に詳しい）。ただ、ひとつ解決されなかったことは「専任医師」の問題であった。光田はその辺の事情を先の引用箇所に続けて次のように説明している。

或時は学資を出して委託生を医科大学に送られたり、或は伝染病研究所に医学士を送り研究せしめたり。数年の後は此の人によりて復生病院の治療を完備せんと希求せられたが、これらの人々は家庭の事情の為に役をはたすを得なかつた〔光田、一九四一：二五〕。

今更ながら林（大西）富美子の「実際、国公立療養所でも医師が欠員がちであった」という述懐が思い出される〔林富美子氏からの聞き取り〕。

ところで、岩下は院長就任後、暇を見つけては内地の各療養所を見学し、国立・公立・私立を問わず他の療養所・救癩施設の優れた点を学び取ろうとした〔塩沼、一九四一：三五〕。一九三一（昭和六）年には、朝野に救癩事業家として名を轟かせていたハンナ・リデル*を熊本回春病院に訪ねている。リデルは英国聖公会の宣教師で、神山復生病院の創設者であるテストヴィドとほぼ時を同じくして熊本に回春病院を開いていた。彼女は、一九〇七（明治四〇）年に「癩予防に関する件」が制定される前の癩対策が全くなされていなかった当時の現状を憂慮し、政財界の実力者に積極的に動きかけて国策としての癩対策を訴えたのである（岩下は、リデルのソーシャル・アクション〔社会的・政治的な働きかけ〕が成功した理由として、彼女の「政治的才幹」とともに彼女が「英国貴婦人」の身分であったことを挙げている〔岩下、一九四一d：六〇〕。なるほど、政府の英国に対する外交上の思惑が少なからず絡んでいたといえようか。ただ、近年の研究によれば、リデルは貴族の出身ではなく労働者階級の父のもとに生まれたという〔猪飼、二〇〇五a：四二〕）。

ところで、岩下にとってこの訪問で一番印象に残ったことは、リデルの救癩事業そのものではなく熊本回春病院の敷地内にある日時計であったという〔岩下、一九四一d：五九〕。岩下が院内のゆったりとした英国風の雰囲気に惹かれたのは、神山復生病院を含む他の私立の救癩施設が日々の運営に汲々としていたことに比べてのことであろう。実際、後に岩下は神山復生病院の中庭に日時計を設けるのである（口絵の写真参照）。そして、「不幸な病のために社会と絶縁しなければならなくなった患者達を、苦悩を忘れてほがらかに天日と共に行き、天日と共に眠らせたい」という自身の癩患者への思いを、リデル同様この日時計に託したのである〔岩下、一九四一d：五九〕。

重症患者の死

さて、院長に就任した翌年（一九三一）、岩下は突然呼び出しを受けて臨終の床にある患者の前に立った。これは、岩下にとって初めての経験であった。現に死を間近にして苦しみ悶える患者にはどのような助けができるというのか、すでに聖体（聖別されたパン）さえ喉を通る状態ではない。このような患者の症状ゆえに、司祭としての務めさえ果たせない場合があることを岩下は次のように述べている。

リデル（Riddel, Hannah 一八五五－一九三二）：英国国教会宣教会所属の女性宣教師。一八九五年に救癩施設である熊本回春病院（私立）を設立。日本政府当局に救癩事業の立法化を建言した。

併し如何に天に叫び人に訴へても、宗教の与へる超自然的手段をのぞいては私には××さんを見殺しにするより他に途はないのである。癩菌は用捨なくあの聖き霊を宿す肉体を蚕食してゆく。「体でもさすつて慰めてやるより他に仕方がありません」と物馴れた看護婦は悟り顔に云つた。さうしてそれが最現実に即した真理であつた〔岩下、一九三二：二二九〕。

岩下は患者の臨終に際して、改めて癩菌の忌まわしさを感じるとともに、近代医学とその応用の場である病院医療、さらには神の知恵に比した人智の愚かさにまでも遡って人間のもつ能力のひ弱さを認識するのであった。それは皮肉にも患者の立場に立ち返れば、「物馴れた看護婦」が言うように、有効な人為的介入の可能性は近代の医学や医療技術といった〈キュア（cure）〉にあるのではなく、むしろ原初的ともいえる全人的な〈ケア（care）〉の中に見出されるというのである〔神山復生病院の昭和六年度の年次報告書から推察して、引用文にある「物馴れた看護婦」とは、婦長の堀きよ子こと井深八重*であったと思われる。なお、そこには井深の履歴が載せられており、性行について「怜悧敏捷」と記述されている点は興味深い〔旧富士岡村役場社会事業関係文書（昭和七年〜一九年）、御殿場市図書館所蔵〕〕。岩下は続けて述べている。

私は其晩プラトンも、アリストテレスも、カントもヘーゲルも皆ストーブの中にたゝき込んで焼いてしまひたかつた。考へてみるがいゝ、原罪がなくて癩病が説明できるのか。又霊の救ひばかりではなく、肉身の復活なくてこの現実が解決できるのか。生きた哲学は現実を理解し得るものでなくてはならぬと哲人は云ふ。然らば凡てのイズムは顕微鏡裡の一癩菌の前に悉く瓦壊するのである。私は初めて赤くきれいに染色された癩菌を鏡底に発見した時の歓喜と、之に対する不思議な親愛の情とを思ひ起す。その無限小の裡に、一切の人間のプライドを打破して余りあるものが潜んでゐるのだ。私はこの一黴菌の故に心より跪いて、「罪の許し、肉身のよみがへり、終わりなき生命を信じ奉る」と唱え得ることを神に感謝する（岩下、一九三一：二二九）。

院長になって以来、岩下にとってはこのような強烈な体験はなかったのであろう。「哲学することが何の役に立とう」との反問は彼の哲学へのラディカルな問いかけであった。顕微鏡下でしかその存在を確認できないような小さな癩菌であるにもかかわらず、人間をその施す術さえ与えずに現世から追い落とすとは何ということか。

癩病院の実際とは、岩下がそれまで考えていた「現実」とは全く異質なものであったに違いない。留学中ヒューゲルやガリグ＝ラグランジュから学んだスコラ哲学の要諦——すなわち〈理性〉と〈信

井深八重（一八九七－一九八九）：一九二三年に神山復生病院初の看護婦として就任し、以後、一九七八年まで婦長。誤診により患者として神山復生病院に入院することになったが、その数年後に癩ではないことが判明した。しかし、癩医療に献身することを決意し、看護婦として働くことになった。「フローレンス・ナイチンゲール記章」をはじめ、各種の賞を受けた。

仰〉の明確な区別、そしてその後の両者の総合という思惟の方法――は実際、今までの岩下から完全に取って代わるほど十分に理解できてはいなかったといえる。全く新しい理論は過去の古い理論を完全に打ち砕いてからでないと生まれない。まさに、新しいぶどう酒は新しい皮袋に入れるべきである、といえよう〔『新約聖書』「ルカによる福音書」第五章三七－三八節〕。もし、このような命題に活路を見出そうとするならば、この時の岩下こそまさにその分岐点にいたといえよう。つまり、岩下がとらえた重症患者とは、現世では存在を意義づけることが難しく、救い主による罪の赦しと肉体の復活という条件のもとでのみその存在を意義づけられ得る人たちであった。まさにこの時、小さな癩菌にさえ「贖罪」という神的目的が内在していると認識することで、岩下は神と人との間に立って自らのすべてを犠牲にする〈司祭〉という自身のアイデンティティを明確に再確認したのである〔早川、一九五五：一五〕。

無癩県運動との関係

前述のように無癩県運動は一九三〇年代初頭から「皇恩」という強力な援軍を得て始まるのであるが、その運動に対して岩下はどのような立場をとり、またどのような主張を行ったのであろうか。

皇室をはじめとする神山復生病院の支援者や後援者へ感謝を表明するために実績報告を兼ねて編んだ『感謝録』（一九三五）の中の皇恩報謝についての記事と、貞明皇太后による救癩への「思召し」を記念して設けられた「御恵の日」の記念講演会における岩下の次の講話を引いて、藤野は優生主義を批判する立場から岩下が祖国浄化論を強く主張したと指摘している。

ドイツの民族主義者等は血を浄めるといふ事を叫んで偏狭な外国人排斥をしてゐるやうです。ドイツ人の血のみ勝れてゐると思ふのは無理です。併し先づドイツ人の血を浄めよといふのなら尤もな事であります。吾々も日本民族の血が如何に尊いかといふ事を思ひます。この血を通して我民族が発展して行くのであります。五万の気の毒な同胞即ち親子兄弟が苛まれ社会の同情のないといふ事は真に忍び得ない事であり、同時にこの血を浄めたいと切実に思ふのであります。吾人は愛国心からもこの問題を解決するに尽さねばなりません（岩下、一九四一：七）。

藤野の岩下評（荒井英子も同様の指摘をしている（荒井、一九九六：二二一－二二三））は、史料の性格を適切に評価したうえでのものとは思われない。天皇制イデオロギーが容赦なく国民意識の中に浸潤してくるこの時代にあって、また現に皇恩に浴している立場として、岩下が国家や皇室（＝天皇制国家）に批判的な主張をすることは考えられない。それは岩下が表裏を使い分ける二重人格者であったというのではなく、「転向」を迫られたようなわずかな反骨的知識人たちを除けば、こうした態度は天皇制国家への服従を強いられる民衆にとってのごく普通の態度であったであろう。それをもって岩下が政府の進めた隔離政策に積極的に加担した優生主義者であったと断ずるのは妥当とはいえない。それは、原初的で地縁的な感情である郷土愛（patriotism）と国家主義（nationalism）との違いと同様に考えればよい。しかし、一歩進めて岩下の「祖国浄化」の主張をカトリシズムのもつ思惟構造からとらえてみることも可能であろう。

国の癩政策が準戦時から戦時期の優生主義思想により患者の人権を無視して展開されたことは、国家の論理が個人の論理を凌駕したことを意味している。それに対して、カトリシズムにおいては基本的に政治的権威に従うことを是とする立場をとりながらも、同時に個人の人権をも最大限に尊重するという立場をとる。つまり、カトリシズムには国家と個人にそれぞれ価値を認めつつ、それらを一元的にとらえようとするところにその特徴がある（本書第Ⅱ部第1章で検討している）。これは「共通善」思想と呼ばれ、たとえば荒井英子が「信仰と人権の二元論」として指摘するようなプロテスタント思想の場合とは性格を異にするひとつの要点となっている（荒井英子は、救癩史においてはキリスト者一般に「信仰と人権の二元論」がみられたとして、彼らが信仰と切り離した立場をとって実際に人権蹂躙に加担したと指摘している。しかし、カトリシズムがもつこうした性格を考慮すれば、荒井のいう「キリスト者」は「プロテスタント」と言い換えたほうが正しいであろう（荒井、一九九六：三二）。そう考えると、すでにみてきたように岩下が「カトリック信徒」としてのあり方を代弁しようとした時の戦争観や国家観がまさに「共通善」的な考え方であったことが理解できる。同様にみれば、上記の引用文のとりわけ前半の文脈からわかるように、岩下が祖国浄化を訴えた際の論旨には優生主義や皇国体制に与した排外的なナショナリストとしての側面はもっていなかったといえよう。要するに、カトリシズムの理解で言えば、祖国浄化と患者の人権とはそれらが常に全く等価な価値を与えられないにしても両立され得ると考えられるわけである。

しかし、こうした思想を抽象化しようとする理解にも限界がないわけではない。そこで、試みに「無癩県運動」についての岩下の心情的立場を明らかにするために、岩下から長島愛生園の医官であった林文雄と田尻敢、技手であった宮川量の三氏（いずれもキリスト（プロテスタント）者）に宛てた書簡を引いてみたい。

人間は科学では親切にならない。宗教も脱線すると厄介だが、それがなくては、矢張り人間の眼を上へむけない。流行作家の誰やらが昔「恋愛は信心の門」だとか書いて、当時高等学校で教えていた我々を随分手古摺らせた問題を学生間に起したが「癩病は宗教の門」という方には余り危険はなさ相だ。私なんかも癩病故に救はれる方で、癩病礼讃の念を益々深うしつゝある。癩病撲滅なんてだから大嫌ひだ、さりとてお前を癩病にしてやると云はれたら……まあ御免を蒙りたいのは勿論だが（岩下、一九三二b：八）。

この書簡は、岩下が一九三二（昭和七）年四月一二日に長島愛生園を訪問した後まもなく書いたものである。引用文の文脈から無癩県運動を指すと考えられる「癩病撲滅」に対して岩下は心情的に明らかな嫌悪感を表明している。つまり、こと個人の宗教的救済の側に限定して考えれば、無癩県運動のような天皇制イデオロギーに支配され、全体主義国家が容易にもち得た優生思想を支持することには極めて消極的であったことがわかる。

岩下に垣間みられたこうした個人／全体の二律背反な価値観は、恐らくこの時代に社会と同調的に生きようとしていた他のキリスト者にもある程度通底するものであり、それは荒井が指摘するような救癩史におけるキリスト者がもっていたとする「信仰と人権の二元論」を単なる個人の主張の域に止まらせることなく、現実の行為論として再検討する必要を気づかせる契機となるであろう。岩下にとっては救癩の問題を最終的には宗教的な問題に帰着させることを願ったわけであるが、実際には全体主義国家のプロパガンダとして組み込まれた癩政策を支持するという、政治的立場を明確にしなければならない矛盾への葛藤があったといえよう。

ダミアンの足跡を訪ねて

岩下が神山復生病院を引き受けてから、仕事場は三カ所となった。父・清周が経営していた不二農園もそのひとつで、一九二八（昭和三）年に亡くなってからその経営の一切を彼が引き継いでいた。この不二農園は神山復生病院から七、八キロ南に下ったところにあった。岩下は週に一度の割合で、母親や使用人たちの住むこの農園へ帰るのが常であったという〔前掲U氏からの聞き取り〕。農園の仕事は園内にある温情舎小学校の校長職を含め、もっぱら茶栽培を中心とする先駆的な農業経営者としての仕事が中心であった。しかし、こうした面でも父親譲りの経営手腕が発揮されたのである。大澤章*

はその頃の岩下の状況を次のように追想している。

裾野では神父様は司祭であると同時に農園主であり、農園内の学校の管理者でもあり迚も元気よく楽しさうにいろいろの指図をして居られた。さういう場合の一種の行政的手腕とも云ふべきものは、仲々見上げたものだつた〔大澤、一九四一：六二〕。

また、病院を除いたもうひとつの活動場所であるカトリック研究社を拠点として、出版や著述、講演、学生カトリック研究会の指導、聖フヰリッポ寮の経営、カトリック研究社での教理解説（後に聖フヰリッポ寮で実施）、大神学校の講義など、「ほとんど席の暖まるひまはなかった」ようである〔小林、一九六一：二〇四〕。

三足のわらじを履いた岩下は、一九三四（昭和九）年に多忙の中にも欧州留学当時からの望みであった「救癩の使徒」こと司祭・ダミアン*の足跡を訪ねるためハワイのモロカイ島へ旅立った。モロカイ島の癩療養所（一八六六年から一九六九年まで隔離収容がなされた）を視察し、ダミアンの遺跡を訪ね、

大澤章（一八八九–一九六七）：法学者。キリスト（カトリック）者で、九州大学・南山大学などで教授を務めた。田中耕太郎とは一高の同級で、岩下は三年先輩にあたる。

ダミアン（Damian 一八四〇–八九）：イエズス・マリアの聖心会司祭。ハワイ・モロカイ島（強制隔離場）へ単身で渡り、生涯をかけて献身的な救癩活動を行った。二〇〇九年に「聖人」として列聖された。

都合四〇日余りの日程をこなした。

この旅行の中心的な目的は、かつて欧州からの帰途立ち寄ろうとした時のそれとは少し違っていた。父親が亡くなりド・レゼーを助けるようになる前は病院経営の困難さを聞き知ってはいたが、それは通り一辺の事業理解に過ぎなかった。しかし、ダミアンと同じ救癩事業家となった以降の岩下にとっては、先人であるダミアンの癩患者への生涯をかけた献身的な働きを無視して同じ救癩事業を使命とする司祭の職に安住することができなかったのである。

もとより、事物の歴史性を重視する岩下にとって、先覚者から学ぶことは彼の学問に対する謙虚な姿勢でもあった（岩下は、「人生は歴史である。現在はわかっているが、過去はわからない。また未来も同じことである。歴史は権威をもっている人に聞くよりほか仕方がない」と述べている〔岩下、一九六二b：二一四〕）。当時の哀れな癩患者に一生を捧げ、患者の痛みをも分かち合おうとした聖者・ダミアンへの敬慕の念は次第に募っていった。それゆえ、かつて欧州留学の帰途、できればダミアンを訪ねたいと思ったのも無理はない〔松風編、一九四一：三五–三六〕。

しかし、癩病院の院長に就いてすでに四年目を迎えた岩下にとっては、ダミアンの事跡を辿ることは単なる追慕としてだけでなく、癩病院の現院長として実際上の問題を抱えて模索する中での訪問だったのである。それは、社会事業の大勢が私設中心から公設中心へと変わる移行期にあって、宗教病院の固有性がどこにあるのかについて熟考するための旅であった。結局岩下は、宗教病院が社会的に承認を得る（ひいては、宗教社会事業が存続する）ためには当然に医療設備の整備のような時流へのキャッチアップがあってこそ、その上に宗教社会事業の固有性が発揮されるということに気づくのである（この点については、本書第Ⅱ部第2章で詳しく検討している）。

岩下－患者の個別関係

岩下が患者たちから親しみを込めて「親父」と呼ばれていたことはすでに述べた。では、患者に対してはどのような関わり方をしたのか。一九三一（昭和六）年三月に一二歳で神山復生病院に入院したT氏から聞いた二つの例を挙げて述べてみたい。

まず、T氏の改宗談である（これについては、本書第Ⅱ部第4章で詳しく述べている）〔改宗談に関する以下の記述は、二〇〇三年三月一三日に行ったT氏からの聞き取りによる〕。T氏は一九三二（昭和七）年二月に岩下より洗礼を受けたが、それに先立つ準備として先輩のカトリック信者――教育担当として他の改宗予定者にも教えていた――から公教要理のレッスンを受けた。当時、病院の中の雰囲気は「どうせ治って出られないんだから、いつお召し〔死〕があってもいいように準備しておけ」という、患者間に拡がる不文律があったという。そのため、T氏もカトリックへの改宗を考え、勉強することになった。遊びたい盛りで公教要理の暗記にも身が入らなかったが、理解を測るための試験――長老格の患者が担当――を受けることになり、その後岩下との面接による最終試験に臨むことになった。最終試験とはいえ、実際には墓参りの帰路に歩きながら行われた口述試験であった。T氏は、岩下から「煉獄の霊魂はどうなりますか」と問われ、考え抜いた挙句に「事と次第によっては地獄にいくかもしれません」と答えた。岩下の反応は、「そりゃ大変だよ、そりゃ大変だ」と笑うだけだった。

この経験から、T氏は岩下の応対が「答えは自分で探せ」という自覚を促す指導であったことに気づいた。その後、T氏は院内の図書館でカトリックの教義について調べ、自分の答えが間違いであったことを知った。それでも、結果的には再試験を求められることなく洗礼を受けることができた。この経験をひとつの契機として、岩下への畏敬の念が以後のT氏のカトリック信仰を支えたのだという。信仰をもつことが主体的な行為であることを岩下は伝えようとしたのである。なるほど、渡欧中に岩下が恩師ヒューゲルから学んだことのひとつは、前述のように読者や聞き手が真理を自力で摑むことが（カトリック）信仰を内面化させるうえでの鍵になる、という原則であった。

次に、岩下が患者に向けて語った言葉としてT氏がとくに印象に残っているものを紹介しよう。かねてより神山復生病院では専任の医師がいないことが大きな問題であった（以下、この点については前掲T氏からの聞き取りによる）。岩下にとっても、このことは大きな悩みの種であった。それゆえ、患者たちに対してもたびたび「病人としてここに連れてこられたんだから、病人としての本分を尽くしなさい」と説諭したという。癩が治る見込みのない病気であるという、とりわけ重症患者たちの後ろ向きな疾病理解に同情しながらも、（それであればこそ）前向きな自己ケアへの努力を求めようとした岩下の心情を子どもであったT氏にわかるはずもなかったが、それでも岩下の語気の強さに強烈な印象を受けた。T氏は後年になって、岩下の言葉を「治る治らんという結果は問題にするな。物事のどういう結果が来てもいいという覚悟でやれ」という趣旨であったと理解した。「不治」からくる厭世的な気分が院内を支配していた中で、岩下の言葉は（あえてカトリックの教えがこれこれであると説明するのではなく）カトリックの死生観・再生（復活）観を含意して信者集団の個々にそれぞれの生き方ひいては信仰のあり方を問うものとなったに違いない（病院の体制や気風は受け入れつつも、カトリックに改宗しなかった者もわずかにいた。岩下は、そうした者への配慮もあって教義からの説得を避け、あえて人として本源的で普遍的な言葉を用いて伝えようとしたと考えられる）。

小括

岩下が救癩事業に携わることになった理由は、父・清周の社会的罪の代償意識が契機となっていたが、それはむしろカトリック信仰者として「聖徒の交わり」の教理から協働的な善に方向づけされた、より積極的な〈犠牲〉の場を救癩事業に見出したからであったと考えることができる。他方、昭和戦前期の全体主義イデオロギーのもとでは、カトリック信者がキリスト者としての自己の完全化を図りつつ抑圧された社会の中に順化して生きようとするうえでは、自己のアイデンティティのあり方を模索せざるを得ない状況にあった。岩下が主張した「祖国浄化」は、そのような中で提示された主張であった。このことは、同様に自己の安定化を図りつつ（別の意味で）抑圧された社会に順化して生きようとした癩患者たちにも通じるものであった（本書第Ⅱ部第4章を参照）。それは、もしかしたら当時の知識人や社会運動家たちがその意とは反対に経験することになった「転向」の心理以上に自らに緊張を強いるものであったのかもしれない。この点は、岩下の思想形成における現時期と次の時期――つまり、岩下が実践と思索を通して自身の人間観や社会観を練磨させ、それにより自らのアイデンティティを確立させるとともに癩患者の「生」や「生活」から経験的に導き出される人間一般のあるべき「生」や「生活」についても答えを見出す時期――をつなぐ思想史的な媒介項の役割を果たすことになるのである。

ともあれ、岩下は地に足をつけた救癩実践を通じて宗教病院のあり方を問い、また人の生の意味や国民国家との関係さらには信仰のあり方さえも問うた。それは、自身への問いかけではあったが、どれもみな社会の周縁で生を送らざるを得ない〈患者〉をあえて標準に据えてでなければ考えられなかったのである。

第3章　「呻吟こそがもっとも深い哲学を要求するさけび」
――救癩活動の中頃から晩年にかけて

中世思想の探求

一九三六（昭和一一）年、岩下は六年前から滞っていたジャック・マリタン著『近代思想の先駆者――ルッター・デカルト・ルーソー』の翻訳をようやく完了することになった。このことは岩下の思想形成上のエポックとも言えるもので、かねてよりもち続けていた哲学課題――すなわち欧州留学中にヒューゲルや、ガリグ＝ラグランジュを通して学んだ「信仰と理性の有機的総合」という、トマスを頂点とする中世スコラ哲学における真理理解のパースペクティブを探求すること――への取り組みが一定の成果を得る機会となったのである（この二人の師について、岩下は「両先生のわたしに及ぼした影響は、二人の思想的立場がかなり懸隔せるにも関らず、偶然相補足して引離すことのできぬものである」と述べるとともに、二人から学んだことについては、「フォン・ヒューゲル先生によって私はスコラ哲学と和解することが出来た。さうしてガリグ＝ラグランジュ先生のお蔭で聖トマスの精神、スコラ神学の真髄とでも呼びたいものと相触れることができた様な気がする」と述べている（岩下、一九四八：一三一）。なお、カトリック教会が近代哲学を否定しつつも近代文明（近代社会の諸問題）との調和を図ろうとする姿勢をもってトマス思想の復興を奨励した態度は、教皇レオ一三世の回勅「キリスト教哲学の回復について」（Aeterni Patris, 1879. 8. 4）に見出すことができる。この指針は、二〇世紀中葉の第二ヴァティカン公会議（一九六二‐六五）に至るまでカトリシズムの基本路線になったとされる（学校法人上智学院、一九九八：五四四）。もともと岩下がこの本の翻訳を引き受けたのは、その中のルター論が内村鑑三の一門によるカトリック教会への教義批判に対する反批判材料としてとりわけ有効であると認識したからであった（小林、一九六一：二四七）。それというのも、内村のようなプロテスタント個人主義者は、近代哲学の立場により信仰と理性を分離させ、併せて「教会権威」――信仰と理性の総合体として〈客観〉的に機能する、とカトリックでは理解されている――をも排除し、理性の代わりに〈主観〉的な「個人的意志」を信仰に結びつけることで自律的な信仰を得ると考えていたのである。他方、岩下のようなカトリック信者においては、教会がトマスの神学・哲学を全面的に支持することから、内村とは逆に理性と信仰の総合を図り、併せてそうした姿勢を示す教会権威をも承認すべきと理解していたのである。ただ岩下の思想形成との関係で言えば、実際には、マリタンが彼の著書で述べている近代思想批判としてのルター論の史的信頼性を岩下が確かめようとする中でこの議論が展開されたのである。では、マリタンのルター論はどのようなもので、また、岩下はそれをどのように評価していたのか。

とくに岩下が関心を寄せた中世思想から近世思想への発生史的なつながりについて、マリタンはルター*の神学が文芸復興とデカルト*から出発したフランス的な近世思想の潮流と並んで近世思想全体へとつながるひとつの大きな源泉であったと位置づけたうえで、それは結果的に「教会の普遍的団体から別離した個人的意志が、独自に且赤裸々に神とキリストとの面前に立つて已れの信頼により自らの義と救ひを確保」しようと企図するものであった、と評している〔マリタン、一九三六：四九、五三－五四〕（本書における中世思想（哲学）や近世思想（哲学）あるいは近代思想（哲学）の概念は、岩下が思想活動を展開した二〇世紀前半当時の一般的な学問的範疇の中で扱うものである）。もとより近代科学とのスコラ的な総合を意図してトマス思想の復興を目指した新トマス主義の哲学者であるマリタンの主張の背景にはトマスの理性と信仰についての教説が根づいている。マリタンは、「理性は意思より高貴なものである」と主張している〔マリタン、一九三六：五四〕。だから、「理性は信仰に反する」とするルターの主張に対しては、それが自我中心の近代主意主義の源泉であるとして批判的立場をとったのである〔マリタン、一九三六：四七－四九〕。

では、このルター論を岩下はどのようにみたのか。彼自身が述べるところによって確かめてみたい。

ルター（Luther, Martin 一四八三－一五四六）：ドイツの宗教改革者。信仰義認論を展開した。

デカルト（Descartes, René 一五九六－一六五〇）：フランスの哲学者。「近代哲学の父」と呼ばれる。理性と身体とを区別した心身二元論を説いた。

中世思想史の研究を志す訳者〔岩下〕には、かの十三世紀に於ける燦然たる文化の急速なる瓦解と、其近世思想への推移の内面的論理関係が常に一種の疑問であつた。マリテン教授のルッタｌ論は余の抱持せるこの疑問に対して余りにも都合よき解答を与ふるものなのである。余はこの出色の文字をよんで所謂 missing link を発見せる進化論者の如き喜びを感じた。乍併一方其深遠なる洞察を感嘆しつゝも、他方果してそれが史実によって支持し得らるゝや否やに関して一抹の不安を感ぜざるを得なかつた。原著者〔マリタン〕は卓越せる思想家ではあるが歴史家ではない。其所論が主もにカトリック側の学者によつてなされた最近のルッタｌ研究の結論に根拠してゐるのは脚註を一見すれば明かである。余がマリテン氏の所論に共鳴することの深ければ深い程、これに対する反対者側の権威ある批評をきゝたかつた〔マリタン、一九三六：「訳者の序文」二―三〕。

岩下が抱いていた問題関心は、トマスの思想に代表される中世思想が、それへの否定を特徴とする近世思想へとどのようにつながっていったのか、という連続あるいは不連続の論理構造そのものにあった。それに対して、マリタンのルター論はルター思想の特徴をトマスのそれとの対比において描き出そうとしたもので、岩下にとってはかなりの程度で疑問への解答に迫っていたのである。しかしながら、その切り出し方はあくまでルターの人格的特徴を明らかにしようとするものであった。では、どのような観点から記述されたのかといえば、マリタンによれば、ルター主義の教義は彼の「自我の投影」であり、「永遠の救ひに関する一種の精神療法」として現れたに過ぎず、大異端者にみられるような「ドグマに関する誤謬、正しからぬ教義的見解」をその出発点にしているものではなかったという〔マリタン、一九三六：一九－二二〕。ルターの宗教改革が彼の自我を普遍化して教義を打ち立てたものであるとするマリタンの主張では、確かに岩下のカトリックに対する護教的立場からすれば肯定的に論拠づけられていたのである〔マリタン、一九三六：一八〕。しかし、岩下はそれで満足し得なかった。なぜなら、中世思想の宗教観を堅持しようとするカトリック側の論者と近世思想の宗教観に基づくプロテスタント側の論者には当然ながら互いの反目が大きかったし、プロテスタントの聖者として扱われたルター伝などは論外として、ルターの宗教改革への批判は往々にしてカトリック側の論者のもつ護教的な立場を背景にして、教義についての本質的な議論ではなく彼への人格的な攻撃として述べられることが多かったからである（たとえば、マリタンがルター論においてその主張の対比的根拠として多用したデニフレ*についてエリクソン*は、デニフレがカトリックのルター研究者たちに共通するルターの人格上の道徳的欠陥という基礎的前提を提供していると述べて、彼が「カトリック陣営におけるルター伝に関するひとりの最も過激な代表者」であると評している。その際のデニフレのルター論についての思想的見解は、「単なる病理的発作も、改革にルターを向かわせた後年の啓示も、神的な干渉とはなんの関連ももっていなか

デニフレ（Denifle, Heinrich Seuse 一八四四－一九〇五）：オーストリアのカトリック神学者、中世史家、ルター研究家。ドミニコ会会員。

エリクソン（Erikson, Eric Homburger 一九〇二－九四）：アメリカの発達心理学者、精神分析家。「アイデンティティ」概念を提唱した。

った」とするものであり、ルター主義が「きわめて誤りやすい心の幻想を教養の高さに引き上げようとしてきた」と考えていたのだという。そのうえでエリクソンは、カトリックに限らずルターに敵対的／友好的いずれの伝記者の中においても、「少なくとも、彼〔ルター〕の馬鹿正直さや、偏った怒りをぶちまける姿」というような性格上の自己中心性ではデニフレが最もルターと共通点をもっていたと指摘している〔以上、エリクソン、一九七四：四六、五五－五六〕。だから、岩下にしてみればこうした論法が歴史哲学の見地から果たして耐え得るのかどうか疑問に思えたのも無理はない。マリタンは自身のルター論において、デニフレとホル*という敵対的／友好的な両極論を示して、その論を構築しようとしたに過ぎなかったが、少なくともその後のホルの皮相的・強弁的な反論によって逆説的ながらマリタンのルター論に一定の意義を与え得ることになった、と岩下には思えたのである。

幸にも其機会はやがて与へられた。〔中略〕非常な期待を以て其一文を読んだ余は失望した。それは何等問題の核心には触れぬ文献的誤謬の揚足取りのほかカトリック神学に対する批判者の造詣の極めて浅薄なるを示す強弁以外の何物でもなかつた。しかもこの一文が恐らくこの有名なるルッター研究家〔ホル〕の最後に執筆せるものであつたらうことは――彼は其直後に永眠した――一種の悲哀さへ感ぜしめた。同時に余はこのルッター論を邦訳しても、読者を誤るの謗りは免れ得るだらうとも考へた〔マリタン、一九三六：「訳者の序文」三〕。

では、この間の岩下は先の疑問をどのように認識していたのか。一九三二（昭和七）年に書かれた彼の論文「新スコラ哲学」によれば、中世スコラ哲学の瓦解の原因は「生命を殺し実在から離れた概念偏重」に陥ったことによるという（岩下、一九三二c：三）。また、その契機は、「科学の進歩ではなく、知性一般に対する根本的立脚点を放棄せる中世末期の唯名論の跋扈」にあると認識した（岩下、一九三二c：九）。つまり、岩下はスコラ哲学のもつ豊かな形而上学的思索を放棄したかのような近世哲学的な解釈では実在への理解が十分に得られるはずがないと考えたのである（岩下は、「唯名論者の如く、哲学の真の対象たる実在および其特性と其関係とが吾人の理性の捕捉圏外にある事を許す瞬間に、哲学が其の王座より堕落して空理空論に堕するは必然である」と述べている（岩下、一九三二c：九））。

とはいえ実際は、岩下のそうした観念的で、実証的な分析を欠いた歴史把握から先へ進まないうちは、結局はマリタンのルター論への消極的な首肯に過ぎなかったわけである。ところが実際は、社会学の見地から宗教を社会体系の構造として把握しようとする史的分析――イデオロギー的な歴史分析といってもよい（トレルチ、一九八一：三三）――をすでにプロテスタントの社会哲学者であるトレルチが試みていたことを、岩下は彼の著書から知り得る機会があった。

教父たちのほうがスコラ学者より近代的だとかなんとか、分りもせぬことをケーベル先生の受

ホル（Holl, Karl 一八六六－一九二六）：ドイツの教会史家。二〇世紀前半のルター研究復興の先駆けとなった。

売りをして生意気にも述べ立てたのをぢつと聞いてゐた先生は、やおら立上つて書架からトレルチの「キリスト教的社会論」を取出してその中のトマスに関する部分を読んでこいと云つて渡された〔岩下、一九四八：一三二〕。

岩下がロンドンにヒューゲルを訪ねたのは欧州留学中の一九二〇（大正九）年八月のことであった。引用文にあるトレルチの著書の中のトマスに関する部分とは、おそらく彼の主著である『キリスト教会およびキリスト教諸集団の社会教説』（*Die Soziallehren der Christlichen Kirchen und Gruppen*, 1912）の中の二つの論文「教会的統一文化はトマス主義の倫理学によって理論的に解明された」と「トマス主義の諸原則から見た中世の社会哲学」であったと思われる〔トレルチ、一九八一：二七三、渕、二〇〇三：三九六〕。ところが、岩下がかつて読んだこの著書のほかの部分には、トマスに関する史的評価のほかに宗教社会学的な視点からのルター論も述べられていたのである（いずれにしても、岩下がトレルチのルター論を見落としていたとすれば、彼の正統的ともいえる学問的探求心と秀でた語学力から推して不可解な感は残る）。つまり、トレルチは宗教社会学の立場から「教会による社会全体の統括と監督」という必ずしも現実に沿うことのなかった中世的理念の時代からその後期に至って、「自立化した国民国家と国民教会、そして教会の陶冶をもとに成熟した平信徒宗教の主体性と個性が、権力的な〈教会〉組織の大部分を（中略）破壊」し、やがてとりわけ「都市の民主主義的要素が有していた社会的および政治的利害」に支えられたルターの宗教改革運動によって中世的理念が「決定的に爆砕」されていった、と史的分析を行っていたのである〔トレルチ、一九八一：二〇六－二一〇〕。ともあれ、岩下にトマス哲学の重要さを伝えたのはヒューゲルであった。そのヒューゲルは、幾度も岩下との師弟間の交流を重ねる中で、キリスト教の本質的な性格を理解させようとしたのである〔小林、一九六一：一三二〕。その際、ヒューゲルがトレルチのトマス評をもって岩下にスコラ哲学への再評価を働きかけた結果、岩下は〈信仰〉と〈理性〉の総合で押さえられるトマスのスコラ哲学と和解することになったのである。この辺の事情は、岩下の後輩でいくつかのカトリック神学書の翻訳も手がけたことのある杉田栄一郎*が岩下との会話文を交えて次のように述べている。

フリードリッヒ・フォン・ヒューゲルその人こそ、ケーベル先生の影響下にあって、近代的な、世間普通のアウグスチヌス、トーマス観を抱いていた岩下神父を、ぐっとトーマスの方へひきつける機縁になった人である。〔中略〕僕〔岩下〕はそのヒューゲルのまえで、滔々とケーベル式のアウグスチヌス、トーマス論をやったんだね。ニコニコ笑って僕の議論を聞いてくれたヒューゲル先生が、〃まずこれをお読みなさい〃といって、トーマスについて書いた夥しい本を書斉から持ってこられ、とくにトレルチのものを念入りに読むよう指示された。〔中略〕ヒューゲルのお

杉田栄一郎〔一九〇七－八五〕：青山学院神学部を卒業し、のちに不二タイムス社長を務めた。プロテスタントからカトリックへの改宗は岩下の影響による。

蔭で、僕〔岩下〕はプロテスタントのトレルチですら、こんなトーマスを評価しているのだから、自分のトーマス観をもっと変えなくちゃあいかんと気がついた。だから僕のトーマスへの傾倒の仲立ちをしてくれたのが、君〔杉田〕の好きなヒューゲル先生さ〔小林、一九六一：一三三〕。

杉田のいう「近代的な、世間普通のアウグスチヌス、トーマス観」とは、英国国教会からローマ・カトリックに改宗したニューマン*に代表されるような、スコラ哲学・神学には依拠しない教父研究重視――初期スコラ学者の代表であるアウグスティヌスは、古代キリスト教世界で最大の教父といわれている――の哲学・神学研究の傾向を指していた〔小林、一九六一：一二三－一二六〕〔岩下は大学生の頃からニューマンの著作に親しんでおり、渡欧中にはニューマンの足跡を訪ねている〔小林、一九六一：一二七〕。また、アウグスティヌス研究は岩下の東大における卒業論文として取り組まれたものである〕。岩下がこのスコラ学的背景をもたない英国人神学者・ニューマンに早い時期から傾倒していたことは周知の事実である。

ニューマンは、スコラ哲学の方法論や用語によらない教義発展の理論を提起していた。それは、「非伝統的な新しい要素」を含んでいたが、「ニューマンの発展理論と、神と魂の間の内的意識乃至感覚の確認及び実体化して経験する個人の教会に対してもつ深い内的意識」という二点において、教会への絶対的な忠誠をもちながらも単なる護教家ではなかったヒューゲルから支持を得ていたのである〔川中、一九六二：三五〕。つまり、もともと啓示宗教（のひとつ）であるキリスト教においては、神と人間理性との質的連続性すなわち信仰と理性の関係をどのように理解するかという点については教父時代より中世にかけて盛んに問われてきたが、両者の調和的理解への志向性がこの二人には共通していたのである〔大貫ほか編、二〇〇二：一一九二〕。

ところが、ニューマンの発展理論に対しては、①不変であると表明されてきたカトリックの教義が発展する——進歩的自由主義のような進歩観ではなく、理性の補助によって啓示がもつ間隙が次第に埋められる——とした点、②教会の正統性が〈歴史〉という科学によって証明されるとした点、③中世スコラ的な方法論と用語の欠如、という三点から保守的なカトリック神学者たちから批判を受けることになったのである〔川中、一九六二：三五〕。とはいえ、ニューマンの発展理論はその基本的な枠組みが中世スコラ哲学によるアプローチをとらなかった点——川中はこの点を、「〔ニューマンは〕一人でアリストテレスと近代哲学を、教父たちのキリスト教哲学を媒体として関連づけ、あたかも聖トマスが果たしたようなことを試み〔た〕」と評価している〔川中、一九六二：三八〕——を除けばモダニズム（modernism）などの、教会の正統神学に反する要素をもち得ないものであった〔川中、一九六二：三六〕。

他方、ヒューゲルは中世スコラ哲学の頂点たるトマス哲学の本質的な探究により、一時はモダニストに示していた理解を捨てて、彼らと袂を分かつことになった。それはニューマンの影響によるもの

ニューマン（Newman, John Henry 一八〇一－一九〇）：神学者。英国のローマ・カトリック枢機卿。二〇一〇年に「福者」（「聖人」に次ぐ称号）に列福された。

であった。杉田の整理によれば、ヒューゲルはトマス哲学をとおしてキリスト教の本質が「制度的歴史的」、「神秘的直感的」、「知識的理性的」という三つの特性の本質的な総合であり、またそれらが同時的存在であることを見出したのだという〔小林、一九六一：一三二〕。ヒューゲルは、その時の岩下にはとりわけプロテスタント神学者のトレルチがこだわった分析アプローチすなわち「制度的歴史的」な側面から歴史事象の因縁的な関係性としてもトマス哲学の正当性を理解することが「総合」化には必要であると認めたものと思われる。結局、岩下は直接的にはトレルチをとおして、また間接的にはヒューゲルをとおしてトマス哲学の再評価を果たすことになったのである。

哲学への疑念そして回帰

すでに述べたように、ルター論の翻訳を開始した一九三〇（昭和五）年一一月に、岩下は私立の救癩施設「神山復生病院」の第六代院長に就任することになった。とりあえずスコラ哲学との和解をもって、岩下は救癩活動に取り組んだのである。神山復生病院への赴任は、岩下にとって「観念の世界から急転直下眼前の人生の最悲惨なる一面を日夜凝視すべく迫られたことは正に一大事」であった〔マリタン、一九三六：「訳者の序文」四〕。中世思想の探求を目指す思惟活動は現実の苦悩を伴わない抽象的な観念の世界でのことに過ぎなかったが、それとは反対に癩者への直接的な救済活動は、癩がまさに社会の強い偏見を伴う不治の病ゆえに肉体的にも精神的にも苦悶する〈生〉を眼前にして個別具体的な対応が求められる世界であった。だから、岩下は経験に依拠しない哲学や思想が、とりわけ人間の〈生〉や〈苦悩〉というような極めて現実的な問いに有用な解を与え得るのかどうか、疑念を取り払うことができなかったのである。もとより〈生〉を中心テーマにしてはいても、キルケゴール*が主張するような本質の先在性を否定する実存主義哲学にはキリスト者として与することはできなかった。こうした岩下の哲学への疑念は、重い現実に圧倒され、支持を明確にしたはずのスコラ哲学がもつ皮相的なパースペクティブ――すなわち、煩瑣哲学とも揶揄され〔稲垣、一九七九：六八－七二〕、現実の内実がもつ豊かさから乖離した抽象的で冷たい概念と化した「主知主義（intellectualism）」による見方――で現実事象に向き合った時、対象を主観・客観の総体として包括的に捕捉できなかったことからきたものとみられる（この点について、岩下は「主観的体験は如何に手頃で便利であらうとも、余りにも狭隘な地盤」であるとみて、「究極の実在に就いての究極の知識体系樹立へ向かつての不断の努力、人間精神の自問自答せねばならぬ最高最深の諸問題の解決は、一朝一夕に成就するものではない」と、癩患者の〈生〉の意味を読み解くことが容易ではないという認識に通じるような見解を述べている〔岩下、一九三二c：九－一〇〕）。そのあたりの状況を、岩下自身の記述からもう少し詳しくみてみよう。

キルケゴール（Kierkegaard, Søren Aabye 一八一三－五五）：デンマークの哲学者、宗教思想家。ニーチェと並んで実存主義の創始者と評されている。「主体性こそ真理である」というテーゼを掲げた。

四十歳をすぎる迄学校と書籍の中にばかり生活した余にとつては、観念の世界から急転直下眼前の人生の最悲惨なる一面を日夜凝視すべく迫られたことは正に一大事である。現に今余が筆を執りつゝある一室の階下には、「生命の初夜」を以て一躍文壇に認められた北條民雄*氏の所謂「人間ではない、生命の塊り」が床を並べて横はつてゐる。しとしとと降る雨の音のたえ間に、余は彼等の呻吟をすら聴取することができる。こゝへきた最初の数年間は、「哲学することが何の役に立たう」と反覆自問自答せざるを得なかつた。併し今や余はこの呻吟こそは最も深き哲学を要求する叫びたるを識るに至つたのである〔マリタン、一九三六：「訳者の序文」四〕。

現実に生きる人間の「生」の中に哲学への要求があると感覚的にだけでなく知性的にも見出したことは、確かに彼の思想が統合されたという意味において大きな進歩ではあった。しかし、その裏ではトマス哲学の真価性を首肯しようとする立場から、〈知性の活動〉と〈感覚の作用〉のそれぞれの役割および両者の一体関係について容易に出口の見えない考察が思い巡らされていたのである。そこで、この点に関する岩下の理論的な主張を押さえておくことは有用と思われるので、再び論文「新スコラ哲学」から引用してみたい。その中で、岩下は知性と感覚との認識上の決定的な役割の違いについて次のように述べている。

両者〔知性と感覚〕間の重大なる区別は、知性の対象捕捉に際しては、知性は常に、且必然的に己自身を捕捉するが、感覚に於てはさうではないといふ事である。その起原に於て受動的である感覚が反発的に常に外面への動向であるのとは異なつて、知性作用における対象捕捉は他者への関係であると同時に自我の捕捉でもあるのである。しかも此両作用は渾然として一体をなすものであることは、アリストテレスが夙に云つてゐる。「知性は元来其対象を自己にはらむことによつて自己を認識するものである。知性は他の対象を捕捉することによつて己れ自身対象となる」と。トーマスはこの語をかりて知性と感性との差異を自己反省を可能ならしむる内在性によつて区別せんとするのである。知的作用の程度は結局内在性と対象捕捉作用との深浅によつて決せられ、しかもこの両者は正比例的に相関連して離れ得ないものである。感覚に関しては形式論理の取り扱ふ概念の内包と外延との関係が肯定されるが、知的作用の法則は之と逆行する。即ち前者に於て対象の増加は結局統一を弱め、或は破壊するに至るに反して、後者は対象捕捉の程度深きを加ふるに従つて益々自己把握の力を増すものである〔岩下、一九三二c：一八－一九〕。

また、知性と意志（主観＝観念）の違いについてはこのように述べている。

知性の作用こそ、吾人を主観より解放して他者の世界に迄導き入るゝものなのである。知性の

北條民雄（一九一四－三七）：小説家。自身の入所体験に基づいた「癩文学」の名作『いのちの初夜』などを遺した。

活動によつて初めて自我は己れの存在と、其他一切の実在を把握するに至る、而して此作用に於て主観的の深さと客観的の広さとは最高の程度に於て一致する。何となれば知性が他者を捕捉するはある意味に於て他者となる事であり、其他者となる事は同時に、自己の機能の発揮に他ならぬからである。（中略）スコラ学徒は知性の意志に対する優位を説明して云ふ。「絶対的に論ずれば、他者の高貴を所有するは之に関係附けられるに止るより勝る」と。意志は己れの所有せざる善に向つての動きであるに反して、認識はこれが捕捉であるからである〔岩下、一九三二c：一九〕。

岩下の思想形成の到達点においては、トマス哲学に完全に依拠することで外的な感覚的認識を契機として知性が他者との関係の上に立つ自己を認識するという理解のもとに、自身において統一的な哲学観を形成し得たのであった。しかしその一方で、かつて欧州留学中の岩下においては皮肉にも彼自身が批判していた近代思想の特徴である理性主義（rationalism）的な性格をもつ〈擬似主知主義〉とでも呼べるような罠に知らず知らずのうちに陥って、それが中世から近世へと変容する哲学史上の疑念として増幅していたのであった。それは、前述のデュモリンが鋭く分析してみせたように、岩下が欧州留学中にヒューゲルから指摘された二つの対立概念の内的結合性を岩下が十分に理解していなかったことによる。ヒューゲルから岩下に宛てた手紙をデュモリンは紹介しているので、それを引用しておこう。

あらゆる問題についてどこでもだれでも、ことに学生に、主体と客体、科学における究極の必要と心の本能、倫理における良心の相互作用をみとめさせなければならぬと思う。主観的なことがらはどこでもある外的客観的事実によって結合され刺激され答えられ練られるのである。科学においては数学的に正確な運動、星などの相互牽引、倫理においては、家族・種族・国家（これらはみな倫理的本能の具現である）のような大事実、これである。君の疑問の一半は、内的なものと外的なもの、主体と客体との間のあやまった反立を君がまだ克服しないことからくるのだと思う。……生活のどの部門でも、ことに各部門の中で最も深い倫理と宗教とにおいて、内的なものと外的なものとの間に大きな分裂ほど危険なものはない。しかし君の故国の知性や良心の混乱状態のために、君が本当の悲観論や単純な神秘主義又は各種の抽象性に追いやられないように祈ろう。頭と心、分析と総合、個人と社会、見えるものと見えないもの、肉体と霊魂、人間と神。これらの「と」は単なる接続詞ではなく、いろいろな相互関係、相互依存、相互生産をあらわしている。人間と神というときだけは、完全な平等な相互関係に対して警戒しなければならない。なぜなら神が私を必要とする方法と程度とは全く比較を絶した方法と程度とにおいて私は神を必要とするからである〔デュモリン、一九五〇：一八－一九〕。

宗教哲学の泰斗であったヒューゲルの意図は、岩下に「哲学と神学との境界によこたわる宗教の諸問題を徹底的に確実に知」らせようとするものであった〔デュモリン、一九五〇：一六〕。そこには「信仰」と「理性」に代表される両極の概念を媒介する重要なパースペクティブ――すなわち、〈総合〉

ないしは〈内的結合〉——への冷徹なまなざしがあった。これは、近代思想が対立概念を分離してとらえることへの危険に注意を払わなくなった点への警鐘であったし、ヒューゲルは岩下がそうした近代思想の呪縛から完全に解放されることを期待していたのである。ヒューゲルによれば、たとえばマルクス主義や唯物論が霊魂・神・来世を否定するのとは対照的にカトリシズムが現世的なものを軽視するという態度ではなく、あくまで「一般文化と均衡のとれた中心的宗教展望の繁栄との密接な相互関係を学び、一時的なものを機会として彼が達成した光の中の永遠なものをつか」もうとする態度に他ならないという〔デュモリン、一九五〇：一九〕。

ただここで注意すべきことは、岩下がトマス哲学から理解した知性作用とは、先の引用からわかるように、あくまでも対象における可能態（dynamis）としての〈本質〉面と現実態（energeia）としての〈実存〉面とが一体であり、それらが引き離せないものと認識したうえで、自己‐他者へと対象把握の射程を拡げること、すなわち主観と客観との相補的な捕捉を言い、それは近代思想が概念として捕捉する客観——すなわち理性作用——とはまったく異なっていたということである（可能態と現実態の用語はアリストテレスによって用いられた。前者は形相と結びつき得るものとしての質量（＝実質）を指し、後者はすでに両者の結びついた現存する個物を指す。トマスの言う知性作用についてはアクィナス〔一九六〇：二二二〕を参照）。岩下は、トマスに代表される中世思想における「知性」とデカルトに代表される近代思想における「理性」との対象認識上の違いを主観‐客観の連続的な観点からこのように述べている。

近世哲学〔中世に続く時期の哲学。近代哲学と同義〕も人間理性に対する無条件な信頼から出発してゐると云はれてゐる。「われ思惟するが故にわれ存在す」との根本体験から、すべての哲学が幾何学的に演繹せられねばならぬといふ建前は一見極めて堂堂たるものであつたが、一切を疑惑の裡に封じ込んだ後のこの体験は、自我の外に出る道を失つた。デカルトの「故にわれ存在す」との肯定は、自我を彼の主観圏外の客観的実在と結付くるに足る根拠を提供したであらうか。若し果して然らば、彼は思惟と実在との不可離の関係から出発して、彼の哲学を建設せんと欲した者であると見ることができよう。併しそれならば、彼の「われ思惟するが故にわれ存在す」は、スコラ学徒の所謂「色彩が視覚の対象である如く、知性の対象は有である」との一般的命題を、主観的体験の特殊な場合に於て肯定したに過ぎなくなるであらう〔岩下、一九三二c：一七〕。

その意味では、半澤孝麿が岩下に向けた「経験と絶対双方にわたる客観的世界の実在、人間の観念すなわち言葉によるその実在の認識可能性、この二つは彼の全宗教思想の大前提であり、出発点であった」とする指摘は、少なくとも前者の前提については実在論（realism）の立場――すなわち、何らかの点で普遍が実在するとする主張――から首肯できるものである〔半澤、一九九三：二四〇〕。しかし後者の前提については、とりわけ意志よりも知性に優位性を認めるトマス哲学やそれを支持した岩下のより的確な主張に即して言えば、客観的世界の実在を認識する知性――理性ではない――の作用に言及しない、単なる「観念」の提示では十分ではない。岩下の立場はトマスの「知性は観念によってその『対象と一になる』」という命題を完全に首肯しており、それは「霊的実在と観念との完全なる一致」という命題を根本的な立脚点とするものであった〔岩下、一九三二c：一五、一八〕（トマスの哲学では、「我々の知性は、神をそれ自らにおいてあるがままに見ることができないため、さまざまな観念conceptionesに従ってこれを認識する。だが、たとえ、神〔絶対の客観的存在〕を捉えるのにさまざまな観念のもとにおいてするとはいえ、知性はやはり、単一にして同一な単純なものがこれらすべての観念に対応しているものなることを認識している」という表現で述べられている〔アクィナス、一九六〇：三一―三二〕）。したがって、半澤が岩下を「ノミナリスト的感覚の持ち主」とする評価は妥当とはいえず、むしろあくまでも霊魂の「実在」にこだわったことからいえば、彼は徹底したリアリストであったわけである（半澤は岩下の主張を引いて、彼が一面でノミナリスト的感覚をもっていることを指摘し、説明を加えているが、絶対（普遍的実在）を補捉するうえでの観念と知性との相補関係という文脈で述べられる岩下の主張が的確に読まれていないものと思われる〔半澤、一九九三：二四〇〕。なお、半澤は人間の観念＝言葉と捉えているが、観念はその出発点において主観的なものであり、客観的なものである言葉とは異なった性格をもっている）。

さて、岩下が一時中断していたマリタンの著書の翻訳を再開し、完成させることになった理由もこの実在論の立場に立つ神中心主義と、理性と信仰に基づく人間中心主義との統合を自身の中で図り、神と人との相互の関係をトマス哲学に即して理解できたことがその契機になったのである。院長に就任して患者たちと起居をともにした数年の体験から岩下が学んだことは、癩が不治であるがゆえに患者が苦しみに悶えるのを見守るしかすべがない現実の前にあって、そうした現実を説明できない既存の哲学は無意味であるという短絡的で感覚的ともいえる認識であった（マリタン、一九三六：「訳者の序文」四）。また、そこから人間／神という二元論の帰結として必然的に導き出される〈究極の〈普遍〉である〉救い主としての神の必要性であった（前章「重症患者の死」参照）。しかし、そうした岩下の理解こそが神の被造物である人の本性を理解していない一方的な思い込みであり、むしろ実際は、患者にとっては自身の生の拠り所を単なる観念としてではなく、より確かに知性として理解したいという欲求があって、その点にこそ本来の「哲学」が存在する意義があると認識を改めることになったのである。

では、岩下が理解した哲学の使命とは、より具体的には何であったのか。そして、癩患者たちの求める哲学とはどのようなものであると認識したのか。

岩下の哲学にみる患者たちの哲学

まず、前者について考えてみると、岩下はアリストテレス政治学が追求した理想国家についての次に示すトマスの注解を引いて、それが真理であると全面的に首肯している。

「最善の社会組織が如何なるものであるかを確実に探求せんと欲する者は、必ずや先づ第一に人間に最もふさはしき生活が如何なるものたるかを考察しなければならない。（中略）人間にとつて最上の生活の何たるかを知らざる者が、社会の最善な組織を知り得やう筈はない。なぜなれば、社会の中に於てこそ人間は其時々の状況に応じて、最も容易にその最善的生活に到達しうるものだから」という聖トマスのアリストテレス政治論注釈中の常識的な言葉はいつも真理たることを失わない〔マリタン、一九三六：「訳者の序文」四－五〕。

ここから理解できる岩下の政治哲学は、人の生活とその人が属する社会組織とは目的において表裏一体の関係にあり、だからこそ人としての「最上の生活」が考察されなければ「最善の社会組織」が探求され得ないというものである。これは、キリスト教神学とアリストテレス哲学との統合を図ったとされるトマスが依拠したアリストテレスの主張すなわち「人間は自然に国〔ポリス〕的動物である」と述べるところの個人と国家との政治的関係を再確認したものといえよう〔アリストテレス、一九六七：三五〕。ただ、岩下はこうした常識的な政治哲学が正しくはあっても、それだけで望ましい社会が実現し、維持され得るとは考えなかった。社会と個人との長期にわたる良好で安定的な関係の構築によって文明がつくられてきたように、それが長く維持されるためには両者に共通する価値観がどうしても必要であると考えた。一部をアウグスティヌスの『告白』から引用した岩下が続ける次の記述を押さえてみたい。

現代は、凡ての文明は特定の文化を、凡ての文化は一の形而上学を――それが非哲学的な唯物論の形に於てであらうとも――背後に要求するものであり、而して宗教なくして其名にふさはしき形而上学が成立するものではないことを忘れた。これを逆に論ずれば、真の宗教なくしては真の形而上学なく、真の形而上学なき処には真の文化も文明も存在し得ないといふ事になる。如何なる物質的進歩も文化的設備や組織も、「汝に憩ふまで、我等の心やすきこと能はず」とのアウグスチヌスの一語を抹殺し去ることはできない（マリタン、一九三六：「訳者の序文」五）。

岩下の護教的なカトリック認識の側面に与して解釈すれば、真の宗教としてのカトリックや形而上学としてのカトリシズムが軽視されている近現代にあっては、真のキリスト教文化が定着し得ないことになる（そうはいっても岩下のカトリック観を「護教的」と評価するのは本質的に妥当ではない。それは、稲垣良典が「最も包括的な意味での理性と信仰との探求であり、宗教あるいは『超自然』にたいして開かれた哲学の構築であった」と解説するように、岩下の哲学探究の姿勢はあくまでも普遍的なところにあったとみられるからである（岩下、一九九四：九五九））。つまり、時代状況に即して岩下の主張を考えれば、国民国家はイデオロギー的体裁こそ整えてはいるが、それは個人や社会が満足して受容できるような普遍的で安定的な価値観――それは、宗教を介した――としては存在せず、それゆえ形而上学的な基盤は脆弱であると解された、と理解できる。だから、アウグスティヌスが言うように国家としても神（引用文では「汝」）への正しい信仰（宗教）へ立ち返ることが望まれる、と岩下は考えたわけである（岩下によれば、アウグスティヌスは「神の国」を「主権者は勧告しつゝ、臣民は服従しつゝ、相互に愛を以て仕へる」ものと位置づけたという（岩下、一九三五a：一五〇）。折しも軍部の専制による全体主義が横溢する一九三〇年代の軍国主義期にあって、国民国家と国民とのあるべき倫理関係の問題は、知識人／一般民衆という階層間の優劣の違いを認めてもなお現実に問い直されるべき根幹の問題であったといえよう。だから岩下は、国民一般にしても、またすでに社会から排除された癩患者たちにとってさえも、最も主体性が表出されるはずの自らの〈生〉や〈生活〉の領域においては国家権威との関係の上にこそ折り合いをつけて構築されるべきものと理解したのである（国の隔離政策や都道府県の無癩県運動、さらに療養所所長の懲戒検束権等により癩患者が物理的にも精神的にも権力への不合理な服従を余儀なくされていったことはよく知られている）。現実生活において、個人と国家との関係を客観的に把握することの重要性について、岩下は次のように述べている。

人間が天体の運行と其人間生活に及ぼす影響の予見に基いて、闘争したという話はまだ聞いた事はないが、唯物史観に力づけられて、身命を賭して戦つた共産主義者の実例は決して絶無ではない。それ程に人間は将来に対する信念を必要とし、またそれによって行動する者なのである（岩下、一九三五a：一七五）。

アリストテレスが、最善の国家には個人としても国家自体にも条件として〈徳〉が求められると指摘したように、岩下にあってもまた国家のあり方を問い、同時に個人の最善的生活をも問うべきであると考えた〔アリストテレス、一九六七：三一〇〕。そのうえで、結果的に両者の望ましい関係を構築するための共通基盤となる〈徳〉の思想すなわち個人と国家を貫く価値規範としての「宗教」――カトリシズムを構想していた――を措定し、日本におけるその主流化を模索しようとしたのである。岩下は君主制国家における「主権者」のあるべき姿について、プラトンの『国家篇』から自身が首肯するソクラテスの次の談話を引用して述べている。

哲人が王になるかまたは現今王または主権者と呼ばれてゐる者が真剣に本当のフィロソフィアに没頭するのでなければ、また政治的権力とフィロソフィアと、この両者が一となり、そうして専らその一方若しくは他方のみを追求する今の多くの人々が強制的に除外されるのでなければ、親愛なるグラゥコンよ、国家にとつても、思ふに、また人類にとつても、害悪の無くなることはないのだ。〔中略〕個人にとつても国家にとつても幸福に達すべき途が外に無いことを悟るのは容易ではない〔マリタン、一九三六：「訳者の序文」六〕。

では改めて後者の問いに戻って、癩患者たちが求めていた哲学とは何であったのか。まずは、戦後に神山復生病院の院内誌に編集者として岩下追悼号を編んだ入所患者・坂田金一の「岩下神父様が院長であられた時代と現在とを、二つの観点から眺めてみましょう。一つは吾々の内部に於いて、そして他の一つは対外的な関係に於いてであります」と述べる分析の後者の部分をとり上げてみたい〔坂田、一九五五：四〕。

現在吾々の住んでいる復生病院は、社会からどう云う見方をされているのでしょうか。修院経営となり堅苦しい宗教病院として敬遠されてはいないでしょうか。外人の手に経営が渡って終ったものとして、過去には縁の深かった後援者からも遠い復生病院になっているのではないでしょうか。岩下神父様は色々な方から慕われ訪問者が頻繁にあったので、その都度日本の名士にも接してその恩恵に大いに浴していたのですが、近頃ではこのような事は殆んどないと云っていい状態です。井の中の蛙同様の生活をする吾々が、日本人の日本語に精神的な渇きを感じ、言葉を通じて何かを求めようとしている事は、この環境の中の切ない真実の姿なのであります。そしてこの外部からの清新の気の流入のないと云う事は、内部の沈滞に少なからぬ影響を与えているようであります〔坂田、一九五五：五〕。

戦後、「らい予防法」（一九五三）の施行により、患者とその家族の福祉の向上は図られることになったが、他方で、人権侵害を誘発させる基本的な患者観・疾病観については何ら変わることはなかった。引用文は、そうした状況を背景として神山復生病院が外国人女性たちを中心とする修道会（一九二八年にカナダで創設されたクリスト・ロア宣教修道女会）の経営へと移行してからの記述である。

この記述は間接的ながら、入所患者たちがほぼ一様にもっていた本性的な〈社会化〉欲求、つまり社会との共通基盤を意識しつつそうした既成社会と日常的な社会関係を構築していくことへの欲求が確かに存在していたことを示している。では、岩下はそれがどのようなものであると理解したのか。すでに述べたことからわかるように、国民国家‐個人の望ましい関係を、結果として個人の「最善的生活」が極大化されるように探求していくことこそが彼らの求める「哲学」であったといえよう。しかし、これは癩患者の場合に特化されたものではなく、人間一般に敷衍できる、その意味では極めて〈普遍的〉なものであった。癩文学の第一人者とされた北條民雄が「人間ぢやない、生命そのもの」とも「廃兵ではなく、廃人」とも表現した癩患者たちは、岩下にあって結局は人間一般へと再措定されることになったのである〔北條、一九三八：四三〕(これらの点は第Ⅱ部第5章で改めて検討する)。

周辺活動の諸相

一九三七〔昭和一二〕年になると、日本カトリック教会は各教区の教区長を積極的に邦人司祭から登用する方針へと転換していった。これは、一九三九〔昭和一四〕年の宗教団体法が成立するまでの経緯と関係している。つまり、一九三〇〔昭和五〕年頃より政府の外国人宣教師に対する警戒が高まり、また他の治安立法と相まって外国人宣教師の排除とキリスト教の日本化が徹底されていったことによる〔高木、一九八五a：九一〕。カトリック教会は宗教団体法の制定によって「日本天主公教教団」として認可され、結局、全国の教区長はすべて邦人へと入れ替わることになったのである。

こうした経過の一端として、一九三七（昭和一二）年には東京大司教・シャンボンの更迭が企図された。もちろん、後任として適当な邦人司教が就く方向で調整されたのであった。そのような中、岩下に白羽の矢が立ったのである。ローマ教皇使節大司教・マレラ*と岩下との接触は秘密裡に行われたという。それを決定づける資料は得られていないが、岩下伝の著者である小林珍雄は、一九三七（昭和一二）年当時の病院日誌および内村鑑三の門下からカトリックに改宗した井上紫電に宛てた岩下の書簡を取り上げてそのことの傍証を試みているので、それらの部分を引用してみよう。

「一一月一八日（木）くもり雨、夜明の月えもいわれず、東京八時着使節館へゆきミサ、朝食後用談をすませ、一〇時四五分東京発で三島から帰院……」、「一一月二一日（日）しぐれる。常例ミサ二回、堅信の用意をすゝむ。子供と野球をする。おことわり状を馬令等氏へかく、六時ベネヂクション室で静かに筆をとる」。「一一月二五日、……馬令等氏より書留にて聴許の返事あり、善哉、今夜も灯火管制で仕事できぬ。一一月二六日、朝、馬令等氏へ礼状……」〔小林、一九六一：二五〇－二五一〕。

「拝復、御手紙と御贈物難有存候、ここの人々のことを御忘れ下さらず、感謝不堪候。東京大司教なぞ素より真平御免蒙り度候、何故にカトリック教会は小生に知識的に働く余裕を与えぬものにやと、学問熱の再興せる今日この頃、愚かな不平を並べおり候」〔小林、一九六一：二五一〕。

こうした対応からわかるように、岩下は地位や名誉には全く執着することがなかった。東京大司教の職を引き受ければ、神山復生病院の院長職を辞さなければならなかったであろう。しかし、岩下は自身の使命が救癩施設の院長として社会に奉仕することにあると自覚していたし、また他方ではカトリシズムを知識人たちに普及させる出版等の活動に大きな関心を示していたのである。

確かに、外国人宣教師を含む当時の日本のカトリック司祭たちの中でも岩下の抜きんでた学識は誰もが認めるところであった。岩下は、常日頃から神学生たちに向けて「我々日本人司祭たるものは、外人宣教師方よりも、学識に於ても、聖徳に於ても、総てに於て、二倍も三倍も優れてゐなければ、外人宣教師方に頭が上りませんよ」と語っていたという〔山中、一九四一：六二〕。かつて、裁治権をもつ東京大司教の承諾もなくヴェネチア教区から日本に派遣されて、時の大司教から快く思われなかったことを考えると、教区におけるそうした負の過去像とは裏腹に教皇庁ではそれまでの岩下のとりわけ学的業績を冷静に評価していたのであろう〔小林、一九六一：一五二〕。

一九三八〔昭和一三〕年、岩下は神山復生病院の院長職を続けつつ、他の公職すなわちその前年に設立されたカトリック新聞社の顧問兼会計主任となり、またその前後から雑誌『カトリック』や『声』の編集長としても働くことになった〔朝香編、二〇〇〇：六二〕。当時、カトリック新聞社はカト

マレラ〔Marella, Paulo 一八九五－一九八四〕：第四代駐日教皇使節。一九三九年の宗教団体法公布に対して、一九四一年に日本天主公教教団を設立して対処した。

リック中央出版部が手がける諸事業の一翼を担っていた。一九三〇年代の半ばには、同新聞がカトリック・アクションのひとつの代表的な手段と位置づけられ、教会の宣教と社会貢献活動を積極的に支援する役割が期待されていたのである（とはいえ、もっぱら知識人を対象に宣教活動を進めたプロテスタント出版界に比べると、その勢いはかなり低調であった）。しかしその一方で、キリスト教関係の雑誌・単行本などは非戦思想として発禁となる時代へと入っていった。そうした中、岩下は医療事業で活躍する司祭・戸塚文卿とともに一九三〇年代の知識人を対象にしたカトリック思想書の発行で中心的な役割を果たした。

カトリック関係の出版業務に携わる頃から、岩下はカトリック婦人東亜親善会の指導司祭の責任をも果たすことになった。自らアンチ・フェミニストを任じていた岩下にとってはなかなか気の抜けない責任であったらしい。そんな彼にとって、苦い経験があった。

岩下師は何時ぞや或席上で「婦人のカトリック運動は台所からです、外へ出ていろんな事をするより、家に引込んで台所に専念してください」と言はれ、居並ぶ御婦人聴衆を唖然たらしめたことがあります。それより数年後の事です。外国巡遊から帰国された許りの一婦人に親善会から同会のため帰朝談を依頼したところ「貴会の指導司祭岩下神父様は曾て、婦人は台所に引込めと言はれました。この言葉をお取消にならぬ限りは……」とはねつけられたさうです。之を聴かれて神父様がどんな顔をなさったか御想像ください〔深堀、一九四一：六二〕。

岩下の女性観は、一般に戦前の中・上流階層の男性がもっていた良妻賢母的なそれとさほど変わりがないようにみえる。もとより、この引用の時代に限って言えば、東亜の覇権を主張する日本政府の方針に従って一九三八（昭和一三）年あたりから、婦人会組織のあり方もかつての良妻賢母の女性観では戦時への対応が困難と認識され、婦人には多産や労働力の補給等のより積極的な働きが求められることになったという事情があった〔栗原、一九九八：三四－三六〕。ただ、戦後の婦人参政権の獲得に至るまでの婦人解放運動との関係で言えば、岩下は「母性の尊敬の認識のみが、婦人の職業問題の正しき理解に導く。婦人の職業は母性の社会的延長でなければならぬ」と述べ、婦人の地位向上を全否定する立場ではなく、婦人の天与の使命である母性がまず優先して尊重されて、そのうえで婦人の職業問題が考慮される余地があることを主張したのである〔岩下、一九四八：一一三〕。

この主張は、先の引用における岩下の態度と比べると女性の社会進出についてかなり一般的な表現で示されている。しかし、いずれにしても岩下が家庭内でも、また社会の中でも男女それぞれの性が生得的にもっている社会的役割を明確に分離してとらえようとしていたことが理解できる。また、その場合の岩下の本意は家庭か職業かの短絡的な二者択一ではなく、両者の相互関係性を重要視するトマス由来のカトリシズムならではの論理により、ラディカルな婦人解放運動へと傾きかけた時代の振り子を修正すべく警鐘を鳴らすことで、結果として信仰と社会性のバランスのよい融合に現実的な着地点を求めようとしたものと理解できる。ともあれ、後方支援として戦時協力を積極的に推し進めようと血気にはやるカトリックの女性たちにとっては、こうした岩下の真意に気づく由もなかったのであろう。

救癩活動と祈り

カトリック信者にとっての祈りは、信仰に基づき言語等を通して行う神やその取り次ぎ者（聖母マリアや天使）との霊的交わりである。祈りには「礼拝」、「感謝」、「痛悔」、「願い」の四つがあり、これらの祈りにより霊的な活力を受け、また心の平安を得るのである（「礼拝」と「痛悔」の祈りについては神への直接の祈りのみ）。カトリック信者の祈りは、言葉すなわち定まった祈禱文によって行われることが一般的であるが、言葉によらない念禱――口語化することなく、信仰者個人の内的行為として行われる感情の表明である黙禱――が両者にとって表裏の関係としてある（岩下は、「およそすべての口にとなえる祈りの言葉は、神に思いをあぐる《ママ》心の祈りの手段に過ぎません」と述べて、念禱すなわち黙禱こそが祈りの本質であると指摘している。ただ、口語を介することの意義は、形而下の事物に気がとられて心の祈りが妨げられることをできるだけ回避することにあるという（岩下、一九六二b：五〇六―五〇七）。祈りは、個人においても、また公でも行われる。また、カトリック信者に限らずとも、一般にクリスチャンにとっての祈りは助けを必要とする人への〈最大のわざ＝奉仕〉になると理解されている（ホイヴェルス、一九九六：七五）。

岩下は、入所患者たちに「病中の短い祈り」や「病気中、毎日くりかえすべき祈り」といったおもに日常の〈生〉を完遂するための祈りはもとより、とりわけ「煉獄の霊魂のための祈り」や「善終の願い」」、「毎日の善終の準備」などの〈死〉や〈死者〉と直結した祈りを勧めたという（小林、一九六一：二九一）。このことは、戦前において不治の病であった癩の患者がその予後として必然的に想定される〈死〉に直面するにあたっての準備教育を意図していたものと考えられる。また、「煉獄の霊魂のための祈り」や「死者の友の祈り」にみられるように、個人の霊的な救済が神と一対一で結び合わされることで患者本人が〈単独の信仰主体者〉となるだけでなく、生者と死者とを問わず人々の信仰共同体に参画し、その中において信仰を積極的に行使する〈共同の信仰主体者〉となることの重要性をも伝えようとしていたものと理解できる。とりわけ、岩下は教会の典礼（定まった儀式・儀礼）で行われる公の祈りは個人の祈りにも増して重要であるとしている。なぜなら、「主観的な岐路に迷わない」ために「異なった必要をもち、異なった賜物を与えられるおのおのの信者の念禱は、けっきょく全教会協同一致の典礼の延長でなくてはならない」からであるという（岩下、一九六二b：四九二）。カトリック教会（カトリック信者の信仰共同体）に対する岩下のとらえ方は第一ヴァティカン公会議議定（『キリストの教会に関する憲章』一八七〇年七月一八日採択）と相矛盾することなく、それはキリスト自ら創立したものであるがゆえに宗教的権威の基盤となり、信徒はその教会のもとにおいてこそ神－人の関係が保たれ得るとする理解である（岩下、一九九四：七一八、七二八－七二九）。つまり、岩下が「同一のかつ共同の目的を意識し、その遂行到達に、啻に個人的手段のみならず、なかんずく団体的行動に訴うる」ことで完全な社会としての教会が形成されると述べるように、キリストの肢体として多様な特質をもつ信徒たちがそうした教会の典礼へ主体的に参加することにより信仰共同体が確立され、ひいては救霊の公道が拓かれるというものである〔岩下、一九九四：六三一、七二九〕。

同様な点は、中世の神秘思想家トマス・ア・ケンピスの清貧思想に感化されていた岩下が入所患者たちのために「病者の心得」を提示して、彼らが癩患者として生きていくうえでの倫理的な指針を与えていたことでも理解できる。

ここに八項目からなる「病者の心得」を挙げてみたい。

（一） 重き病にかかったならば、第一になすべきことは霊魂の医師となる神父を呼ぶこと。こうして霊魂を安全にさせる。これは病が重くなって呼ぶよりも初めに呼ぶ方がよい。なぜかというと、熱のために、あるいは薬のために告白の秘蹟に力がつくせない場合があるからである。病は往々にして罪の罰として送らるる場合もある。ゆえに真剣に悔い改めなければならぬ。罪を告白することは、時として一番病を癒すに有効な場合もある。
（二） 遺言をしていなければ、病の初めにあたってしておく方がよい。かようにして現世の事柄を決定しておけば後は自分の霊魂のことに妨げなくして従事することができるからである。
（三） 病が危険となれば一番親しい人々に時々通知しておく必要がある。全快の希望が少ないか、あるいはその根拠がない場合、全快の希望をもたせるような、へつらいの言葉をきくな。多分汝の最後の時間であるから最も有益に使うことができるのである。できるだけ少なく見舞客を制限せよ、汝の霊魂に利益とならぬ話は、一切避けるようにせよ。

（四）　借財とか、果たさなければならぬ義務とかいうものは大病の初めに全部完了しておくこと。いかなる事柄によっても汝に損害を与えた人を全部赦せ、また汝の他人に加えた損害は全部その赦しを請え。

（五）　汝の病を天主の御手より受取り、聖旨に一切を委ねて完全に頼れ。これは汝の罪に対する罰として、また償いとして為せ。時々自分を天主にささげ、病苦を忍び、これを聖化する恵みを祈れ。救い主イエズス・キリストの御苦難とともに汝の罪の罰なる苦しみ不快を合せて受け納め下さるよう祈れ。

（六）　信心深い友人を頼んで病中に慰めとなるような祈りを読んでもらうこと。特に悔い改めの詩篇（六、三二、三七、五〇、一〇一、一二九、一四二篇）、連禱、愛徳誦、イエズス聖名の連禱などを毎日一つずつもう一ぺんずつでも。

（七）　目前にいつも十字架、十字架上のキリストの聖画、時々ご苦難を思い心で自分をその傷におしこむ、心の底からの愛情をもってイエズスの御足を胸につける。

（八）　できるだけ病中は償いの精神をもつこと、時々天主のおん憐みを願え。時々罪の痛悔の心を起こせ。聖アウグスチヌスは時々申した、「いかに罪なきキリスト信者といっても、痛悔の心なくして敢て死に得るものはない」と（小林、一九六一：二八六－二八七）。

これらはどれも、いずれ余儀なく終末期を迎えるに違いない患者たちへの現実場面に即応した具体的な指導であったといえよう。そこで岩下が提示したものは、死の直前まで信仰共同体の一員として「公道」を歩み続けるための倫理に他ならなかったのである。

院長職の引き際

さて、一九三九（昭和一四）年に神山復生病院は創立五〇周年を迎えることになった。同年五月二二日には盛大に記念式典が行われた。出席者は横浜教区長に転じた前述のシャンボンをはじめとする教区司祭ら十数名ならびに多数の名士と岩下の母および職員、患者であった（口絵の写真参照）（百年史編集委員会編、一九八九：一三二）。ただ、創立当初からの在院患者はすでにおらず、最も古い患者でさえ創立者のテストヴィドとは面識がなかった。半世紀の歳月を経て、神山復生病院の内外をめぐる状況もかつてとは変わっていた。日本における救癩施設の嚆矢として先鞭をつけた神山復生病院であったが、国公立療養所の新設・整備とともにその役割が後退し、加えて戦時の経営難という事情も手伝って、他の私立の社会事業と同様に私立の救癩事業もまた存続の可否を真剣に検討しなければならない状況にあった。

岩下は、この五〇周年を機に神山復生病院の院史である「救ライ五〇年苦闘史」を執筆し始めた。これを自ら編集長を務める『声』誌に逐次掲載したのである。しかし、翌年末には岩下が他界したため結局未完で終わることになり、後に横浜教区長のシャンボンが記した院史をつないで現在残る五〇年史が完成したのである。

岩下はこの時、病院の将来について「この五〇年を境に、復生病院は衰えるだろう」と（少なくとも患者にとって）唐突とも思われる予測を述べたという〔神山、一九五五：二二六〕。岩下が予測した私設社会事業の将来、とりわけ宗教救癩事業のそれは衰退の一途を辿るというものであった。日中戦争が泥沼化する中にあって、岩下は先細る寄付金に頼らなければならない神山復生病院の経営がますます困難を極めると予測したのである。それは、病院の一切の経営を預かる岩下にこそひしひしと実感できたことであろう。そうした中、岩下が将来的な病院存続の方策について検討したと思われる記述を病院の一〇〇周年記念誌の中にみることができる。それによれば、岩下は生前に、病院の将来構想として新たに邦人修道会を設立して事業を移管することを考えていたのだという〔百年史編集委員会編、一九八九：一三二〕。そのことを直接に証拠づける資料は示されていないが、当時の神山復生病院の置かれた状況を知るうえで有益と思われるので、この構想が現実的な意義をもっていたと推察される理由をいくつか挙げてみたい。

まず第一に、修道会の場合、経営資金の調達面と職員確保の面で比較的に安定し得た点である。第二に、宗教社会事業が社会的承認を得るうえでの隘路を克服し、継続を図るにはより宗教に特化した修道会経営が適していた点である。第三に、邦人修道会を設立することでファシズム国家との摩擦を避け、かつ日本カトリックの自立を促すことにつながり得る点である。

まず、第一の点については、修道会による経営へと移ることによってとりわけ看護職員は修道女たちが担うことでほぼ完全な解決をみることができる。しかし、資金の調達については必ずしもすぐに容易になるわけではない。ただ、神山復生病院のようなおもに院長の個人的な集金努力で財源を確保してきた経営のあり方と比べれば、修道会というある程度の財政基盤をもつ支持母体をもつことで病院の日常の運営とは別に組織的な資金調達が可能となるわけである（一般に、修道会の財政的基礎は寄付や寄贈が主であり、一部は自給自足によっていた〔上智大学編、一九四二：六二七〕）。岩下が就任早々から実施した施設・設備の整備により経常経費の増加はやむを得なかったが、それは社会事業の近代化の動向と並進するうえで必要な対策であった。その意味でも、安定的な財源確保は事業の継続にとって喫緊かつ不可欠の課題であったのである。ただ外国人修道会の場合、すでに一八九〇年代末からマリアの宣教者フランシスコ修道会のシスターたちに託されていた救癩施設・待労院（熊本市）の例からも明らかなように、度重なる戦争のために海外からの送金が途絶え、結果として十分な財源を確保できないことは十分に懸念された〔社会福祉法人聖母会編、一九九八：一一二〕。

次に、第二の点については、まず修道会経営の前提となる問題として、当時の宗教社会事業の意義についての諸議論を押さえることが有用であるが、それらを踏まえたうえでの結論として言えば、急速に公的社会事業の割合が高くなる時代状況にあって、岩下はそれらの諸方面にわたる整備の水準と整合をとりながらも、そこへ宗教の独自性を付加してこそ社会的承認が得られるのだと理解した（本書第Ⅱ部第2章で詳しく述べる）。確かに、当時の宗教社会事業とりわけおもに修道会が担っていたカトリックのそれは発達史的にみて社会事業の前段階とされる「慈善救済事業」の水準を脱しておらず、その意味では時代や社会を超越したような、医療や衛生等の進歩とは無縁の運営姿勢が各所にみられており、それこそが宗教社会事業が社会的承認を得るうえでの隘路となっていたのである。ただ、それはあくまでも社会倫理的な問題であって、実際のところはより身近な実務面で問題が生起していた場合も少なからずあった。例を示そう。一九三一（昭和六）年に待労院を視察訪問した際、岩下は待労院院長に最新式の消毒器の整備（某財団への寄付依頼）とともに病院の周囲の柵を設置することを助言したという〔社会福祉法人聖母会編、一九九八：一六〕。それは、患者に提供される医療や患者処遇のための施設・設備が未整備であったというような、普段なら緊急性が小さく自施設内で二の次にされていくような問題によるものではなく、それまで住宅地化する病院の周辺と隔離されるべき患者たちとの間に明確な物理的境界がなかったことから住民の不安が募り病院の移転要求運動が起きたという、施設の存続をも揺るがされかねない対外的な問題認識から提案されたことであった。結果として、境界設備の整備により地域住民の生活環境へ配慮がなされた後には地域社会との摩擦はなくなり共生することが可能となったというのである〔社会福祉法人聖母会編、一九九八：一六〕。これは、とりわけ地域との関係における社会的承認の重要性を示す好例であったといえる。

こうした例から改めて考えるならば、社会とりわけ地域社会が修道会経営による救癩施設に求めていたものは、他の国公立療養所に伍して病院としての最新の施設・設備を整備させることではなく、地域社会との接触面において住民に不安や不利益をもたらさなければよしとするものである。その意味では、むしろ清貧を旨とする修道会経営のほうが社会的承認のハードルは低かったものといえよう。そう考えると、田代菊雄がカトリック社会事業の一般論として「ある特定の事業を組織的に継続させるために、修道会のほうが有効であった」と述べる指摘は、こうした含意をもつかどうかは別にしても、結論としては納得できるものである〔田代、一九八九：一〇〕。それは、従来のカトリック慈善事業にみられたような一定の限定された地域を対象にした司祭個人の指導による組織性や継続性を欠いた救済実践や、ヴィンセンシオ・ア・パウロ会――日本における同会の設立が岩下に拠ったことは前述のとおり――のような信徒が中心となって組織した救済対象を限定せずに広範囲な慈善活動を行うカトリック・アクションと比較してのことであった〔田代、一九八九：一〇〕。

第三の点については、日本が国粋主義色を強め、やがて開戦とともに外国人の宣教師や修道士・女たちが迫害・追放あるいは抑留・軟禁されることになっていく状況では、一九三〇年代に入ってからでさえ次々に上陸した外国人修道士・女会に救癩事業を委ねることは必ずしも得策ではなかったと考えられる。それは、日本のカトリック教会が時局への配慮から邦人司教や邦人司祭へと組織を一新していく動向とも呼応させて考えれば明らかである。さらに言えば、皇室から救癩事業への下賜金等による支援に助けられていた岩下ら関係者にとっては、そうした皇恩への報謝として当然ながら自国の同胞による救済活動が適切であるとの基本的な理解があったのである。実際、社会事業を担う邦人修道女会は一九二〇年代初頭を嚆矢として、とりわけ一九三〇年代後半に相次いで設立された。それは、私的な慈善事業を巻き込みながら天皇制慈恵に基づいて教化統制を図ろうとした「感化救済事業」の時代を経て、「社会」の役割が認識され、公・私事業の組織化（制度化）が図られる「社会事業」の時代となる一九二〇年代前半に始まり、以降、岩下が救癩事業を続ける一九三〇年代末頃までに六つの邦人修道女会が設立され、諸種の慈善活動が展開されていたのである（田代、一九八九：二〇五－二一〇九）。こうした中で、神山復生病院を日本カトリックの発展の一翼を担う邦人修道女会に託すことは、仮に岩下といわずとも当然に考え及んだことであろう。実際に岩下が既存の邦人修道女会に神山復生病院の経営を打診したかどうかは不明であるが、たとえば聖心女子会（一九二〇（大正九）年設立）や日本訪問童貞会（一九二五（大正一四）年設立）は、一九三〇年代前半には当時不治の病とされていた結核療養所の経営実績をもっていた（田代、一九八九：一〇八、一一〇）。しかし、岩下があえて新たな邦人修道女会の設立を構想していたとすれば、一九二〇年代から一九三〇年代に先例となったいくつかの邦人修道女会の創設が意識されていたに違いない。それらの修道女会はほぼ一様に、まず司祭が前身となる慈善活動を始め、その後、司祭の指導のもとに事業を本格的に稼動させるための実働組織（修道女会等）が設けられた（田代、一九八九：一〇八、一一〇、一二六、一三五）。ただ、同様にその際の指導司祭を岩下が務めようと考えていたかどうかは知るすべがない。

さて、一九四〇（昭和一五）年九月、岩下は後任の司祭・千葉大樹に院長の職を譲り、自らは財団法人神山復生病院の理事に就任した（千葉は、カトリックに改宗したのち岩下に師事していた大庭征露の弟であり、千葉の受洗の際には岩下が代父となった）。その時の岩下の意向は、同僚や友人たちがほぼ一様に認めるように、「今後は学問の研究に没頭しようとしてゐた」のだという（そのように主張する友人の一人として、たとえば九鬼周造を挙げることができる。九鬼は岩下と一高の同級生であり、晩年に至るまで親友関係にあった（九鬼、一九四一：四二））。これは、一方では今まで同法人の理事を務めていた司祭・フロジャック*が、外国人管理者を排斥する宗教団体法によってその職を退いていたため、格好のポストが空いていたという事情もあった。また、辞任の半年ほど前に患者自治会からの批判と不満の要求を受け、「二〇年間も共に暮したのに、癩者の気持を分かることが出来なかつた」と嘆いていた岩下にとって、「そろそろ潮時」との思いで第一線を退くことを考えたとしても不思議ではない〔神山、一九五五：二六〕（この点については、本書第Ⅱ部第4章で分析している）。

この件とは直接には関係がないと思われるが、岩下は院長職を辞任する早四年前に自身の救癩事業への関わりを総括するようなことを述べているので、これに注目してみたい。

　　二〇世紀の今日小さいながら隔離せられた独立の世界である癩病院の主権者として自己の所信の是非を実験しうる機会を与へられたことを思へば、余は常に以て瞑すべきであると考へてゐる〔マリタン、一九三六：「訳者の序文」六〕。

岩下の言う「自己の所信」とは、すでに検討したように普遍化した哲学と宗教とが総合——岩下は、カトリシズムがその総合物にふさわしいと考えた——されて、それが政治権力のもとで一体化した時、初めて理想的な国家が生まれるという信念であった（ただ、これはあくまで一般的な君主制国家における規範的な理念であった。政教一致をとるヴァティカン市国の近代政治史においては、カトリック教会は聖職者主義を標榜しつつも反教権主義的な政党の発展を抑え、また反教権主義的な政策の決定を阻止するために、カトリック系市民の政治活動であるカトリック政党を認めなければならなかった、というようないくぶん矛盾した事情も抱えていた〔西川、一九七七：三四－三五〕。したがって、岩下の行った救癩活動は救癩施設——現実社会から駆逐された入所患者たちにとっては代替社会でもあった——の主権者（＝院長）としての政治的権力がカトリシズムと一体化した時に、生活者にとってどのような理想的な「小社会」に近づくことができるかについての試みであり、それはまた一般社会の場合へと敷衍して考えることをも射程に入れた、まさに「実験」であったといえるのである。普遍的な哲学とはどうあるべきかを生涯をかけて追求してきた岩下は、あるべき生活者と社会——軍国主義体制下にあっては国民国家と同義——との関係を帰納的に検証する試みとしてこの救癩活動に取り組んだのである。その際、「現実社会とは縁の遠くなつた〔近代の〕哲学者」が示すような空理空論に依拠することのない、一方で社会の最底辺にいる癩患者たちの「生」への要求にも堪え得るような普遍性をもち、また他方では戦時の全体主義イデオロギーが個人を飲み込んでしまう政治体制下でさえも応用可能な新たな哲学としてカトリシズムの適格性を検討しようとしたのである〔マリタン、一九三六：「訳者の序文」六〕。こうした岩下の問題意識は、「近年はまた岩下君は日本という問題を真面目に考へ」ていたという九鬼の岩下追悼談ともつながるものである〔九鬼、一九四一：四一－四二〕。

フロジャック（Flaujac, Joseph 一八八六－一九五九）：パリ外国宣教会司祭。一九〇九年に東京大司教区に派遣され、来日。おもに社会福祉事業に貢献。

引退後の継承と断絶

岩下の行った救癩活動の中でも多少異色な側面としてとらえられるのが未感染児童対策であった。これは、先の運営資金の調達の問題とともに院長を退いた後の岩下が本格的に取り組もうとしたもうひとつの仕事であった。院内の未感染児童には、癩に罹患した親が入院に際して乳幼児を伴ってきた場合と、他の療養所から預かる場合とがあった。それゆえ、この対策には保育所の設置がまずもって必要であった。

一九三二（昭和七）年に放送された、神山復生病院を紹介するためのラジオ番組の放送原稿が転載されている『感謝録』（一九三五）で、岩下は「未感染児童保護は本院の附帯事業として一昨年から始められ、目下未だ六名を収容して居るにすぎぬが、今後は益々発展するであらう」と予測している〔財団法人神山復生病院編、一九三五：二四〕。また、「私はこれから未感〔染〕児童の仕事だけをやりますよ」と〔塩沼、一九四一：三八〕、神山復生病院の嘱託医を務めたことのある塩沼英之助に語ったことを考え合わせると、岩下にとってこの事業は引退後へと継承して取り組むライフワークの心積もりだったのであろう。もとより岩下は、未感染児童に対して辞任以前から特別な思いを感じていたようである。

復生病院附属保育部こそは最も特筆大書に値する独特の施設と院長は自負して居るのでありますが、希くば不幸な両親の業病に犯さるゝことなく、成業の暁には日出度自由な社会に送り出したいと希つてゐる可憐な児童に就ては寧ろ語りたくないのであります。彼等の生活の課せられた重いハンデ・キャップを、希くば己れも他人も永久に知らざらん事をひたすら祈つてやまないのであります（財団法人神山復生病院編、一九三七：一六）。

ここからは、患者たち――入所患者のほとんどは成人であった――に対する思いとは異なり、いわれのない偏見と差別を受けるであろう不遇な未感染児童たちに対する岩下の純化した憐憫の念がうかがわれる。未感染児童たちにとっては親からの感染による自身の発病可能性や「癩者の子」という社会からの偏見こそ容易にぬぐえないものの、可能な限り自由な進路を拓いてあげたいという思いから、岩下にとっては特別にやり甲斐を感じていたに違いない（癩すなわちハンセン病は、癩菌の感染により長期の無症状期のあと発病する慢性細菌感染症である。ただ、慢性細菌感染症は急性のそれとは異なり、菌の感染が起きても発病に至らず、体内で共生状態になることも少なくない。また、癩菌は病原性が極めて弱いため、菌が感染しても正常な免疫応答能がある人では共生状態に留まり、発病することはないとされる〔和泉、二〇〇五：三六―三八〕）。ただ、院長辞任を決めた岩下の姿勢を、隘路からの逃避とみることもできるであろう。つまり、他方で岩下の思いの奥底には入院患者たちに対して、彼らが不治の病に苦しみ、先の光明が見出せないでいる同情されるべき人々でありながらも、彼らの日常においては打算やしがらみといった渡世的な醜陋さが複雑に絡み合っており、それゆえ必ずしも純粋な憐憫の情だけでは関われないという、未感染児童の場合とは対照的な思いを抱いていたのではないか。事実、岩下が辞任を決めた理由の一端に患者たちへの消し去れない不信感があったことはほぼ間違いない（この点については、本書第Ⅱ部第4章で検討している）。いずれにしても、未感染児童棟の新築、他療養所からの児童の引き取り、プロテスタント系の救癩施設であった聖バルナバミッション（草津）の保育施設の見学等と、未感染児童の問題については辞任後も積極的な取り組みが行われた。岩下は茶栽培を行う不二農園の経営を父親から引き継いでおり、そこで働く地元従業員の子弟のために設けた温情舎小学校は未感染児童を入学させるには好都合な施設であった（財団法人神山復生病院編、一九三五：二一四）。卒業後は、社会での差別を危惧することなく不二農園に就職することもできたが、さらに中学校をも設けたいと切望していた岩下の思いは推して余りある（ただ、癩の特効薬が全国の療養所で普及し、その有効性が広く実証されてくる一九五〇年代においてさえ、たとえば熊本県の黒髪小学校で起きた地域住民による未感染児童への通学拒否事件（竜田寮事件、一九五四）でみられたような根強い偏見があった。そうであればなおさら、戦前にあっては不二農園の従業員の子弟や入学を希望する地元・桃園地区の子どもたちが通う温情舎小学校の場合にもそうした問題がなかったのか、危惧されるところである。しかし、この温情舎小学校にはカトリックの精神を基礎にした自由闊達な校風があり、生徒たちも家庭的な雰囲気の中で和気あいあいと学校生活を送っていた、との卒業生の証言がある（温情の灯会編、二〇〇一：八九、九二）。

ところで、岩下は辞任の直前、「私のあとに新しい院長が来るが前の院長を悪く云うとも、決して誉めてはならない」と患者たちに強調して語ったという〔神山、一九五五：四二〕。院長として自分の為した仕事に自負はあったであろう。しかし、後任の院長を患者たちが支持してくれなければ、神山復生病院のような比較的に小規模な救癩施設においてはその運営が立ち行かないことは目に見えている。まして、卓越した学識を備え、また教会内外に誇れる同胞司祭として患者たちから「親父」と慕われていた岩下を懐古する空気が院内に残っていては、信頼に基づいた新院長－患者の関係の構築などできるはずがないのである。後任の千葉大樹が司祭に叙階されたばかりの若干三一歳の青年に過ぎなかったこともあり、両者の懸隔を患者たちが許容できるかどうか、岩下は危惧したのであろう。

加えて、岩下より前の仏人院長たちの時代の入所患者とは質的に変容していることを彼自身ある程度は理解していたはずである。それは、先に引用した「呻吟こそは最も深き哲学を要求する叫びたるを識るに至つた」と述べた、岩下の患者に対する再認識がその意味をよく表している〔マリタン、一九三六：「訳者の序文」四〕。つまり、患者たちは岩下からの感化によって自らの〈主体者〉意識を高めており、それとともに社会への帰属欲求もかつてないほど高まっていたのである（この点については、本書第Ⅱ部第4章で論じている）。こうした援助者と被援助者との関係のあり方については、〈汝と我〉との相互性が患者の治療においてどのように有効であるのか、また両者の望ましい相互性とはどのような関係をいうのかを考察したブーバーが、精神療法医と患者の例をとおして指摘するところを参考にすればより客観的に把握できる。ブーバーによれば、専門的な援助関係においては我－汝の間の「距離」が決定的に重要であり、そこには「強制する相互性」と一般化して述べられるような両者間の〈媒介項〉が必要であるという〔ブーバー、一九七九：一六三－一六四〕。「強制する相互性」とは、言い換えれば〈権威〉あるいは〈専門職権威〉と呼んでもよいと思われる。神山復生病院の場合、実際、間接的な表現ながら患者側がそうした必要性を感じていたことを推測させる資料として、先に引用した院内文芸誌の編者・坂田の分析の前半部分を紹介してみたい。

先ず内部に於いて吾々の取り上げねばならないのは、病院全体の雰囲気が当らず障らずの虚無的な傍観に安住してしまおうとする状態に陥っていることです。この原因が何処にあるかに付いては、しばしば考えられている通り、吾々自身みずから解決していかねばならぬ多くの物を有している事は勿論でありますが、現代と云う時代や吾々の療養生活に付いての鋭い洞察と強固な実行力とを持った指導者が欠けている、と云う事に一つの大きな隘路を見出さざるを得ないのです〔坂田、一九五五：五〕。

坂田の分析は、神山復生病院が戦後に外国人修道女会の経営に移って以降の時代と比較してのことではあるが、それは仮に岩下より前の仏人院長たちの時代と比較したとしても十分に妥当な分析であると思われる。なぜなら、ほぼ閉ざされた救癩施設の中に住む患者たちにとって知名度の高い岩下は社会性の象徴であり、それゆえに患者たちにとっては癩の罹患によって喪失した自己のアイデンティティを再構築しようとするうえでの代理強化のモデルになっていたと理解できるからである。それはまた、歴代の仏人院長たちとは異なり岩下が同じ日本人であったことから、患者たちにとっては天皇制国家における本質的な欲求である〈一般国民＝臣民〉への帰属を容易に意識し得たという事情もあった。岩下としては患者の社会化欲求を支えるという、彼が果たしたと同等の役割を期待することなく新院長との関係を新たに構築できるよう、あえて患者たちに過去との〈断絶〉を求める必要を認めたものといえよう。

戦争への協力そして最期

神山復生病院を辞してまもなくの一九四〇（昭和一五）年一〇月、岩下は興亜院の要請で華北のカトリック教会事情視察の途に就いた。この興亜院は近衛首相の「東亜新秩序建設」の声明を受けて一九三八（昭和一三）年に設けられたもので、総合的な対中国政策機関として「抗日容共」――すなわち日本帝国主義の中国政策に抵抗する一方で中国共産主義を容認する政治姿勢――の国民党政権を倒すとともに中国の民衆に日中提携の合理性を周知させることを目標にしていた（時局研究会編、一九三九：二八〇）。岩下のこの任務に秘書として同行した小林珍雄によれば、当時の華北の宗教事情は旧来の仏教・道教などの宗教団体に加え、日本から渡来した各種の宗教団体および華北域に三〇余の教区をもつローマ・カトリック教会などの第三国からのキリスト教系教会とが混在していたという。それらは日中戦争の余波によって秩序を失った状態にあり、それゆえ興亜院の現地宗教団体に対する指導方針は東亜新秩序の建設を妨害しない限りにおいて自由な布教を許す代わりに、団体としての主体的な内部統制を求めるものであった〔小林、一九六一：三八〇〕。その際、興亜院が東亜新秩序建設のための民衆統制を図るにあたって基軸に据えた宗教はもとより仏教であったが、それを補う目的で啓蒙工作の重点を第三国系キリスト教に置いたのである〔小林、一九六一：三三二〕。つまり、第三国系キリスト教団の首脳部および神父・牧師等に新秩序への協力を強く要請して、また可能な限り日本人神父・牧師を招かせて彼らを通じて信徒たちの協力を得るようにしたのである〔小林、一九六一：三三二〕。いずれにしても、上層から下層にわたり広く華北の民衆に普及しているキリスト教に目をつけて、教会指導者を巧妙に利用して間接的に華北民衆の教化統制を図ることを企図したのであった。

そうした政策を進めるうえで興亜院としては、現地の民衆にとって深い依存関係をもつカトリック教会の現地宣教師たちを味方につけておくことが得策と考えたのである。とくに、カトリックの場合はヴァティカン市国が早期から反共産主義——すなわち共産主義が人々の自由意志を奪い、全体主義や無神論のイデオロギーを助長することへの全面的な否定——の立場を鮮明にして、同じく反共産主義の立場をとる日独伊の枢軸国側に好意的であったこともあり、日本政府としては興亜院のこうした宣撫工作の成功可能性をある程度予測していたのである（カトリック教会の反共的立場は、一八四六年のピウス九世の教皇文書以来、現代のカテキズムに至るまで継承されている）。日本政府のそうした目論見を受けて、岩下には現地のカトリック教会人との接触により、①華北の日本当局と教会との意思疎通を図る、②カトリック教会側が東亜新秩序に対して認識を深め、進んで協力してくれるよう仕向ける、という役割が要請された（小林、一九六一：三三六）。

岩下はそうした要請に応え、北京、天津、青島で日本側当局者と教会人とを仲介し、両者の意思疎通を図る機会を設けた。また、日中戦争において日本軍がカトリック教会および教会人に損害を与えた過去の問題――すなわち教会堂の破壊、スパイ容疑で捕えられた神父の件など――を解決すべく奔走した。

ところで、興亜院からのこうした宣撫工作の要請はまず東京大司教に伝えられたものであったが、岩下のこの華北行は日本のカトリック教会の代表としてではなく、全くの私的な旅行として行われた。これは岩下が興亜院に提案した方法で、彼らしい洞察に基づく、戦時における華北カトリック教会側の対日意識にも配慮した策であった。しかし、それと同時に日本政府の帝国主義政策に加担することの危惧を意識していたのであろう。任務には応じつつもあえて旅費一切を自弁することにしたのである。岩下のこうした姿勢は半澤が指摘するように、「市民として国家に最終的に服従を捧げるであろうが、批判は常に留保」しようとする立場であり、かつてカトリック学校生徒の徴兵忌避事件（一九二六（昭和元）年）が起こった際に、弁明としてカトリックの愛国的な戦争容認の態度を表明した時と何ら変わってはいなかった（半澤、一九九三：一三、岩下、一九二六：二六－二七）。

ともあれ、岩下は無事に予定した任務を終えて帰路に就いたが、視察旅行中に体調を崩し、ほうほうの体で帰国することになったのである。ただ、予定していた母親のもと（東京信濃町）へは帰り着けず、神山に一時旅装を解いた。一カ月余りにわたった国外での重責は、元来蒲柳の質であり、また数カ月来の体調不良があったことに加えて、華北旅行がかなりの強行軍で無理を強いたのであろう、患者・職員への帰院報告も「実に簡単に、しかも軍人口調」で行ったのみで、早々に自室へ引きこもり、そのまま病床に伏してしまったのである〔神山、一九五五：二七〕。結局、任務の終了直後に出席を予定していた大宮御所での紀元二六〇〇年祝賀式へも参加できず、また、患者や職員、家族や友人などの熱心な祈りにも応えられず、一二月三日腹膜炎のため神山復生病院で静かに息を引き取った（なお、真偽のほどは定かではないが、筆者が二〇〇二年八月九日に岩下を知る地元の二人の関係者（裾野市在住）から聞いたところでは、岩下の死因は軍の隠蔽工作（チフス菌の植えつけによる腸チフスの発症）によるものであったという）。享年五一歳であった。

小括

岩下が取り組んだ二つの活動すなわち救癩活動と知識人へのカトリシズムの普及活動とを切り離して考えることは適切ではない。なぜなら、岩下にあって神山復生病院での救癩活動は、権力者がもつ政治哲学に民衆性を総合させる——カトリシズムをその指導原理にふさわしいものと考えた——ことで国民国家と国民生活とを一元的に最善化する試みとしての「実験」機会であり、他方、カトリシズムの普及活動は世論形成を握る知識階層への啓蒙であり、それは前者を補完する意義を担っていたからである。

岩下が活躍した時代は、国民の意識に全体主義イデオロギーが浸透していく時代であり、癩患者といわずとも国民にとっては〈主体〉を見失いやすい、生きづらい時代であった。だからこそ時代や社会、そしてまたその中で形成されるあらゆる固定観念――当然に癩患者は差別や偏見という負の心象を負わされていた――の枠を超えて〈人間存在〉を直視できるような普遍的な哲学が要請されたといってよい。岩下は、そうした哲学を救癩実践という現実生活の場で探り当てようとしたのである。

第Ⅱ部　岩下壮一の救癩思想

第Ⅱ部の各章は、一九三〇年代の全体主義イデオロギーに準じて展開された救癩国策のもとで、カトリック司祭であった岩下がどのような人間観や社会観によって患者との援助関係を形成し、同時にまたそれとどのような関連のもとに当時の国民国家や一般社会をとらえたのかについて考察した岩下壮一論である。しかし、それは歴史人物のありきたりな評価にとどまるものではなく、近代日本救癩史の本質的なテーマである権力を介した患者と国民国家との（政治的な）関係史の深層構造を「岩下」――それは、患者と国民国家の両者の立場を映し出す被写体としての存在である――を中心とするテクスト（＝言語資料）を通して明らかにしていくものである。つまり、政治的な権力構造を踏まえつつもそれに縛られることなく、宗教史や社会事業史とも関わらせて、全体としては社会構造の実在的（現象学的）な把握を意図して説き起こした岩下論である。

したがって各章では、歴史研究としてはさほど一般化していないこうした認識論的視座――それは、患者一人ひとりの（ありのままの）生活世界がもつ主観的な内的構造への洞察を通して救癩実践を展開した岩下の視座と類似している――に基づく分析・記述によって、岩下の救癩活動をめぐる自他の関係構造を深層において再構成させようとしている。

第Ⅱ部は、岩下研究における前提とまとめである序章と終章を除いて五つの章からなっている。その概要を述べれば、第1章および第2章の前半部分はおもに岩下が行った救癩事業の実際を整理・評価したものである。第2章の後半部分から第5章までは、岩下の救癩思想における主要な論点を扱ったそれぞれ異なった視点からの考察である。それらは形式的には岩下の行った救癩実践の思想の諸相について記述した論考であるが、いずれも「近代日本救癩史」を射程に入れている。

序　章　岩下壮一の救癩思想を検討するうえでの視座と前提

1　救癩史としての岩下研究の目的と意義

人間の営みを歴史として記述しようとする際には、研究者が対象に向かううえでの視座が問題になる。それは、倫理的な問題を含んで、主体としての研究者の世界観が問われることになる。しかしながら、研究者がもつ世界観もまた歴史的所産のひとつである以上、そうしたアイロニーの行き着く先は、およそ「相対化」の自己分裂に陥るか、さもなければ一定の線で妥協して対象を抽象化する作業を始めることになる。近代の学問が後者の地平の上に成立していることは言うまでもない。

そもそも人間の営みは、それが個体としてであれ集合体としてであれ、主体を取り巻く客体との何らかの〈外在的な関係〉とともに、客体から主体内部へと通じる〈内在的な関係〉によっても維持されている。[1] その意味で言えば、主体は外面的にも、また内面的にも極めて相対的な存在である。主体と客体との関係構造を詳細に明らかにしようとする場合は、当然ながらこうした外在・内在の総合的な把握が必要となる。いま、研究対象論として論じるならば、とりわけ近代科学が客観性を第一に要求することによって、〈内在的な関係〉すなわち主・客相互の「主観性」を排除するか、さもなければ異なった学問分野として意図的に分析対象から分離させて、主体－客体の関係を短絡的に定位させようとする傾向があった。歴史学についてみれば、それは歴史学理論や歴史哲学の成熟をみない、限定的な意味での実証的記述という成果を拙速に引き出すために、抽象化の作業を単純化した結果であったともいえる。

そうした研究態度は、現代の歴史研究ではとりわけ社会運動史研究や解放史研究さらに戦争史研究や生命科学史研究の領域などで表出されやすい[2]。なぜなら、倫理的に既定の着地点に結論を措定して、そこに焦点を当てて表層的に論証することで一定の学問的基礎づけが比較的容易に得られるからである。同様な意味でみれば、たとえば唯物史観が一九二〇年代から三〇年代に日本の学界に浸透して、そののち隆盛を誇った理由は、近代科学が従来の政治的、宗教的、思想的な諸権威に反抗して歴史現象の「実証」化を拙速に要求していたからにほかならない〔桑原編、一九六五：一六〕。研究者の歴史観を規定するひとつの思惟上の枠組みとして、唯物史観が研究上の利便を提供したわけである。

ところで、近代日本救癩史研究[3]（以下、「救癩史研究」と略記）は、前述のような進歩主義的な歴史観に基づく目的論的な歴史記述を行う政治史研究としては一定の到達点に達しているように思われるが、認識論的な歴史記述を行ういわゆる社会史研究としては不十分な研究状況にあると言わざるを得ない。それは、とりわけ本研究のように、おもに福祉思想史としてとらえようとする場合には、救癩をめぐる「人」や「生活」の視座からの主観的な関係構造を読み取らなければならない――構造主義的な理解を超えて、人間行動や社会関係における意味論の領域にまで踏み込んで――という課題に対して十分に応えられないことを意味している〔デュフレン、一九八三：八八―八九〕。そもそも、福祉思想は社会福祉従事者である〈主体〉、歴史的・社会的存在として「生きた人間」である〈対象〉、そして主体のもつ〈生活意識ないしは生活感情〉――それは、主体の対象に対する対他的な関係で構築される――を基礎にして形成されるものである〔吉田、一九九四：五―九〕。こうした関係構造の中で、主体は、自らの「生活意識ないしは生活感情」を普遍化・体系化させていくわけであるが、その過程で福祉実践〈＝方法〉として具現化がなされるものである〔吉田、一九九四：九〕。それゆえ、前述の〈外在的な関係〉と〈内在的な関係〉との総合的な把握の必要性が認められることになる。つまり、本研究は、基本的に社会史研究の立場から、救癩史の関係構造を福祉思想史として分析・記述しようとするものである。

では、救癩史研究における〈外在的な関係〉と〈内在的な関係〉との総合的な把握が意味する具体的な内容はといえば、単純な患者―国民国家という権力を媒介にした二者関係を超えて、患者や国民国家と深く関わりながらもそれらとは異なったところに位置する〈民衆〉の存在が考慮されて初めて理解され得るものである。この民衆とは、近代日本の「均質」至上主義を旨とする国民国家イデオロギーという思想的源泉から息を吹きかけられた「民衆」であった。つまり、近代日本救癩史〈以下、「救癩史」と略記〉における国民国家イデオロギーの内面構造は、一方で規範化した民衆を〈中央〉に据え、他方に社会的な排除対象として癩患者を〈周縁〉に駆逐し、〈中央〉を〈周縁〉と対置させることで安定的に成立し得たといえる。いわゆるスケープゴートである。その意味では、民衆は〈中央〉から外れることを危惧したし、また〈周縁〉にいた癩患者はどのような形態であれ「民衆」化される（する）ことを希求していたわけである。それは、市川浩が「私にとっての私の対他身体」として身体論の文脈から述べるような、「自己が実体ではなく、他者との関係および自己自身との関係においてある関係的存在であるかぎり、われわれもまた自己自身との再帰的関係に閉じこもることによって、実体がもつような、堅固で不可侵の自己同一性に到達したいという潜在的な欲望をもっている」とする認識と同じである〔市川、一九九二：九七－九八〕。著者が本書で検討しようとした中核的な問題意識はこの辺にある。すなわち、救癩史における内在的な関係としての「深層」を、権力への服従や抵抗という関係を超えた視座から解明しようとするものである。その際に、分析上のテキストとして、本研究では「岩下壮一」をとり上げるものである。

さて、岩下壮一はカトリック司祭であり、晩年の一九三〇年から四〇年までの一〇年間、私立の救癩施設である神山復生病院の第六代院長として救癩事業に従事した社会事業家であった。また、岩下は戦前日本のカトリシズムにおける「最初にして最大の指導者、中心人物」たる思想家でもあった〔半澤、一九九三：二二六〕。救癩史研究のひとつとして岩下を研究対象にとり上げるうえでの利点は、第一に、岩下が国民国家と癩患者との間に構築される権力関係の中間に位置し、双方をそれぞれ基点として結ばれる〈外在的な関係〉と〈内在的な関係〉とがともに投射される立場にあったこと、第二に、しかしながら、権力の発信者に帰属させて位置づけられる国公立療養所の管理者を研究対象に据えた場合は、一般に国民国家側に比べて患者側の視点からの直接的な関係性が十分に反映され得ない。その点、私立の管理者をとり上げたほうが相対的に有利であること、第三に、岩下が客観的かつ的確な対象認識の意識と能力を備えていたと認められること、第四に、岩下が理解したカトリシズムには基本的に国家権威を支持する思想があり、一九三〇年代の天皇制国家イデオロギーに対しても国公立療養所の管理者にほぼ準じて親和的な立場をとることができた、という諸点にある。(4)

これらの点について説明すれば、まず、第一の点については、一九〇七（明治四〇）年の法律「癩予防に関する件」制定以降、国庫補助の開始に伴って、国公立療養所のみならず私立の救癩施設も（事業運営のすべてではないものの）主務大臣から直接的な監督を受けることになったことから、私立救癩施設の管理者という立場が法的にも患者と国民国家の中間に位置づけられることになったのである。公私いずれであれ療養所の管理者は、少なくとも形式上は、一方では国の権力機構の一部を担い、他方では患者の立場から生活支援を行うという両義的な立場にあった。言い換えれば、全体主義による「祖国浄化」の思潮と、ヒューマニズムあるいは宗教的信念に基づく「人権」意識との緊張関係の中に置かれていたともいえる。それゆえ、国公立か私立かを問わず一般に療養所の管理者には、程度の差はあっても患者と国民国家の両方の立場と主張（あるいは意識）が投射されていたといえる。

第二の点については、国公立療養所の管理者が当然ながら権力側の身分と職権を有していたことによる。救癩史の中では、この職権が施設内の患者に対する「懲戒検束権」として、とりわけ強権的に機能していたわけである。しかし、実際は必ずしも国公立療養所の管理者が、一律に国家権力の代弁者として患者と対抗的に機能していたわけではない[5]。とはいえ、私立の救癩施設の管理者の場合は、基本的に身分が権力側に属さないという決定的な違いをもっていた。それゆえ、「懲戒検束権」とも無縁のもとで患者たちとの援助関係を構築していったのである。それはまた、施設規模の面から比較しても、私立の救癩施設の場合は比較的に小規模であり、当然に患者と直接的に接触し得たわけである。

患者管理の面について補足すれば、確かに私立の救癩施設においても、入退院や転院は一定の条件を付す場合がみられたようであるし、また宗教的基盤のもとに運営されていたため、患者に対する信仰の間接的な強要や生活上の厳格な倫理規定などもあったとされる[6]。しかし、少なくとも患者処遇の基本的ポリシーが宗教慈善ゆえの人道主義を旨としていた点では、国民国家の論理である全体主義の影響を強く受けざるを得ない国公立療養所の場合とはその状況を異にしていたといえる。

第三の点については、岩下がカトリック思想家として哲学的な真理探究の視座と思惟方法とを備えていたがゆえに、彼が向き合った対象（患者や社会問題）の本質を明確に認識しようとしていたと言ってもよいであろう。ここでは、岩下が暁星中学生の徴兵忌避事件（一九二六年六月）について、社会に向けて著した冊子『愛と理性と信仰』をとり上げて説明してみたい。この冊子は、二つの内容に分かれており、前半は暁星中学生の徴兵忌避事件について、兵役制度のもとでカトリック信徒の置かれたむずかしい立場を事例検討として分析している。また、後半はカトリック信仰の視点から、キリスト教の信条としての「愛」と現実事象としての「戦争」の関係を普遍化して解き明かそうとしている。

そもそも暁星中学校は岩下の母校であるが、岩下がこの冊子を著して戦争に対するカトリック信徒の立場を明らかにしようとした理由は、当時、暁星の母体であるマリア会の準管区長兼視学の職にあったヘンリック（Heinrich, A.）から執筆依頼されたことによるという〔岩下、一九二六：二〕。つまり、準管区長兼視学の要職にあったヘンリックが、管区内のカトリック生徒の兵役忌避問題が契機となって表面化したカトリック教会としての戦争観や国家観に関して、カトリック思想が根源的に有する愛国的立場を社会に向けて主体的に表明することで社会の批判的視線をかわそうと考えて岩下に執筆依頼したものと考えられる。それは、ファシズムの進展とともにカトリック教会が国体思想に迎合して、（仮にそれが消極的ではあったとしても）信徒に向けて皇国史観の奨励を表明せざるを得なかった姿勢とは対照的である。折しも、時代は軍部の専横によって軍国主義へと向かうとばくちにあった。そのような情勢下で、ヘンリックが岩下に執筆依頼したことは、岩下のカトリック教義への理解の深さと対象認識の的確さを評価してのことであったと推察できる。ただ、蛇足的に言えば、岩下の著述は教義上の論理としてはカトリック者の愛国的態度を明確に述べながらも、時勢としての軍国化の論理の前には必ずしも根本的な理解を提供するものではなかったとみられる。なぜなら、その後一九二九年一〇月の伊勢神宮の式年遷宮祭にちなみ、各学校が独自に儀式を行い、同神宮を遥拝せよとの命令が当局から出された際に、ヘンリックの指示のもと遥拝式を行わず、その代わりに職員・生徒とも学校の聖堂に参集して天皇・皇室と国家のために祈りを捧げたことに対して、当局である東京府学務課と文部省から、儀式を行わなかったことで「猛省をうながす」よう指導される結果となり、また、そのことが契機となって暁星中学校への当局の介入が厳しくなっていったからである〔記念誌等編纂委員会編、一九八九：一二六−一二七〕。つまり、岩下が『愛と理性と信仰』の中で明らかにした、総論としての天皇制国家へのカトリック者の積極的追従の論理——カトリック者のアイデンティティの中核にある礼拝対象の問題にまでは言及されてはいなかったが——は、それが客観的かつ明確なものであったにもかかわらず、軍部の主導する天皇制ファシズムという一層強大な全体主義の力にのみこまれて雲散霧消してしまったとみられるのである。

第四の点については、日本のカトリックがとりわけ昭和戦前・戦中期の全体主義体制に迎合しなければならなかった事実を差し引いても天皇制国家イデオロギーとの親和性を有していた点について、まずカトリック思想上の位置づけと教会の姿勢とを述べ、次にそうしたカトリック思想を如実に体現した具体例として海軍少将であった山本信次郎の国家観を例示することで説明してみたい。

まず前者についてであるが、カトリックの立場からすれば君主制の一形態である天皇制は是認されるものの、君主としての天皇には一般に受け入れられている倫理のもとで公益と正義のために尽力する義務があるという〔上智大学編、一九四二：二八八〕。他方、国民は神意に基づいた国家権威としての君主に対して、また直接的には国家機関に対して兵役義務や納税義務などのような服従と個人的献身・納付の義務をもつという〔上智大学編、一九四二：一六三、二八九〕。また、個人の保護のためだけに権力を用いるべきであるとするカトリックの国家観からすれば全体主義国家はそれ自体としては認められないが、既存の全体主義国家のもとでは、カトリック教会は国家に対して個人の活動の自由を保障するように主張し、両者の目的の間に境界線を引くように求めるという〔上智大学編、一九四二：二二八〕。ただ、日本のカトリック教会が国家との間で引こうとした境界線は包括的なものとはいえず、実際にはカトリック学生の神社参拝問題において当局に政教分離を確認したことなどの部分的な対応に限られていたことを考えると、むしろ政体としての天皇制への支持のほうに重点が置かれていたものとみられる〔高木、一九八五a：三八－五六〕。これらのことから、カトリック思想にはそれ自体の固有性の存在を主張できさえすれば、全体主義に傾斜した天皇制国家イデオロギーを許容できる素地が十分にあったといえよう。それはまた、岩下自身の国家観にもあてはまるものであった。

次に後者については、山本信次郎は岩下と同じ暁星学校出身の熱心なカトリック信徒で、岩下の義弟の兄にあたる人であった。山本は義和団事件、日露戦争、第一次世界大戦に従軍した。義和団事件では持ち前の語学力を生かして連合国艦隊との折衝にあたり、また日露戦争では旗艦・三笠の分隊長として日本海海戦で武勲をたて、さらに第一次世界大戦ではパリ講和会議全権委員随員に任命された。日本国軍人としてカトリック精神を体現しようとした山本の態度は、「日本カトリックの国宝的存在」と言われるほどにカトリック信徒としては稀少ではあっても、そこからは国家権威を積極的に支持しようとした実直な信仰姿勢を容易に認めることができる〔記念誌等編纂委員会編、一九八九：七二〕。山本は晩年、「自分は、カトリック信者でなかったならば、これほど忠良な臣民、これほど忠節を尽くす軍人にはなりえなかったであろう」と、自負を込めて述べたという〔記念誌等編纂委員会編、一九八九：三七一〕。山本はまた、一九二一年に皇太子であった昭和天皇の欧州五カ国訪問に随行し、皇太子とローマ法王ベネディクト一五世との歴史的会見の実現にも尽力した(7)。これらから、カトリック思想と皇国思想とを一体的に内面化した山本の正当なカトリシズム理解がみてとれる。

ともあれ、この第Ⅱ部は救癩史の外面から内面へと通じる関係構造の一断面を解明しようとするものに過ぎない。しかしながら、前述のような研究対象をより包括的にとらえようとする視座の新規性からすれば、そこから生まれる意義と可能性は決して小さくないと言わなければならない。

2　研究方法と論文構成

研究上の視座と方法

救癩史研究と岩下研究とを福祉思想史研究としてどのように接合させるかについては、研究方法に関わる重要な問題である。救癩史研究の本質的なテーマは、権力によって関係づけられる国民国家と患者との関係史である。その意味では、政治史が扱う中心的なテーマといえよう。しかし、この権力関係も、実際には単純な二者関係ではないし、また短絡的に権力とそれに対する服従や抵抗の二項対立として解放史的に描き出せるものでもない。生活世界を包括的に描くような思想史研究は、外在的な関係構造を素朴実証主義的にとらえるだけでは十分ではなく、相互主観（＝間主間）的な関係性を分析してこそ歴史現象をその意味にまで近づけてとらえられると考えられる。それゆえ、思想史としての救癩史研究においては、基本的にこうした視座をもつ現象学的な分析・記述が有用である。

いま、現象学の諸理論を述べるまでもなく、大旨その分析理論としての意義は「一方では歴史のなかにあるがままの人間のあらゆる具体的経験、しかも単に認識経験だけではなく、生活や文化の経験をも取り集め、他方それと同時に、この事実の展開のうちにおのずからなる〈秩序〉・〈意味〉・〈内具的真理〉、つまりそれらの出来事の進展を単なる継起とは思わせないような一種の〈方向づけ〉を見出そうとする〔という〕二重の意図をもつもの」として、主体と客体との間の意味論的な関係性を現実の経験的事象に照らし合わせてとらえ、主題化しようとするところにある〔メルロ＝ポンティ、一九六六：二三〕。しかし、だからといって、本研究が特定の現象学理論に基づいて企図され、分析されているというわけではない。むしろ、現象学的な視座から分析し、記述した救癩史研究と言ったほうがよいであろう。

第Ⅱ部では、基本的に、主体が内在的にとり結ぶさまざまな社会関係を「主観」対「主観」の関係である「間主観性」としてとらえようとするところに眼目がある。しかし、たとえば、それは研究対象を癩患者に据えて、直接に国民国家との関係を解釈するような無謀なものであってはならない。なぜなら、患者から対他的にとり結ばれる関係が、とりわけ国民国家のようなあまりにかけ離れた相手では、両者の関係性が患者の生活世界を超えて拡散してしまい、主観相互の直接的な関係として把握できないからである。

では、こうした過ちを犯さないためのひとつの方法として、両者の間に媒介者（＝agent）を立てることが考えられる。つまり、患者と媒介者との間でとり結ばれる間主観性、さらに国民国家と媒介者との間でとり結ばれる間主観性――すなわち内在的な社会関係――の双方を分析することで読み解こうとするものである。なお、この媒介者を岩下とした場合の利点は、すでに述べたとおりである。本研究の方法論的な目標は、このような岩下という媒介者を通して救癩史の本質の問題に近づこうとするところにある。

次に、福祉思想史としてとらえようとするならば、従来多くみられた人物史としての個別研究に対して、本研究が方法論的にどのように相違しているかについても確認しておかなければならない。たとえば、社会事業家が依拠した信仰あるいは行った事業の思想的内容を、現代の一般的な福祉実践の理念や原理と比較してとらえようとした研究は、救癩思想史研究に限らずとも社会事業史研究ではよくみられるものである。しかし、その分析上の比較基準は観念的な設定――すなわち暗黙裡に客観性を前提――であることが否めず、研究対象の経験的世界の底にある意味構成を同時代コンテクストの中で社会関係的な視点から解明しようとする――すなわち主観ベースで客観を志向する――ものとは根本的に異なっている。前者は、研究対象の内面に形成された福祉思想を、分析者の主観によって無自覚なまでに恣意的に比較・抽出したに過ぎないものといえる。他方、第Ⅱ部のような間主観的な分析として、患者と国民国家の関係を内在的な関係性から解明しようとするならば、従来の救癩思想史研究が陥ったこうした研究方法上の陥穽を大幅に回避できる可能性をもつ。ただ、この場合、直接に関連の薄いないしは正反対の認識をとる複数の個別思想を比較検討するような研究は、相互の共通性をより「客観」に近いものとして取り出そうとする間主観の主旨からするとむしろ困難が大きく、第一義的には不適といえる。また、分析者のもつ主観性を結果的にある程度軽減するためには、こうした解釈学的な分析を経た後に、具体的な歴史事象へ実証的に還元してみることも不可欠であろう。この点第Ⅱ部では、意味解釈した岩下の思想を、具体的な救癩実践の検証から問い直す作業を重ねている。さらに、包括的にとらえようとしているとはいえ、このような個別研究の性格をもつ岩下研究を、短絡的に「救癩史研究」として一般化させることも適当ではない[8]。あくまでも救癩史研究におけるひとつの事例研究として位置づけるべきであろう。

ともあれ、第Ⅱ部で採用した研究方法は、救癩史の中の患者と国民国家の関係の実相を、それらの中間にあって、とりわけ患者の主観が投影される位置にあった「岩下」という一個の、外部へと開かれた「身体」――主体／客体の両義態である――を通して間主観的にとらえようとするものである。こうした現象学的な研究方法をとることにより、従来の主たる救癩史研究で患者－国民国家の権力関係として単純化した構造で図式化されてきたものが、実際は民衆をも巻き込んだ間主観的な関係性の把握によって両者のより多面的な関係構造を描き出すことが可能となる。それは、救癩史研究における従来の「素朴実証主義」志向を離れて、新たに現象学的な研究方法をとり入れることによって、社会関係の深層において具体的に展開される間主観のダイナミズムを記述しようとするひとつの試みでもある。

言い換えれば、第Ⅱ部は岩下の救癩実践を惹起させた彼の社会観や人間観を、救癩史における権力関係の主として間主観的な関係性の中に定位させて、思想史研究により明らかにしようとするものである。ただ、思想史研究にありがちな観念性への蛸壺化を極力避けるために、可能な限り元患者からの聞き取りをはじめとする第一次史料から岩下の救癩実践を問い直し、より実証性が確保されるように補強を図った。

次に、岩下を思想史研究として分析しようとする際には、当然彼の思想的基盤であるカトリック思想を考慮する必要がある。ここでは、カトリック思想が近代以降の哲学との関係においてどのような立場をとってきたのかについて述べてみたい。

市川浩は、従来、思想史の中では精神に対して身体が疎んじられてきていたが、二〇世紀になってようやく逆説的に身体の復権が問題になってきたと述べている〔市川、一九九二：三五－四三〕。市川の基本的な歴史哲学理解は、近代以降に心身分離の哲学が主流となることにより、本来、合一体としての心身の客観的な側面を科学が対象化し、他方で主観的な側面を哲学が対象化するようになった、というものである。そこには、その先に展開されるべき〈分離〉＝〈心身二元論〉から〈総合〉＝〈心身一元論〉への歴史的転換が認識されている。

では、新たな視座として、合一体である心身をとらえるのに適した分析枠組みはというと、すでにメルロ＝ポンティがフッサールの研究史として整理しているような、主として現象学的な視座によるものである〔メルロ＝ポンティ、一九六六：一七〕。思想史研究においても、こうした視座は、たとえば文学作品の中の身体に伴う言説から表象的に機能と構造を分析するような研究でも、また、人間の社会的行為を社会関係的な意味の解釈から分析するというような研究でも援用されている。それらの研究は、対象を身体内部の意識構造と身体を超えた間身体的な意識構造との総合として、その全体構造を把握しようとするものである。その際に、研究者は文学や芸術の作品、さまざまな史資料といった何らかのテクストを用いて、そこに映し出された構築物の意味を理解しようとすることになる。

ところで、カトリック思想においては、近代哲学が心身二元論にあっても基本的に心身一元論の立場を堅持してきた。それであれば、心身一元論の立場をとるカトリック思想では、対象をどのように把握するのであろうか。稲垣良典は、トマス（Thomas, Aquinas）の共通善思想に関するマリタン（Maritain, J.）の解釈を説明しているので、それを手掛かりに述べてみよう〔稲垣、一九六一：二二四－二二七〕。まず、トマスの共通善思想は個人と全体との二項関係でとらえられているのが特徴である。そこでは、個人は客観としての「個別性」と主観としての「人格性」との両義的な存在であり、前者が部分として全体によって吸収されて特定の機能や機関と化すことになるのに対して、後者は神の三位一体としての三つのペルソナを内面化しているという意味で全体性そのものであるという。しかし、両者は本質的に個人の中において両義的に構成されているがゆえに、その機能的な違いから現実社会では全体と個人の間には独特な緊張関係が生まれてくるという。

これを前述の市川による身体論に引き寄せて考えてみると、現実的には身体内部の意識構造は全体の意識構造（＝共通善）を十分に体現しておらず、それゆえ間身体的な意識構造は個人の人格と全体の共通善との差異を反映して形成される、と理解できる。ここまでは、身体論の論理と重なっている。しかし、仮に個人の人格が完成し、全体の共通善へと普遍化される場合には、身体内部の意識構造と全体の意識構造は相即不離の関係へと変容することになり、そのような社会関係のもとでは身体論的な構造分析は意味をなさなくなるのである。ただ、これはあくまでも非現実的な設定に過ぎない。そう考えると、岩下の人格を理念あるいはナショナリズム色でとらえたような、短絡的傾向をもつ従来の一部の岩下論には注意する必要がある。

このようにみてくると、カトリック思想に基づいてテクストに映し出された構築物は、現実の社会関係が身体論と同様な心身一元論のフィルターによって投影されており、その意味で言えば、テクストの分析者の視座と次元において整合していると考えられる。つまり、岩下のようなカトリック思想に基づいたテクストの分析では、身体論の視座による間身体的（＝間主観的）な分析が有効であるといえよう。いずれにしても、分析で用いる理論は、研究対象の性格に応じて援用の妥当性や有効性について十分に検討されなければならないことは言うまでもない。

第Ⅱ部の構成

第Ⅱ部の構成は、序章と終章を除いて五つの章からなっている。概要を述べれば、第1章および第2章の前半部分はおもに岩下が行った救癩事業の実際を整理・評価したものである。第2章の後半部分から第5章までは、岩下の救癩思想として析出した救癩史の実相についての、主要な論点を扱ったそれぞれ異なった視点からの考察である。つまり、形式的には岩下の行った救癩実践の思想の諸相について記述した論考であるが、いずれも「近代日本救癩史」を射程に入れている。

各章の内容について簡単に説明すると、序章の以下の節では、思想家・社会事業家としての岩下および救癩史についての各研究史を整理した。第1章では、日本におけるカトリック救癩事業の史的意義を明らかにした。第2章では、岩下の行った救癩活動の中でも事業経営の側面をとり上げて、その実際および根拠となる経営思想について論じた。第3章では、岩下の救癩活動における援助思想を、社会観と人間観の二つの面からとらえた場合の、おもに社会観の側面について論じた。第4章では、岩下の救癩思想を援助関係すなわち援助者－被援助者の関係から論じた。第5章では、岩下の救癩思想のおもに人間観（患者観）について、また人間観と社会観との関係について論じた。最後に終章では、第Ⅱ部各章の検討から改めて救癩思想史を記述する意味について考察するとともに、第Ⅱ部の諸検討から導かれる包括的な救癩史研究への示唆と展望について論じた。

なお、第3章と第5章は患者－国民国家の関係を分析したもので、援助対象者の〈生活構造論〉と呼べるものであり、また、第4章は援助者（＝岩下）－被援助者（＝患者）の関係を分析したもので〈援助構造論〉と呼べるものである。

3　既往の岩下論の検討

人物史としての岩下論は、そのほとんどがカトリック思想家としての岩下について論じたものであり、総じて賞賛的な内容をもつ評伝と言ってよい。しかしその一方で、一九九〇年代以降になると、救癩史を再評価しようとする研究動向の中で救癩事業家としての岩下が批判的に評価されるようになった。それらはいずれも岩下の主張を部分的にとり上げて評価したものではあるが、キリスト教救癩事業家の代表的な一人として、隔離政策に加担したと断罪する評価を作り出した。そうした比較的新しい救癩史研究の動向を含め、それぞれ分量の多寡はあるが岩下への論評は次の人たちによってなされている。①小林珍雄、②増田和宣、③遠藤興一、④田代菊雄、⑤柴田善守、⑥森幹郎、⑦藤野豊、⑧田中耕太郎、⑨吉満義彦、⑩大庭征露、⑪モニック原山、⑫半澤孝麿、⑬井伊義勇、⑭神山復生病院百年史編集委員会である。中でも、学術的な研究を目的として著されたものは、③、⑫が管見できるだけである。また、救癩事業家としての岩下を直接にとり上げたものは、③、④、⑤、⑥、⑦、⑭である。

他に、『カトリック研究』（カトリック中央出版部）誌や『黄瀬』（神山復生病院落葉社）誌、さらに『声』（カトリック中央出版部）誌の各岩下追悼号で集められた論考、若干のノンフィクション小説等がある。

これらのうちで、①は岩下の後継者の一人であり、岩下伝の著者でもある〔小林、一九六二〕。②は『岩下壮一全集』および『岩下壮一　一巻選集』の編者である〔増田編、一九六二、一九六九〕。③、④、⑤、⑥は社会福祉史研究者である。⑦はハンセン病医療政策史の視点からまとめた著書の中で、岩下を部分的にとり上げている。また、⑧は法学者、⑨と⑩は哲学者である。カトリック信徒である⑧〜⑩は岩下の後継者と呼ばれる人たちであり、『カトリック研究』誌の岩下追悼号にそれぞれの岩下論を寄稿している。その内容は、どれもカトリック思想史として論じたものと言ってよい。⑪は岩下の熱心な追慕者の一人であり、岩下の遺稿および関係者からの寄稿を載せた岩下の選集を上梓している。⑫は、政治思想史を専門とする研究者である。⑬は元編集者の肩書きをもち、岩下逝去の翌年、最も早い段階で評伝として岩下論を上梓している。⑭は、岩下が院長を務めた神山復生病院の記念誌を編んでいる。以下、①〜⑭およびその他に掲げた論者における岩下論について、順にその内容を検討してみたい。

①小林珍雄

小林は、救癩事業を除いた岩下の種々の活動で秘書的役割を果たした人物である。また、岩下についての第一次史料を最も博捜した者でもある。伝記の中ではカトリック司祭としての岩下の事蹟を詳しく記述している。執筆にあたっては、岩下日記等の手記類も用いており、第一次史料を多用して記述された客観性の高い岩下論といえる。また、同書は岩下の生涯の全体像をつかむための基礎文献ともなっている。しかし、岩下の業績や思想が体系的に記述されていないという難点がある。これは、岩下の諸活動や思想が広がりをもち過ぎていたことはもちろんであろうが、それにも増して入手した第一次史料を可能な限り掲載しようとしたことで体系立てた記述を困難にしたのではないかと思われる。

ともあれ、同書刊行以降の諸岩下論は、この伝記を別冊として組み入れた『岩下壮一全集』(中央出版社)(以下、「岩下全集」と表記)各巻の記述に負うところが大きい。

②増田和宣

増田は岩下全集とそれを基にした一巻選集の編者である。その一巻選集の中に、自ら「知と愛と信仰――岩下壮一師の生涯から」という論考を載せている。これは、岩下の生涯を一貫した分析軸で整理している。それは、題の示すとおり岩下の生涯における諸実践が「知と愛と信仰」とで渾然と一体化しているという見方である(増田、一九六九:三〇六)。こうした観点は、理想像として完成された「キリスト者」の合理的なモデルとはなるが、一個の個性をもった人間としてとらえた岩下論としてはあまりに形骸化し過ぎており、必ずしも現実の思想形成を反映した見方であるとは言いがたい。

③遠藤興一

遠藤は、論文「日本における社会事業の近代化とカトリシズム――岩下壮一小論」において、カトリック慈善事業の一般的な特徴から岩下の実践を解釈しようと試みている〔遠藤、一九七七〕。まず、岩下の思想的基盤を形作ったカトリックの時代背景について述べ、次にカトリックのカリタス概念を論じている。その後に、カトリシズムの一般理論を援用して岩下の戦争観、岩下の社会事業における実践の性格を論じ、最後に皇室観を論じている。

遠藤は、福祉思想史を専門としている。しかし、岩下の慈善思想をとらえる視点はあくまでも皮相的な理解の域を出るものではなく、岩下の社会実践を惹起させるうえで影響をもったカトリシズムに特有の思惟上の論理を明らかにするまでには至っていない。加えて、「癩」をめぐる特殊な社会事情や救癩史の視点が欠落しているし、また救癩実践における対象との具体的な関わりについても論じられていない。

遠藤は、近年になり改めて岩下論を物した。「岩下壮一とその周辺（上）——昭和初期におけるカトリックとプロテスタント」〔遠藤、二〇一〇〕およびその続編となる「岩下壮一とその周辺（下）——昭和初期におけるカトリックとプロテスタント」〔遠藤、二〇一一〕の二論考である。二つを合わせれば、紀要論考としてはかなりの大著である。ただ、これは旧稿（前掲論文）のように岩下の救済思想に焦点を当てたものではなく、岩下のもつ護教的ともとれるカトリシズム理解をおもに同時代日本人のプロテスタントたちのキリスト教理解と対比することにより検討しようとしたものである。遠藤自身、旧稿が「きわめて不十分な文章」であったと評するように、新稿ではそれを補うべく改めて岩下のカトリシズム理解を丹念に押さえようとしている〔遠藤、二〇一一：七七〕。

④田代菊雄

田代は、著書『日本カトリック社会事業史研究』の中で、大正・昭和初期における修道会以外の重要な事業のひとつとして「岩下壮一と神山複生病院」の項目を設け、岩下の救癩実践については、「カトリックで、科学的社会事業を取り入れた先駆的人物」と高く評価している〔田代菊雄、一九八九：一四三〕。また、この時代の大きな特徴として、一般信徒による活動への参加を挙げ、その先駆として岩下らが創設したヴィンセンシオ・ア・パウロ会を位置づけている〔田代菊雄、一九八九：一四一〕。

同書全体については、何よりも類似の研究書が全くといってよいほど見当たらないことと、カトリック社会事業施設史として単なる事業の列挙に止まらず、時期区分によりそれぞれ体系的に整理し、その意義を考察している点で高く評価されている〔丸山、一九九〇：一一三〕。ただ、社会事業家個々の実践については十分に検討が加えられていないというマイナス面もあるため、結局、岩下の救癩事業も一面的にしかとらえられていない。

⑤柴田善守

石井十次研究の実績がある柴田は、「連載・人物で綴る社会事業の歩み〈一〇〉岩下壮一」で岩下をとり上げ、岩下の評価については、石井十次と比較して「この岩下の生涯にも一貫して自由が感じられる。人間と国家との束縛からのがれ、神の意志によって行動する」人であったと評価している〔柴田、一九六八：四一〕。

過去の社会事業家を紹介する連載記事という性格のため、全体として賞賛的記述に終始している。ただ、中でも岩下を理解する際の鍵概念を「自由」と述べているところは、岩下の思想的な「普遍」志向とも関わって、仮にそれが一面的な把握であったとしても岩下の思想形成の特徴をある程度貫通的にとらえているものと思われ、興味深い。

⑥森幹郎

森は、過去の救癩事業に尽力した社会事業家を挙げ、その各実績をまとめた著書『足跡は消えても——人物日本ライ小史』で、その一部として岩下をとり上げており、この中で、とくに「民間社会事業の使命・限界を洞察していた」として、他の岩下社会（慈善）事業論にみられない重要な論点を提起している〔森、一九六三：五三〕。この観点は、今後の岩下に関わる社会事業史研究においては継承されるべき論点のひとつであろう。実際、昭和戦前期の民間社会事業は資金難と公的社会事業の台頭により、その存在意義の議論にまでもつながる〈危機〉を内包していたのである〔吉田ほか編、一九八二：二六八〕。

⑦藤野豊

藤野は、著書『日本ファシズムと医療——ハンセン病をめぐる実証的研究』およびそれに続くおもに一九九〇年代の著書で、患者の人権の視点から、国家権力を背景にして優生主義へと傾いたハンセン病医療政策を実証的に批判論証している〔藤野、一九九三、二〇〇一〕。以後、政治史としての藤野の近代日本救癩史論は、一般論として定着している。その中で、政策主導による民族浄化思想の普及に加担して活動した民間社会事業家の一人として岩下がとり上げられている〔藤野、一九九三：二一一―一一三〕。確かに、岩下の主張した民族浄化論は、強制隔離というマクロな公衆衛生対策のレベルにおいては、結果的にそうした一般的な思潮と一致していると判断されやすい。しかし、藤野の研究方法である徹底した実証研究では、岩下の言説を外在的・限局的にとり上げるに過ぎず、その基底にある内在的で包括的な思惟構造やそこからもたらされる人間観・社会観の実相は検討され得ない。このことは、単に人物史としての研究方法の問題に止まらず、救癩史の実相を把握するうえでも、大きな障害となっている。社会史的あるいは思想史的な研究が求められる理由はこの辺にある。

⑧田中耕太郎

田中は法学者であるとともに、カトリック思想家であった岩下の後進の一人であり、追悼文「岩下壮一と現代知識階級」において、岩下が日本の知識階級にカトリシズムを普及させた功績を、彼の思想形成を通じて意義づけている。田中が岩下の生涯実践の枢軸に「知識階級へのカトリック布教」をとらえたことは、一見、救癩事業実践と整合がとれ得ないようにみえる〔田中、一九四一：五二〕。

しかし、岩下は今日のようなエキュメニカル（＝教会一致促進）な動向が展開される前のその萌芽段階から、一般——とりわけ無教会キリスト者において顕著——にカトリック信仰とプロテスタント信仰との教理上の決定的な違いであると曲解されていた義認の教理に明確な神学的解釈を提示していたのである。つまり、カトリックが主張していたとされる「義認」の条件としての〈善行〉――すなわち行為義認――が、プロテスタントが主張する条件としての〈信仰〉――すなわち信仰義認――から当然に帰結される二次的な意味での信仰態度を意味していることを明らかにしていたという[9]（田中、一九四一：六二）。

結論として田中は、「信仰態度」の具体的形態としての岩下が行った救癩活動と、知識階級へのカトリシズムの普及活動との関係を切り離すのではなく、「此の二つは相互に無関係なことではない。師は我が知識階級に無数の知的な種子を蒔かれたと共に、又知識階級の生活態度を身を以て示されたのである」と述べて、両者を相関的に意義づけている（田中、一九四一：六二）。

したがって、田中の解釈上の枠組みは岩下論としてひとつの合理的なモデルになり得るものといえよう。なお、田中は別稿で「信と知と愛」と題して、前述の増田と近似した趣旨で岩下論を展開していることから、それらに通底する点、つまり岩下が自身の哲学思想の形成において「理性」と「信仰」の総合化を進めたとする見方については、ある程度妥当性をもつものと判断できる（田中、一九四二）。

⑨吉満義彦

吉満は、宗教哲学における岩下の後継者といわれている。論考「基督教思想家としての岩下壮一師」の中で、岩下の思想における二面性について、「哲学的思想要求の側と実践的原理把握要求の側からと両面よりして師は聖トマス的神学体系の理解把握ということを矢張りもっとも深き関心としていられたことは信ずるに難くない」と分析している〔吉満、一九四一：一四五〕。こうした理解は、先に挙げた増田や田中のそれと通底している。

また、彼の人間性については、恩師ガリグ＝ラグランジュの影響を受け、カトリック的信仰生活における霊的完成としての神愛（＝カリタス）を常識のレベル（＝民衆性）で応用しようとしたところにその特性がみられると評価するとともに、岩下の慈善実践の根底にある思想は、カトリックのほかのすべての実践と同じように〈犠牲〉からのものであったと指摘している〔吉満、一九四一：一四七〕。

吉満の提示したこれらの岩下論の思想的枠組みは、彼が思想的に岩下に最も近い者であったとされていることもあり、岩下の福祉思想を検討するうえでも重要な示唆を与えてくれる。それゆえ、第Ｉ部はもとよりこの第Ⅱ部でも、おもに吉満の提示した岩下論の枠組みを援用して検討している。

⑩大庭征露

岩下に師事した大庭は、論考「二つの噂」の中で、「岩下さんは余りに学者的だ」という風評と「中世哲学の研究はカトリックでなければ駄目だ。岩下か九鬼がやるだらうと思つていたら二人とも脱線してしまつた」という風評とをモチーフにして岩下像を描き出している〔大庭、一九四一ａ：一五二〕。大庭は、岩下という一個の人間の中で、「宗教家」と「学者」がどのように関連し合って共存・

発展したかという点から論じている。その際、説明に用いられる重要な概念は、トマスの哲学思想における「理性」と「信仰」の関係概念であり、たとえば岩下の思想形成の途上におけるアンビヴァレンスを、「理性と信仰との相克による統一的人生観の欠如」ととらえて解釈を展開している〔大庭、一九四一a：一五六〕。吉満の岩下論においてもトマスの哲学思想の枠組みが適用できるとしているわけであるが、大庭の場合、岩下の思想をその形成過程に着目して理論化しようとしたという点で評価できよう。

ただ、一歩進めて考えれば、こうした観点からの理論化は、ともすると「理性」と「信仰」による探求過程を通して、到達する目標としての真理（＝対象）を明確に意識して考察するのではなく、人間（＝主体）を中心に進めるあまり、分析者の認識において対象の相対化と主体の絶対化がなされる危険性を孕んでいる〔シロニス、一九八九：二六二〕。大庭はそのあたりについては言及していないが、「理性」と「信仰」を十分に総合し得るのかという課題意識のもとに岩下があくまでもこだわったのは近代思想と妥協したような一九世紀後半の新スコラ主義ではなく、中世思想・哲学としてのトマスに代表される中世スコラ哲学であった。すなわち、岩下はトマス思想の根本的な立脚点である霊的実在と認識との完全な一致を志向していたと考えられるのである〔岩下、一九四二：三六二〕。それゆえ、トマス哲学の枠組みで構築する岩下の思想形成の理論化については、主体から対象へ予定調和的にアプローチして把握するべきであろう。

⑪モニック原山

原山は、『キリストに倣いて――岩下壮一神父永遠の面影』および『続キリストに倣いて――岩下神父・マザー亀代子・愛子の追憶』の編者である〔原山編、一九九一、一九九三〕。この二書は、ともに岩下の代表的な随筆と関係者からの寄稿からなっている。寄稿の中には、新しく書かれたものも入っており、価値のある選集的文献といえよう。

また、この二書には、原山自身が寄稿したものもいくつか掲載されている。中でも「癩医林文雄博士と岩下神父」では、岩下が神山復生病院の経営にあたった動機を、病者看護と青年教育の活動実績をもつ聖人フィリポ・ド・ネリ（Filippo de Neri）に倣ってのことであると指摘している。この点については前述の小林も、神山復生病院の経営に至る動機にまでは言及していないが、学生指導や母国のカトリック布教についてなどの点で岩下とネリとの共通性を指摘している〔小林、一九六一：二二六－二二七〕。それゆえ、岩下論の枠組みのひとつとしてネリをモデルとする見方は、ある程度の有効性をもつとみることができるであろう。なお、原山が岩下の思想形成をとらえる視座は、前述の増田のそれに近い。

⑫半澤孝麿

半澤は、著書『近代日本のカトリシズム――思想史的考察』で、近代日本の中で少数派のカトリック信者が、現実の国家や歴史とどのように関わりをもってきたかという視点から、岩下壮一、吉満義彦、田中耕太郎の三人をとり上げ、それぞれについて政治思想史の視座から論じている〔半澤、一九九三〕。半澤は、この三人を昭和初期の日本キリスト教思想界に確固として存在したカトリックの思想集団と位置づけ、さらにその中心人物として岩下を位置づけている。半澤の岩下論は、カトリック思想家であった「岩下」を主題にしており、思想史として岩下論の基本的なテクストと位置づけてよいであろう。

もとより政治思想史の視座から分析する半澤の関心は、人を政治的主体者としてとらえるところにあるので、一般に岩下を国家や教会、神といった所与の権力や権威との直接的・外形的な関係で分析する手法をとる。[10] それゆえ、半澤の研究手法は、岩下の社会観をとらえる場合すなわち認識主体（＝岩下）のもとで絶対化された権威を相対化しようとする場合であっても、また人間観をとらえる場合すなわち認識主体のもとで多様な生活世界を生きる個人や集団を相対化しようとする場合であっても、ともに主体や対象がもつ権威を前提にして分析されることになる。それは、実際に半澤が岩下の人間観を分析する際に、人を神や教会といった権威との関係における政治的主体者としてとらえる視座からも理解できる。よって、この第Ⅱ部でも基本的には生活主体者でありながらも政治的主体者である岩下や患者たち、という理解のもとに分析を進めることになる。

⑬井伊義勇

井伊は、著書として岩下論を最も早い時期にまとめた者である。ただ、その著書『復生の花園――

救癩の慈父・前復生病院々長岩下壮一神父の生涯』は、その「序」で述べられているように、事実を体系的に整理・記述したものではなく、岩下の生き方に共鳴した井伊が、岩下の没後まもなく現地へ足を運び、史料を断片的に集め、一評伝の形でまとめたものである〔井伊、一九四二〕。評伝とはいえ、伝記に近い内容であることから、比較的よく岩下の行跡がとらえられて整理されているが、残念ながら記述は主観的で賞賛的な傾向が強い。

⑭神山復生病院百年史編集委員会

百年史編集委員会編の『神山復生病院の一〇〇年』は、歴代院長それぞれの実績について、病院の時代変遷と関わらせてまとめられたものであり、岩下の時代は、病院発展史上「大地に根を張る」時期とされている〔百年史編集委員会編、一九八九〕。同書は病院の一〇〇周年記念誌という性格上、おもに施設・制度・患者処遇の各改善という発展史的な視点で記述されている。しかし、当然ながら岩下の院長職以外の社会活動についてはほとんど触れられていない。ただ、当事者（＝神山復生病院）による編集でありながら、記述については史料や文献の引用等も慎重になされており、十分に客観性が確保されているとみられる。それゆえ、神山復生病院に関する施設史研究や人物史研究（とりわけ救癩実践の把握）においては欠かせない基礎文献といえよう。

⑮その他

神山復生病院の元関係者（職員、患者など）からの聞き取りなどを基にした小坂井澄や重兼芳子によるノンフィクション小説も、とくに岩下の人物像や患者処遇観を理解するうえで参考になる（小坂井、一九八九、重兼、一九八六）。また、一九五〇年代初め頃を時代背景とする、癩をモチーフにした遠藤周作の小説『わたしが・棄てた・女』では、ヒロインの「ミツ」は神山復生病院に看護婦として勤務した井深八重がモデルになっている（遠藤、一九七二）。

4　救癩史研究の動向

救癩史研究は、広義には医療史、社会事業史、患者運動史、解放史、生活史、法制史、文学史、宗教史等のさまざまな研究分野あるいはその隣接領野からアプローチされている[11]。それらのほとんどは、一九九〇年代以降の研究である。

さて、救癩史研究は他の歴史研究と同じように、歴史記述上のイデオロギーとして、①目的論の視座のもと人権至上主義に依拠しながら実証的に記述しようとする研究、②主観を排除して倫理的に中立の立場から無批判に歴史記述しようとする研究、③目的論ないしは脱目的論の立場から認識論的に意識や言語表象として記述しようとする研究、の三つに類別してとらえることができる。

いま、研究書ないしは実証性の高い類似書（いずれも単行本）のうちおもだったものに限定して概観してみよう。まず、①の目的論の視座のもと人権至上主義に依拠しながら実証的に記述しようとする研究としては、通史ないしはある程度の時代幅をもってまとめられたもので、広義には政策史の範疇に入るものとして、幅広い立場の論者によってまとめられた沖浦和光・徳永進編『ハンセン病――排除・差別・隔離の歴史』、藤野豊による医療史あるいは解放史研究として『日本ファシズムと医療――ハンセン病をめぐる実証的研究』、『「いのち」の近代史――「民族浄化」の名のもとに迫害されたハンセン病患者』の二書と、同編による通史『歴史の中の「癩者」』、やはり医療史といえる宮坂道夫『ハンセン病重監房の記録』、取材記事を基にした熊本日日新聞社編『検証・ハンセン病史』、滝尾英二による解放史研究として『朝鮮ハンセン病史――日本植民地下の小鹿島』、森幹郎による『証言・ハンセン病――療養所職員が見た民族浄化』が挙げられる〔沖浦ほか編、二〇〇一、藤野、一九九三、二〇〇一、藤野編、一九九六、宮坂、二〇〇六、熊本日日新聞社編、二〇〇四、滝尾、二〇〇一、森、二〇〇一〕。また、このほかに社会事業史として救癩事業家を扱った、ジュリア・ボイドによる『ハンナ・リデル――ハンセン病救済に捧げた一生』、猪飼隆明による『ハンナ・リデルと回春病院』、『「性の隔離」と隔離政策――ハンナ・リデルと日本の選択』の二書がある〔ボイド、一九九五、猪飼、二〇〇五a、二〇〇五b〕。また、患者運動史を扱った記録誌として全国ハンセン氏病患者協議会編の『全患協運動史――ハンセン氏病患者のたたかいの記録』がある〔全国ハンセン氏病患者協議会編、一九七七〕。生活史として徳永進『隔離――らいを病んだ故郷の人たち』、蘭由岐子による『「病の経験」を聞き取る――ハンセン病者のライフヒストリー』、加藤尚子による『もう一つのハンセン病史――山の中の小さな園にて』がある〔徳永、一九八二、蘭、二〇〇四、加藤、二〇〇五〕。法制史として森川恭剛による『ハンセン病差別被害の法的研究』がある〔森川、二〇〇五〕。文学史として森田進『詩とハンセン病』と荒井裕樹による『隔離の文学――ハンセン病療養所の自己表現史』がある〔森田、二〇〇三、荒井、二〇一一〕。宗教史として荒井英子による『ハンセン病とキリスト教』がある〔荒井、一九九六〕。

これら①の分類に入る研究のうち、中でも藤野の研究は代表的なものであり、救癩史の標準的なモデルを提供したと言っても過言ではない。藤野の研究は実証的なものではあるが、あくまでも患者の解放闘争の視点からの分析であり、それはある種、社会名目論的な進歩史観に依拠していると思われる。そこには、権力者と被権力者との関係において固定化した差別的なバイアスがかかることで、両者の内在的な関係の視点が捨象されたり、歪曲されるおそれが多分に含まれている。実際、藤野の研究でも同様な結果をもたらしている。こうした立場からの研究は量的には主流であり、ここに挙げたほかの研究者等についても、程度の差はあるが患者からみた国民国家に対する関係を、基本的に権力への服従や抵抗といった外在的な固定的枠組みでのみとらえようとしている点では共通している。しかし近年の動向として、荒井裕樹にみられるように国民国家‐患者の関係を基本的には二者対立的に把握しつつも、より現実的で柔軟な患者意識を切り出そうとする興味深い研究も現れている〔荒井、二〇一一〕。また、国民国家‐患者の関係を二者対立的に構造化してとらえる従来の政策史研究の成果を受け入れつつも、権力を介したそうした国民国家‐患者の関係構造に単純に準拠することへの疑問から、患者の生存圏である地域に着目した「患者の社会史」を再構成することで救癩史がもつ多様性あるいはオルタナティヴを記述しようとする研究も現れてきた。廣川和花は歴史学からのアプローチとして『近代日本のハンセン病問題と地域社会』を物している（廣川、二〇一一）。ただ、廣川の研究は従来の個別研究を精緻に再検討するものではあるが、新たに体系的な救癩史論を提示するものではない。なお、著書ではないが地域に着目した同様な問題意識を、救癩史を素材にして現象学的に抽出しようとする社会学研究として中村文哉による一連の論考がある（中村、二〇〇四、二〇〇五、二〇一〇、二〇一二）。

次に、②の主観を排除して倫理的に中立の立場から無批判に記述しようとする研究としては、まず山本俊一による『日本らい史』が挙げられよう（山本、一九九三）。こうした立場からの研究は少ない。また、同書は日本救癩史の中でも数少ない通史の代表といえる。同書では、中立的立場から主観を排した「素朴実証主義」的な記述がなされている。こうした研究は、研究者のもつ固定的なバイアスを極力もち込まれずにすんでいるが、制度史の場合と同様に外形的な面の記述に終始せざるを得ない。なお、百年史編集委員会編『神山復生病院の一〇〇年』と好善社による『ある群像――好善社一〇〇年の歩み』は、国立療養所において編纂されている施設史が比較的に患者運動史的な色彩が濃いのに対して、この二書はともに私立の救癩施設の編纂でありながらも、施設史として極力中立な立場で再現しようとしていることは注目できる（百年史編集委員会編、一九八九、好善社、一九七八）。また、生活史的な視点で書かれた森幹郎『差別としてのライ』も、施設管理者側の論理を批判する姿勢をもちながらも、自身が国立療養所の職員であった経験から、施設生活における患者の生活の実像を記述しようとしている点ではこの分類に加えてよいと思われる〔森、一九九三〕。さらに、隔離政策の誤りと非人間性を批判する既往の研究動向を問い直そうとする立場から、それらの批判を再検討するための論点を提示した杉山博昭『キリスト教ハンセン病救済運動の軌跡』も、基本的にはこの分類に入れるべきであろう〔杉山、二〇〇九〕。

最後に、③の目的論ないしは脱目的論の立場から認識論的に意識や言語表象として記述しようとする研究としては、澤野雅樹『癩者の生――文明開化の条件としての』と武田徹『「隔離」という病い――近代日本の医療空間』がある〔澤野、一九九四、武田、一九九七〕。この種の研究書は少なく、その意味では後続する類似の研究にとってはこの二書がモデルとなっている。歴史研究において、従来主流であった前①分類に対比させれば、こうした認識論からの視座はいわゆる「社会史」研究の視座と重なるものである。ただ、両書とも本書のような現象学的な分析・記述ではなく、むしろ「癩」や「救癩」という特定の歴史事象を抽象化して解釈しようとする記号論的とも言えるような記述がなされている。また、ともに史料的に通時・共時の因果関係で捕捉される実証性を重視している点で共通している。ともあれ、こうした視座は、患者と国民国家との外在的な関係のみならず、内在的な関係にも視野を広げる予兆を感じさせるものである。しかし、澤野や武田の研究は、とくに権力者に内在し、被権力者に向けて表象を伴って発信された国家の主体意識を機能的に明らかにしようとするものであり、第Ⅱ部のように患者と国民国家の間の社会関係をより相互主観的――すなわち間主観的――に分析しようとするものとは異なっている。

注

（1） とくに〈内在的な関係〉について、市川浩の「身体論」によれば、主体が客体との間でつくる関係性は「私が他者を意識の対象としてとらえ、かつ自分が他者の意識の対象となっていることを自覚することをとおして把握される」という〔市川、一九九二：一六四〕。

（2） たとえば、戦争史研究からこうした問題点を指摘したものとして、大濱徹也『日本人と戦争――歴史としての戦争体験』がある〔大濱、二〇〇二〕。同書で、大濱は「勝手口の眼」という新たな視座の重要性を指摘して、「日本人が戦争とどのようにかかわってきたかを個別具体的にたどることで、きわめて私的な記憶を、日本国民が共有しうる公的記憶にまで昇華していく場をいかに形成してきたかを、明らかにしようとする一つの試み」を提示している〔大濱、二〇〇二：九〕。

（3） 「救癩」とは、用語としての初発は定かではないが、戦前において「癩」患者に対象を限定した救済活動を指す史実的な用語であり、その意味では、疾患に伴う負の心象と関係づけられて、差別意識のもとに生成された概念とみてよいであろう。一九〇〇年代以降において、一般に救癩事業は社会事業の範疇に位置づけられ、中でも、癩患者に対する医療救済事業（＝救療事業）のひとつに数えられた。なお、広義には「癩予防法」のような法制度の整備や患者に対する差別的な処遇実態等も含まれる。第Ⅱ部では、おもに広義の「救癩」の意で用いている。

（4） ここで注意しておきたいことは、国公立療養所の管理者が常に入所患者たちを過酷に支配し、虐待していたという誤った歴史認識が一般化している点である。ここでは、その時代に固有な政治思想のもとで立案され、実施される救済施策と援助者ないしは援助組織の福祉意識に基づいて日常的に行われる援助実践との違いであり、言い換えればポリティクスとプラクティスとの性格的な違いを承知しなければならない。前者は、世論を背景にもちつつも、とくに昭和戦前・戦中期においては為政者たちの覇権主義が前面に出ることは避けられなかったといえよう。一方、後者は、昭和戦前・戦中期においては天皇制国家の政治思想とそれによる施策に外形的には支配されつつも、制度的か非制度的かを問わず援助の実際においては人道面にも配慮した患者処遇が少なからず行われていたのである。ただ、国公立療養所でみられたような強制隔離や施設内における断種・堕胎の強制、強制労働、懲戒検束、検閲・検問・監視等の患者への制度的な人権蹂躙事例については、おもに個々人の福利よりも国家の利益・秩序を優先させようとする全体主義のイデオロギーが（ときに過度と思われるような形で）反映されて行われていたものといえる。

（5）この評価は判断が容易ではないが、たとえば、外島保養院の村田正太（第二代院長）や原田久作（第三代院長）は、患者の自治や処遇を優先することで、設置者である大阪府の強権的な指示にはむしろ対抗していたとされる。しかし、二人は結局のところ、権力側の強硬措置により辞任を余儀なくされることになったという〔邑久光明園入園者自治会編、一九八九：六二－六三〕。

（6）たとえば回春病院では、患者の入所条件（教養や品位）を設けて実質的に選別していたし、また性別の分離処遇が徹底していた〔ボイド、一九九五：一五八、一六五〕。さらに、患者にとっては洗礼を受けるように促す間接的なプレッシャーを感じていたという〔ボイド、一九九五：一六九〕。

（7）一九三二年の満州国建国にあたって、国際連盟が日本軍の傀儡政権として建国そのものを否決する中で、当の日本政府以外では第二番手としてローマ法王庁が一九三四年に日本の満州国建国を承認している。このことからも、ヴァティカン市国と日本とは、それが仮に宣教を目的とした法王庁側の目論見があったとしても、良好な外交関係が保持されていたのである。

（8）もちろん、本章の冒頭の問題意識に立てば、一定の思想ないしは意識傾向を抽出・記述する研究として「近代日本救癩思想史」なる研究がはたして成立するのか、という根源的な問いも考えられないわけではない。

（9）今道友信によれば、このことは岩下が現代の神学に通じる「新しい形態の神学体系」を当時の日本において樹立したものとして評価できるという〔今道、一九八二：四二〕。なお、今日のエキュメニカルな動向は、一九一〇年にエディンバラで開催された世界宣教会議に端を発しているとされるが、ローマ・カトリック教会は一九二八年にピオ一一世の回勅「Mortalium Animos」をもって、教会合同運動が汎キリスト教主義であると断じ、運動への参加を拒否した。その後、態度を転換し、今日に通じるエキュメニカル運動を推進することになるのは第二ヴァティカン公会議（一九六二－六五）以降である。そのような中にあって、岩下は一九二七年に教会合同論を「The Japan Christian Quarterly」誌に公表し、教会合同のための必要条件として三つの原理を提示した。それらは、①権威の絶対性、②信仰の一致、③信者の結合、の三つであり、中でも、①の教会権威が他の二つの原理の基礎になることを述べた〔岩下、一九五〇：七〕。そのうえで、岩下はローマ・カトリック教会がこれら三つの原理のすべてを満たす、それ自体統一的な理想像であることを主張した。しかし、岩下の主張は必ずしも護教的な見地からのものではなかった。それは、教会合同がカトリック教会として明確に否定される以前において、この論考が根本的な問題点を考究・整理していることからも、岩下のカトリック思想が単にローマ・カトリック教会の権威主義的な思想に追随するものではなく、自由な立場から、より包括的に論じようとしたのではないかと推察できる。

(10) エルトンによれば、政治思想史を含めた政治史の性格は一般に皮相的であって、社会史や経済史のように「量化可能な詳細」が欠けており、また、医学や精神医学からの説明上の助力も得ようとしないという〔エルトン、一九七四：九六－九七〕。

(11) 「広義」の意味するところは、救癩政策史ないしは救癩事業史のような救済史だけでなく、たとえば歴史的な現象としての「癩」を表象として論じたものであっても、必然的に救済の視点が包含されていれば、それをも含めて広義の救癩史と考える。

第1章　戦前におけるわが国の癩対策の変遷とカトリック救癩事業の意義

はじめに

日本における救癩事業は、カトリック司祭テストヴィドによって神山復生病院が開設されたことを嚆矢としている。

ところで、近代日本の癩対策におけるキリスト教の史的定位については、おもに政治史の側面から藤野豊がその概略を整理している。藤野は、法律「癩予防ニ関スル件」が成立する一九〇〇年代初頭から一九一〇年代における内務省衛生局・公立救癩施設と私立のキリスト教主義療養所（カトリックおよびプロテスタント）との、癩対策をめぐる人権認識の違い（対立）について、また、一九二〇年代以降のプロテスタントにみられた「社会派キリスト者」たちやカトリック社会事業家の優生思想の受容について実証的に検討した（藤野、一九九〇、一九九三、一九九五）。こうした藤野の研究は、救癩政策とキリスト者がとった立場との関係を把握するうえで、ひとつの有力な道標となるものである。

一方、キリスト教救癩事業の意義について、田代菊雄は明治期に「カトリック・プロテスタントがともに先駆的役割を果たした救癩事業も当時にあっては、治療の見込みはなかった」と、両教がともに一般に見捨てられた対象領域を担う時代的役割をもっていたと指摘している〔田代菊雄、一九九四：九七〕。これは、救癩史におけるキリスト教社会（慈善）事業の実績を包括的に整理したに過ぎない。しかしそこから見えてくるものは、田代自身が説明するように、プロテスタント社会事業とカトリック社会事業との共通性――立場の違いはあっても時代の要請に応えるという共通の目標――が確かに存在していた、という事実である〔田代菊雄、一九九四：八八－八九〕。

また、現代につながる社会事業史の視点から田代不二男は、実践者の「義務意識」という動機にこそカトリックの社会福祉の特色があるとしたうえで、「今日の社会福祉の範疇に入る活動の中で、カトリックで経営実施していないものは一つもないといえるし、しかもそのほとんどはカトリックで先鞭をつけたものである」と、カトリック社会事業を幅広い先駆性から位置づけるとともに、その課題として「閉鎖性からの脱皮」の必要性について指摘している〔田代不二男、一九七九：六三、六八〕。田代の意図はカトリック社会事業の歴史的・社会的な意義づけではなく、カトリック社会事業の史的発展を跡づけ、その性格を概観することにあったとみられる。

これらの先行研究は、カトリック救癩事業の史的定位の解明に資するとはいえ、直接に固有の機能的意義を導出するものではない。それゆえ、本章の目的は、これまで正面から検討されることのなかった、プロテスタントに対するカトリック救癩事業の機能的意義を、救癩史の中で明らかにしようとするものである。その際、藤野のような政治史的なアプローチではとらえきれなかった宗教的意味論を内包する部分について、思想史的な視点を交差させることで補ってみたい。

1 カトリック救癩前史

一八七三年、徳川幕府の誕生まもなくから続いていたキリシタン禁制の高札が取り払われた。以来、修道団体が教育・医療・社会事業などの諸分野で活動を始めたが、外国人宣教師が国内の宣教活動を完全に許されるのは、「内地雑居」が認められる一八九九年を待たなければならなかった（五野井、一九九〇：二七二）。ただ、カトリックのおもな宣教対象は下層農民であり、プロテスタントが「文明の宗教」を自認し、積極的に上中層の農民や士族ら知識層を対象にして支持を得ていったのとは対照的であった（五野井、一九九〇：二六九）。そのような状況にあって、神山復生病院の創設者（初代院長）テストヴィド（Testevuide, G. 一八四九－九一）をはじめとして、第五代ド・レゼー（Lezey, L. D. 一八四〇－一九三〇）までの歴代各院長は、時は前後しても一様にカトリックの日本伝道の基礎を築いたパリ外国宣教会の宣教師として各地で宣教活動を展開した（川嶋、一九八六、一九八七a、一九八七b）。

この頃の日本では、人々から忌み嫌われる代名詞にまでなっていた癩患者たちの中には、故郷の親族や村から追われ寺社や街道で乞食生活をするような不遇な生涯を送っていた者も少なくなかった。

明治政府の癩対策は皆無に等しく、まして政府の救貧対策であった一八七四年の「恤救規則《じゅっきゅう》」における救済観――救済は「人民相互の情誼」を旨とした――では、忌み嫌われる浮浪癩患者が救済の対象になることは到底あり得なかった。制度上、わずかに行旅癩患者も対象となる収容保護があったに過ぎない。

ところで、癩菌は一八七三年にノルウェーの医師ハンセン（Hansen, A. G. H. 一八四一―一九一二）によって発見された。その後、一八九七年に開催された第一回国際癩会議（於、ベルリン）において癩が伝染性疾患であることが確認され、その予防策として隔離が提唱されるに至って以来、癩は遺伝病ではなく（慢性）伝染病であることが社会医学的な観点から明らかとなった。しかし、一般に周知されるにはなおかなりの年月を要した。このため、それまで急性伝染病のみを対象とした「伝染病予防法」の改正案審議（一九〇五）の際にも、一部の議員による癩対策を含めるべきとする要求を退け、政府はあくまで慢性伝染病である癩については別扱いとして、世論の動向を見計らいながら長期的視点から対策を講じることが望ましいとの基本的姿勢を保持した[1]（輪倉、二〇〇二：六七―六八）。実際、救癩施策の開始は浮浪癩患者の取り締まり――公立の救癩施設の設置――を主目的とする一九〇七年の法律第一一号「癩予防ニ関スル件」を待たなければならなかった。

2　カトリック救癩施設の誕生

一八八九年、明治維新から約二〇年ほど経て、大日本帝国憲法が発布された。その第二八条では「安寧秩序を妨げず及び臣民たるの義務に背かざる」という制限つきながら法的に「信教の自由」が認められた。これにより、カトリックにおいても名実ともに発展の基礎が据えられることになった[2]。しかし、地方都市や農村地域におけるキリスト教への反感や反発は強く、また天皇制支配の国体思想の影響から、その発展は低迷を続けた。とくに、既存の仏教側からだけでなくプロテスタント側からの攻撃も加わった〔五野井、一九九〇：二七〇〕。そのような中、同年には前述のカトリック司祭・テストヴィドが御殿場（旧、富士岡村神山字平石）に、救癩施設としては最初の神山復生病院を開設した。奇しくもこの年は、「救癩の使徒」と呼ばれたカトリック司祭・ダミアン（Damian 一八四〇－一八八九）がハワイのモロカイ島で最期を遂げた年でもあった。

当時、日本各地で巡回宣教を行っていたカトリックの宣教師たちは、すでに十分に救癩事業の必要性を認識しており、資金の目処さえつけばテストヴィドの前にもカトリックとしての組織的な救癩活動が展開されていたはずであった。しかし、ミッションの窮乏から直接に宣教を目的とする事業を超えては財政的な支援を得ることは困難な状況であった[3]。結局、テストヴィドの意志は固く、あくまでもテストヴィド個人により、国内外からの寄付と協力に頼る形で救癩施設が開設されることになった[4]

〔百年史編集委員会編、一九八九：三四〕。

当時のキリスト教宣教では、新旧両教の布教競争がかなりみられ(5)〔松村ほか訳、一九九六：二一八〕、一説には、救癩事業に先鞭をつけたカトリックに対抗する形で、プロテスタント系の好善社（東京）による救癩事業が開始されたといわれている(6)〔岩下、一九六二a：一〇二〕。

さて、一八九〇年代にはいまだ国公立療養所は設置されておらず、後に癩医療の第一人者とされる光田健輔の発案で一八九九年に東京市養育院回春病室が開設されたほかは、すべて救療を目的とした私設の救癩施設であった(7)。カトリックでは神山復生病院と、司祭のコール（Corre, J. M. 一八五〇－一九一二）によって創設され、修道女たちによって運営された待労院（熊本、一八九八年設立）の二施設、プロテスタントではヤングマン（Youngman, K. M. 一八四一－一九一〇）が創設した前述の好善社による慰廃園（東京、一八九四年設立）とリデル（Riddell, H. 一八五五－一九三二）による「回春病院」（熊本、一八九五年設立）の二施設があった(8)〔国立療養所史研究会編、一九七五：付表第一表〕。なお、その後、プロテスタントとして英国人宣教師・コンウォール＝リー（Cornwall-Legh, M. H. 一八五七－一九四一）により聖バルナバ・ミッション（群馬県草津）が設立・展開されるのは一九一六年になってからである。

ところで、カトリック教会の東京大司教は一八九一年のテストヴィド院長の死後も、神山復生病院に対して同様な姿勢で救癩事業を維持運営するように指示した。すなわち、院長職に教区所属の宣教師（司祭）をあてながらも、資金の調達を含めた経営の部面については指示や支援をすることなく、まったく院長の裁量に委ねたのである〔岩下、一九六二a：一一五〕。その後、第二代院長のヴィグルー（Vigroux, F. 一八四二―一九四二）に代わってから、経営を男子修道会に任せる計画が進みながらも、結局、後任の司祭・ベルトラン（Bertrand, J. 一八六七―一九一六）が引き継ぐことになり、経営上の方針はこれまでどおり継承された。しかし、逆に資金調達の困難さが奏功して、一九〇一年を最初に昭憲皇后（美子）や貞明皇后（節子）から慈恵として神山復生病院にたびたび賜金が下付されることになった〔財団法人藤楓協会編、一九八三：二二七―二三二〕。

一方、待労院については、仏の慈悲に頼って集まる浮浪癩患者の滞留地として有名であった日蓮宗本妙寺（熊本）から程遠くない場所に、南九州地区長であった前述のコールの要請で招致されたマリアの宣教者フランシスコ修道会の修道女たちによって救済活動が展開された。母国のフランスから寄付を募って開設準備にあたったコールは、一九一一年に没するまで継続して待労院の運営上の「指導と援助」を行う役割を担い、日常の施設運営を担う院長ほか修道女たちの助けを得ながら病者への救癩活動を展開した(9)〔松村ほか訳、一九九七：二六五〕。

3　プロテスタント／カトリック救癩事業の貢献

第一回国際癩会議での隔離策を推奨する提案を受けて、内務省は一九〇〇年に初めて全国の癩患者の実数調査（血統調査）を行った。癩対策の要否や規模、さらに対象や目標を設定するうえではこうした調査は重要な初段階であったが、実際には科学性に大きな欠陥をもつものであった(10)。日本の癩対策の遅れは、時の帝国議会でも度々とり上げられるようになり、早期に癩対策を法制化することが緊要であると認識されることになった。しかし、実際その目的は、当面公衆衛生上の要求を満たすことに力点が置かれることはなく、浮浪癩として風紀・治安を乱す患者を取り締まることに一定の効果が期待されたのである。それは、文明国家の建設を目標とする明治政府の、外国に対する「体面護持」の姿勢を背景にしていた。

こうした中、日本の癩問題を憂慮するプロテスタント社会事業家は、積極的に政府・財界の要人に働きかけ、政府による根本的な救癩策の必要性を訴えたのである。その代表的人物が熊本に回春病院を創設した聖公会の宣教師・リデルである。リデルの政治的手腕は、一般に「社会改良的」といわれるプロテスタント社会事業家――聖公会に属するリデルをプロテスタント社会事業家に位置づけるうえでの着目点は、聖公会の教理が「多様性」を認める点にある――の中でもとりわけ秀でていた〔学校法人上智学院編、二〇〇二：五九九、杉山、一九九五〕。このことは、近代日本におけるプロテスタントとカトリックの対社会的な姿勢の違いでもあった。前者は、たとえば救世軍の廃娼運動等にみられたように、社会に積極的に働きかけ、〈正義〉の観点から矛盾に対して変革を要求するが、後者は比較的に体制に恭順的であり、運動的性格は弱い。とくにプロテスタントの場合、たとえばリデルの救癩実践や山室軍平の救癩観にみられたように、「社会」に接近没入するあまり、キリスト教本来の価値規範を見失ったり、強大な国家権力のもとでの時代的制約に抗しきれない限界をもっていた[11]。

しかし、カトリックにおいては、政治的な潮流からある程度距離を置くことで、患者観のような人間観と国家観のような社会観とが、その普遍的な目的において相反することのないカトリシズムならではの連続的な救癩施策‐患者処遇のあり方を提示できた。こうした姿勢は、神山復生病院の第三代院長であったベルトランや第五代院長のド・レゼーの救癩観にも同様な傾向がみてとれる。たとえば、内務大臣に提出したド・レゼーの「癩予防法実施私見」（一九〇七）によれば、「国民の気風才能に調和せざる規則は決して永立せず」として、新法による取り締まり的な救癩施設の設置ではなく、博愛的な救癩施設を設置することにより自由を抑圧することなく患者の自発性を確保することができるとする中近世の欧州――欧州での癩は、近世でほぼ消失したとされる――における癩医療の経験的な知見を、ベルトランと同様に全面的に支持していることからも明らかである〔百年史編集委員会編、一九八九：一七四〕。

ともあれ、一九〇七年に法律第一一号「癩予防ニ関スル件」が制定され、一九〇九年四月から施行されることになった。この法律では、全国五カ所に公立の癩療養所の設置が義務づけられ、住所不定患者を中心に隔離対策が講じられることになったのである。

この頃になると、それまでの実績が認められ、カトリックが行う救癩事業は人々のキリスト教への違和感や排他心を和らげるうえで大きな影響力をもつようになった〔松村ほか訳、一九九八：一四八〕。そのことは、カトリック宣教の発展にとって追い風となったことはもちろんであるが、日本の癩対策全体にとっても救癩事業の重要性についての世論形成が促されるという貢献がみられることになるのである。(12)

ところで、川上武は明治期の癩医療の現状について「まだ一般医療体系の枠内で扱われていたように思われる。これは適切な治療法のない〝不治の病〟に共通していること」であると述べている（川上、一九八二：二二九）。とくに、一八九〇年代頃まで癩の伝染病説がわが国の医学界で一般的に受け入れられていなかった状況では、一部の大学病院を除いて正しく癩診断のできる専門医療機関は皆無に等しかった（山本、一九九三：四〇－四二）。しかし、実際には何らかの癩の診断や治療を行っていた専門病院として、起廃病院（後藤昌文院長、東京、一八七五年設立）や衆済病院（荒井作院長、東京、一八八五年設立）などがわずかながらあった[13]（国立療養所史研究会編、一九七五：巻末表）。

その点、明治・大正期に開設された神山復生病院をはじめとする宗教病院は、「病院」と名乗りながらも専門病院とは性格を異にしていた。すなわち、宗教病院は「〝隔離〟とか〝病院〟というよりも、むしろ肉親さえも養わないで棄てた者を救うという慈善的施設」であり、国の社会施策の未着手部分を代替補充する私設の救済（保護）施設であった（内田、一九七一：二二九）。

4　公立癩療養所の誕生とカトリック救癩施設

法律第一一号およびそれに基づく関連法令の発布を受けて、一九〇九年には東京、青森、大阪、香川、熊本の全国五カ所に連合府県立癩療養所が設立――国立療養所の設置（または移管）は一九三〇年以降――されたが、五つの療養所の総定員は一二〇〇名に過ぎなかった。これは、内務省が一九〇六年に行った第二回全国癩患者一斉調査の集計による住所不定患者数一一八二人——ちなみに患者総数は二万三八一五人——を基礎にして設定されたものであり、そうした実態から考えれば明らかに癩患者一般を対象にする公衆衛生対策とは異なっていた。

一九二一年、内務省保健衛生調査会は癩対策の拡大と強化のために「癩予防策要項」を決議した。その内容は、①療養所の拡張をすること（一万床計画の実現、その後財政上の理由により計画を五〇〇〇床に縮小）、②浮浪・逃走を常習とする患者のために新たに国立療養所を設けること、つまり刑務所的な療養所の設立、などである。

①については、前年の全国一斉調査の結果を受け、無資力者約一万人の救護の必要性を認めてのことであった。ただ、療養所の拡張は漸次行われたが、その過程では厳格な入所条件のために入所定員を満たせない状況さえあり、必ずしも収容が順調に進んでいったわけではなかった〔全国ハンセン氏病患者協議会編、一九七七：一七〕。

一方、②については浮浪患者の収容を進める中で起きた公立療養所内部の管理上の問題に端を発していた。たとえば、全生病院（東京）では開院直後の二年間は一人の逃走者もなかったが、それ以降、一九二一年頃にかけて毎年定員の一割から二割の逃走者があった〔多摩全生園患者自治会編、一九七九：四三〕。こうした状況に対し、一九一六年に療養所の管理者側からの要望で、癩予防に関する施行規則が改正されることになった。その主要な事項は、所内の秩序維持のために公立の癩療養所の所長に「懲戒検束権」を付与し、また施設内に監禁室を設置し、不良性のある患者を強制的に取り締まることを可能にするものであった。ただ、ここで注意しなければならないのは、管理体制においては強権的な処遇規則を保持しながらも、他方で人道的な立場から患者の処遇に関わり、入所患者たちからも好意的に受け取られていた職員が存在していたことである。たとえば、昭和初期の全生病院における林文雄、塩沼英之介、田尻敢、藤田工三、宮川量らプロテスタントの職員集団――「全生五人男」と呼ばれた――の処遇実践に、その典型的な姿がみてとれる[14]〔おかの、一九七四：七二－八四〕。

これに対し、私立の大勢を占めるキリスト教救癩施設では独自の処遇方法で患者の療養環境を整備していった。それは、一様に宗教的感化によって生活共同体の内に秩序と連帯を形成する方法であった。つまり、第一に、患者に精神的な慰安を与える目的で（強制的ではないが）キリスト教信仰に導くことが重視され、患者間の関係ならびに援助者－被援助者の関係をキリスト教の価値観に基づく擬似的な家庭・家族関係として再構成したのである[15]。そのうえで、患者間の相互扶助と各自の希望や適正・能力等に応じた日課作業の分担を旨とした[16]〔社会福祉法人聖母会編、一九九八：一二一－一一三、北里善従編、一九二六：一九－二〇〕。

一九二二年、神山復生病院院長のド・レゼーは、一九〇七年に出した私見に続けて内務大臣に現下の国の癩対策に対しての意見書を提出した。当局から医療・衛生設備等の不備についての指導を受けてのことであった。その内容は、癩の根絶という公衆衛生上の目標に適しているのは、現行法による公立療養所の設置とその厳格な運営ではなく、患者の結婚禁止の徹底と小規模な慈善的救済施設の設置による絶対隔離の推進であるとするものであった。ド・レゼーは「医学ではなく、道徳的取締と癩対策の要諦は、愛情を以ての取扱」いであると述べている〔百年史編集委員会編、一九八九：一〇三〕。しかし、この意見はその後の癩政策に反映されることはなかった。折しも、公立はもとより民間社会事業団体や恩賜財団による救療施設が最新の医療設備を動員して盛んに整備されてくる中にあっては、旧態を続ける既存の宗教社会事業の存立意義についての議論が顕在化せざるを得ない時代であった。

ところで、神山復生病院においては、開設以来第一の懸案であった経営資金の問題が、一九三〇年頃になると解消されてくることになった〔松村ほか訳、二〇〇〇：九一〕。国・県等からの補助金の増額と、事業が社会的評価を得てきたことによる一般からの寄付金の増加、さらに皇室からの下賜金が毎年受けられるようになったことで、経営に余裕さえみられるようになった。ド・レゼーが日常経費の剰余金を積み立てて将来のための基金づくりを始めたのも、こうした資金事情の好転によるものであった〔財団法人神山復生病院編、一九三七：一一、一八〕。また、次代院長の岩下壮一が一九三一年より開始した病院施設・設備の改善五カ年計画は、ひとつにはこうした事情を背景にしていた[17]。ただ、岩下の意図は、ド・レゼーの企図した経営安定化への基金づくりとは反対のところにあった。つまり、自己資本の形成で事業経営の自立度を高めるのではなく、あくまでも財源を同時代の社会に依存すること——すなわち、神山復生病院の事業運営が社会体制の中に組み込まれて社会変動に追随〔同調〕すること——で社会との調和的な関係を継承し、経営の長期的安定化〔存続〕を図ることであった。岩下は、最終的には〈信仰〉（＝神の御心）に帰結させながらも、その過程においては合理的な思考のプロセスを経て経営方針を導き出すという、固有なカトリック的思惟の論理を展開した。

誰か非常な慈善家があって、利子だけで患者を食べさせるばかりでなく、病院を拡張し、次第に収容者の数をふやすことができるほど、大きな寄附をしてくれるようなことがあれば、ちゅうちょすることはありません。けれど、それは夢物語です。もし、その反対に、わたくしたちが僅かな資本をつくれば、こんなことになるでしょう。つまり、お上ではわたくしたちに援助を送ることをやめ、皇太后陛下の御下賜金も、文部省や県の補助金もなくなって、病院はささやかな資本の乏しい利子と、日本人や外国人のだんだん限られてくる寄附で細々と暮していかなければならなくなるでしょう。病院の発展は止まり、資本をつくった目的とは全く反対の結果になるでしょう。この事業が発展するためには、今のままでなければなりません。すなわち神の摂理にもとづくものでなければなりません〔岩下、一九六二a：一六七〕。

一方、待労院においても一九二七年以降、皇室からの下賜金が受けられるようになった。しかし、従来から経営の財源をもっぱら外国からの寄付金に依存していたことから、第一次大戦や世界大恐慌の影響により送金が途絶え、財政的窮地に陥ることも度々であった。その窮状を救ったのは、ひとつには皇室からの下賜金であったが、もうひとつにはカトリック系新聞に掲載された待労院の実情に関する記事であり、それが奏功して新たに国内外からの寄付金が集まるようになった〔社会福祉法人聖母会編、一九九八：二二〕。待労院の資金調達面における経営方法は、それがどれほど意図的であったかは別にしても神山復生病院の岩下の主張と同じ「神の摂理」に委ねるものであった。

さて、一九三〇年、内務省は癩根絶策の再検討に着手するとともに、法律第一一号および同法関連規則の全面改正に乗り出した。これは、先の保健衛生調査会の決議を尊重してのことであった。改正案審議を進めるうえでの政府の思惑は、社会事業などの社会問題対策に力を入れることで準戦時体制下の社会不安を解消し、それにより国民意識を天皇制イデオロギーへと収斂させることであった〔藤野、一九九三：八七〕。

一九三一年に改正（第三次）癩予防法が公布された。この改正法では、新たに国公立療養所における①入所費の公費負担、②入所資格の拡大、③生活費の補給、を規定し、また一般事項としては④従業禁止、⑤患者に関する秘密の保持、などが規定された。これは、まさに絶対隔離政策を容易に進めるための条件整備であった。とはいえ、絶対隔離策の人道的是非はともかくとして、ここに至ってようやく従来の治安対策を超えて公衆衛生対策の必要性が認識された点で一定の評価ができるのである。

5　絶対隔離推進期の癩対策とカトリック救癩事業

改正癩予防法によって、国の癩根絶を推進する制度的基盤ができあがった。しかし、この策をより積極的に進めるためには、社会運動の力を借りる必要があった。つまり、その基盤として世論を癩根絶へと誘導する実践的なプロパガンダがなければならなかったのである。そこに目をつけたのが優生思想としての「民族浄化（＝祖国浄化）」論である。これは癩菌の保有者を一人残らず終生隔離することによって、日本（民族）から根本的に癩をなくしてしまうという考え方である〔徳永、一九八二：二四七－二四八〕。

では、民族浄化論を登場させた直接の契機は何であったのか。皇室からの下賜金を基として設立された財団法人癩予防協会を前身にもつ財団法人藤楓協会の創立三〇周年記念誌の記述によれば、「貞明皇后の救らいの思召しは、昭和五年、当時の内務省地方局長次田大三郎の献策により、内務大臣安達謙蔵が願い出たことが一つのきっかけとなって活発化するに到った」とされる[18]〔財団法人藤楓協会編、一九八三：四〕。つまり、国の強制力を伴った絶対隔離による癩対策の推進に大義名分を付加する必要を認めての策であった。

さて、こうした民族浄化の思想は、国民が一丸となって国策に協力する必要のある「準戦時下」においてとくに強調されやすかったことは容易に推察できる。かつて、日清・日露の両戦役時の徴兵検査で、政府は「壮丁癩」という現実の問題を見過ごしにできなかったように、日中戦争においても兵力減退につながる国民の健康問題は最重要の関心事であった。それゆえ民族浄化論は、政府が準戦時下に応じた国策の遂行を徹底するために、国民統合を狙って意図的に世論誘導を図ったものであるといえる。

ところで、一九三六年より中心的に隔離運動を展開したのは各道府県であったが、内務省衛生局と一体化した財団法人癩予防協会や、おもにプロテスタントの救癩団体である「日本ＭＴＬ」（Mission to Lepers、一九二五年発足）、さらに真宗大谷派光明会（一九三一年設立）等の仏教者団体の協力も絶対隔離推進の大きな原動力となった[19]（藤野、一九九三：一二三－一三五）。日本ＭＴＬや大谷派光明会のおもな活動は入所患者の慰安教化と世論の喚起であったが、しばしば国の癩患者隔離策の補助策として在宅患者を探し出し、おもに国公立療養所へ入所勧誘した。つまり、いずれの宗教団体も国の絶対隔離主義を底辺から支持したのである。ただ、ここで重要な点は、この役割を推進した者たちが、必ずしもマクロ的な隔離策とミクロ的な患者個人の人権・生活の継承性とを同時に満たそうとする視点をもっていなかったことである。つまり、そうした包括的とも言える第三の道が現実に開かれないまま、国家や同胞・血族のために個人の人生や社会生活を犠牲にすることが美徳であり、利他的な倫理観こそ大義であると迫ることで患者・家族を隔離へと追い詰めていったのである。ともあれ、これらの団体はさまざまな方法で各県単位の絶対隔離運動である「無癩県運動」の推進を加速させたのである。

こうした運動が全国的に展開される中、一九三五年、神山復生病院院長であった岩下は貞明皇太后（節子）の救癩の「思召し」を記念して開催された関西ＭＴＬ主催の講演会の席上で「祖国の血を浄化せよ」と題する次のような講演（抄）を行った。

ドイツの民族主義者等は血を浄めるといふ事を叫んで偏狭な外国人排斥をしてゐるやうです。ドイツ人の血のみ勝れてゐると思ふのは無理です。併し先づドイツ人の血を浄めよといふのなら尤もな事であります。吾々も日本民族の血が如何に尊いかといふ事を思ひます。この血を通して我民族が発展して行くのであります。五万の気の毒な同胞即ち親子兄弟が苛まれ社会の同情のないという事は真に忍び得ない事であり、同時にこの血を浄めたいと切実に思ふのであります。吾人は愛国心からもこの問題を解決するに尽さねばなりません〔岩下、一九四一b：七〕。

この中で岩下は絶対隔離政策の一層の推進を訴え、一カトリック救癩事業家として国のマクロ的な癩政策すなわち絶対隔離策を支持するという立場を鮮明にしたのである〔岩下、一九四一b：九〕。

藤野はこうした岩下の態度をとり上げて、「『民族浄化』論の高唱」者の一人と評価している〔藤野、一九九三：一一二〕。確かに、岩下の皇室寄りあるいは国策寄りとみられる主張は、大筋では国家権威に従属する形で展開されており、そのために患者に対する人権意識は薄いと理解されやすい。しかし、そもそも岩下が自国の利益を他国の犠牲の上に確保しようとする狭い意味のナショナリズムに嫌悪感をもっていたことは明らかであり[20]〔岩下、一九四二：三三一、三三八〕、引用文のコンテクストからも帝国主義への盲目的な〈ナショナリズム〉（＝国家主義）から「祖国浄化」論を首肯したものではなく、政治体制にとらわれない立場からの建設的な〈パトリオティズム〉（＝郷土愛）が基盤にあったことが容易に理解できる。また、この同じ論理は、岩下の次の主張からわかるように患者の人権や生活を犠牲にして祖国浄化を実現しようとするものではなく、患者の社会的束縛からの解放と合理的な公衆衛生対策としての隔離とを矛盾なくつなげてとらえようとするものである。

星塚敬愛園長林博士は、（中略）癩が血統であるといふ誤解のために奴隷同様の責め苦を嘗めてゐる彼等の為に、癩が遺伝でなく伝染である事の科学的立証を社会に強調して、以て苦悩のドン底にある人々を解放せねばならんといはれてゐますが、私〔岩下〕もさう思ふのであります〔岩下、一九四一b：五〕。

こうした論理は、カトリシズムにおける「共通善」と呼ばれる思惟的特徴であり、追究すべき個人的な善と国家的な善、あるいは自国の利益と世界の利益のそれぞれ対峙する二者とを分離して一方を肯定すれば他方が否定されるという一価的な関係ではとらえられないものである〔稲垣、一九六一：一〇五〕。また、プロテスタントの救癩事業実践やその他の博愛的な事業実践にみられたような、「信仰と人権」を切り分けたうえでそれぞれ別個に肯定しようとするものでもない〔荒井、一九九六：三〕。カトリック信者個々の程度の違いはあっても、カトリック慈善の思想は、両者を連続関係として一元的にとらえようとするところにその特徴がある〔マリタン、一九四八：九–一〇〕。つまり岩下の論理は、人間本性の普遍的理解に基づく患者の人権保障の思想と連動した「祖国浄化」論——すなわち、排他的な優生主義とは異なった、カトリシズムにみられる「共通善」的な思想——であったと理解できる。

さて、この時期、「国辱」としてスティグマを負わされた患者たちは、国公立療養所の所長の職権として付与された「懲戒検束」の権限によって、厳格な規則と罰則をもって強引に管理されていくことになった。また、半ば強権的とも思えるような収容によって患者や家族の人権を蹂躙した事件が跡をたたなかった[21]。とくに前者の点については、国公立療養所においては所内の秩序維持の問題が従来にも増して肥大化していたからである。[22]そうした状況は、大島事件（大島青松園、一九三一年）や外島事件（外島保養院、一九三三年）さらに長島事件（長島愛生園、一九三六年）などの、患者の待遇改善や自治権要求の運動を展開した患者たちの民主化志向とは逆行するものであった。この時代には、帝国主義の完遂のために個人よりも国益を優先する国家至上主義の思想が療養所内においても厳として存在し、機能していたからである。

ところで、満州事変以降、国内では「現人神」天皇を精神的な支柱に据えた厳しい思想統制が行われ、軍部が主導するキリスト教排撃運動が激化した[23]（五野井、一九九〇：二九四－二九五）。そのためもあり、プロテスタントに比べて遅れてはいたが、カトリックにおいても次第に外国人聖職者から邦人聖職者へと変わっていくとともに（五野井、一九九〇：二九七）、邦人司教の管轄する教区も現れてくるようになった。[24]一九三七年には、神山復生病院は東京教区から新設の横浜教区へと所管が移り、横浜教区の中で代表的な慈善事業のひとつとして位置づけられたのである。[25]また、待労院は、一九二七年に長崎教区から新設の福岡教区へと移り、マリアの宣教者フランシスコ修道会が引き続き経営にあたった。ただ、経営基盤の不安定な両カトリック救癩事業においては、準戦時体制から戦時体制へと進展する中で資金問題がさらに深刻化した。

他方、カトリック救癩事業が細々ではあっても継承されていくのに対して、太平洋戦争が始まるとプロテスタント系の救癩施設は次々に閉鎖に追い込まれていった。一九四一年に回春病院と聖バルナバ・ミッションが、一九四二年に慰廃園が、それぞれ多少事情は違っても、国のファシズム化と公衆衛生対策としての救癩国策の進展に対しては固有な立場を鮮明にすることができずに閉鎖を余儀なくされていったのである（山本、一九九三：三一、三三、三七）。ちょうど、社会事業界において宗教社会事業の固有性の議論が明確な結論を得ないまま、公設化の実態のみが進んでいった時代であった[26]。しかし、ここでも普遍的な人間観・社会観をもって独自のスタンスを維持しつつ、社会の中で融和的に一定の位置を確保していこうとするカトリック固有の共通善思想が、結果として宗教による救癩事業の存続継承を可能ならしめたとみてよいであろう。

6　まとめと若干の追加的考察

これまでの検討から、カトリック救癩事業の意義を、とくに次の二点からまとめるとともに若干の補足をしてみたい。

まず第一点目として、カトリック救癩事業の経営は、あくまで社会変動に直接影響を受けやすい不安定な個人の寄付に依存していた。貞明皇太后（節子）の救癩の「思召し」により、下賜がすべての私設の救癩事業に本格化・定常化し、世論が喚起され始めることになる一九三〇年代までは、事業補助として賜金がとくに神山復生病院に集中して下付された[27]。これは、院長の個人的な集金努力に頼る実情に、皇室からの同情を得たことが大きな要因であった。そこにはプロテスタントに比してあまり積極的に宣伝しようとしない経営姿勢が根底にあった。もちろん、直截的には、神山復生病院に程近い場所に御用邸の中では最も頻繁に利用されていた沼津御用邸があり、そこには救癩事業に関心が深かった貞明皇太后が毎年静養に訪れていたという事情もあったであろう。

では、具体的にはどこにそれほどまでに同情を得る理由があったのか。神山復生病院以外、おもにプロテスタントの救癩施設の運営事情と比べてみよう。

まず、同じカトリックでも待労院においては、創設者の司祭・コールが神山復生病院院長のベルトランより二年早く永年の社会事業功労をたたえる藍綬褒章を受章していたにもかかわらず、運営にあたってはマリアの宣教者フランシスコ修道会という組織的な支持母体を確保していると理解されていたことが、皇室からの恩賜を遅らせた理由ではなかったのかと思われる。他方、プロテスタントの救癩事業においては、基本的に確かな財源確保がなされていた点が特筆される。慰廃園には「好善社」という経営母体があり、英国および米国の救癩協会から継続的に資金援助を受けていた〔好善社、一九七八：一二七－一三〇〕。また、回春病院については、リデルの政治的手腕が効を奏して内外の著名な寄付者を抱えることができた[28]〔ボイド、一九九五：一七九〕。さらに、聖バルナバ・ミッションについては、おもに代表者であったリーの私財を原資として病院を含めたミッション全体の救癩事業が運営されたためであった〔窪田、一九九一：二九五〕。

以上のことから、とりわけ国の癩対策が「絶対隔離」に向かう一九三〇年代以降、内務官僚の献策により積極的な「皇恩」へと国民世論が誘導されていくに先立って、皇室に同情——癩患者に対してではなく、救癩事業そのものへ——を喚起させるひとつの重要な役割を、私設の救癩事業の中でもとりわけカトリック救癩事業が担ったといえるのである。

次に第二点目として、神山復生病院における岩下の「民族浄化論」にみられたようなカトリックの救癩観は、天皇制イデオロギーを基盤にもつ政府の優生国策に迎合的であったと評価されやすい。岩下を「『民族浄化』の高唱」者と指摘する前述の藤野の主張も、両者の皮相的な思想の共通性に根拠を置くものである。しかし、その深層における思惟構造は、癩対策に関する政治思潮のそれとは異なるものであった。

国の癩対策が、優生思想としての癩根絶策と患者の人権とを前者優位の一価的な関係でとらえるのに対し、また、他の宗教救癩事業が立場を変えた不連続な二価的な関係でとらえるのに対して、カトリック思想においては、基本的に政治的権威に従うことを是とする立場をとりながら、その延長線上で個人の人権をもとらえようとするところにその特徴がある。

こうしたカトリック思想に固有な思惟構造の視点でとらえれば、ファシズムないしはその序奏という極めて制限的な歴史的社会的コンテクストの中においてさえ、修道院経営の待労院と一人の司祭が経営を主宰する神山復生病院とは経営の形態が異なってはいても、いずれもカトリックの救癩事業として国民国家や社会との包摂的で親和的な関係を維持することで社会システムに組み込まれ、結果として救癩事業が社会的役割を損なうことなく継承され得たものといえよう。

注

（1） 帝国議会で癩対策がとり上げられたのは、一八九七年の根本正ほかによる質問（衆議院）が最初である。
（2） 『パリ外国宣教会年次報告I（一八四六－一八九三）』によれば、北部日本代牧区司教・オズーフは一八八九年の報告書に、「宗教的観点からも政治的観点からも同様に、今年の最大事件は憲法発布であった。まさにその第二八条で、信教の自由が日本人に漸く与えられたのである。（中略）公的に許可されて、キリスト信者は喜び、勇気づけられた」と、カトリック教会側からの受け取り方とそれに基づく評価を述べている〔松村ほか訳、一九九六：一八九一一九〇〕。ただ、外国人宣教師の移動は、依然として政治的に制限が加えられていた。
（3） 初代院長となるテストヴィドは神山復生病院の開設準備を整えている一八八八年、その進捗状況の報告と事業実施の許可申請のため、北部日本代牧区司教・オズーフ宛てに手紙を書いた。それに対し次のような返書があった。
「わが親愛なるテストヴィド神父　私は衷心から貴師の受持区域内に不幸なる癩患者救済のため、考案せられた賞賛すべき立派な御計画を神が祝福せられんことを祈るものであります。日本でこの恐るべき癩病が如何に多いかは、私も遠き以前より承知して居り、宣教師達の中でもヴィグルー、カジャック両師は各自の受持区域内の夥しい癩患者につき屡々私に物語られ、貴師の御計画の如き病院開設の手段を講ずる様私に求められました。あらゆる方面から推奨すべきかかる慈善事業の着手を阻んだものは、唯財源の欠乏でありました。この点に関しては全く共通な我等の希望が、貴師が同情を求められた人々の仁慈によって実現し、不幸な癩患者に霊肉の祝福をもたらさんことを」〔岩下、一九六二a：八〇〕。
（4） テストヴィドが駿東郡役所へ提出した病院の設立願には、「内外慈善ノ寄付金ヲ以テ貧困ノ癩病患者ノ治療ヲ専門トス」と記されている。
（5） 総じてカトリックに対しプロテスタントが攻勢にあったのは、資金の差によるところが大きかったと考えられる。
（6） 慰廃園の創設に中心的に関わり初代の監督となった大塚正心が一八八〇年代に神山地区で伝道活動に携わっていたこと、また、神山に好善社の創設者・ヤングマンの別荘があったこと、などからもその可能性は十分に推察できる〔好善社、一九七八：六七〕。しかし、たとえばプロテスタント系の新聞「The Japan Weekly Mail」（Oct. 5th.

1889）に掲載された神山復生病院の紹介記事では、創設者テストヴィドを「Father DAMIEN in Japan」と、また、事業の支持者に対しては「they sacrifice themselves completely at the shine of charity」と、極めて好意的な記述がなされている。なお、この記事に対しては、カトリック・ミッション側でも非常に好意的に受け止めている〔松村ほか訳、一九九六：一九一〕。よって、対抗関係というよりは、むしろ親和的な意味の「触発」ととらえたほうが適切であると思われる。

（7）当時の医療水準においては、病院と救療施設（救癩施設を含む）との実質的な違いが不明瞭であった。

（8）もちろん、対象を癩に限らない施療施設等でも癩患者はみられた。

（9）異教徒をも拒まない救癩事業により、カトリックに親和的になるか、あるいは洗礼を受ける入所患者が少なくなかったという。

（10）この調査は住所不定の患者が除かれたことと、おもに警察官によって恣意的に行われたため不正確なものであり、一般に信頼性が低いと評価されている。

（11）リデルの実践については、猪飼隆明が述べているように、施設入所の際に患者の品格条件をつけるという独自な考えをもっていた〔猪飼、二〇〇五b：八〇〕。それは、一九世紀の英国救貧法下におけるキリスト教系民間団体である慈善組織協会がとった救済対象者の選別基準に似て、入所者を門地や人格の優劣で弁別するものであり、普遍的な平等や博愛を旨とするキリスト教的な考え方とはいささか異なっていた点に表れている。また、山室の実践については、杉山博昭が「実践的態度を政策と対比する発想自体がそもそも欠落していた」と指摘している〔杉山、一九九六：六三〕。しかし、杉山の山室を批判する論点があくまでも「隔離政策」を全面否定する現代的視座に基づいている点は、山室のテクスト解釈に関して一考の余地があるところである。

（12）たとえば、救癩事業のみならず他の救療事業にも尽力したコールが一九〇六年に、また、神山復生病院の第三代院長・ベルトランが一九〇八年に、博愛や慈善事業で社会に貢献したとして藍綬褒章を受章したことは、カトリック救癩事業はもとより、一般的な意味での救癩事業についても社会的評価を得たものといえよう〔百年史編集委員会編、一九八九：二四四、社会福祉法人聖母会編、一九九八：一一〕。また、プロテスタントではコールと同年にリデルも藍綬褒章を受章している〔ボイド、一九九五：一五五〕。

（13）神山復生病院の設立願（静岡県駿東郡役所へ提出）によれば、同院は、当時、国の内外に相当な治療効果が認められていた起廃病院と特約を締結していたことがわかる〔百年史編集委員会編、一九八九：三四〕。
（14）ただ、彼らの救癩活動における使命感は、目標として患者処遇よりもむしろ国の癩問題の解決というマクロなところに向けられていた。
（15）たとえば、初の国立療養所である長島愛生園でも、園長・光田健輔の管理のもと家族主義処遇がとられたが、これは実質的には支配－服従の関係でとらえられるような家父長制統治機構の色彩が濃厚であったといわれている。
（16）待労院については、患者の療養生活を励ます内容の「患者心得」が明文化されていた。また、神山復生病院でも同様なものがあった。ただ、それらはむしろ患者の自発性を重視したものであった。また、患者自治会の創設は、待労院が一九三三年であるのに比し、神山復生病院はそれより約三〇年ほど先んじていた。なお、意外にも公立療養所の一部ではかなり早い時期から患者自治会の設立を認めていた。
（17）この施設・設備の改善計画は、一九二一年以降、内務省からの補助金下付決定の付帯条件として、医療設備の充実や病棟の増築等が求められていたことへの積極的な対応であった。その点、前院長のド・レゼーは、この行政指導の内容を承服していなかったようである〔百年史編集委員会編、一九八九：九八〕。
（18）この点については、次田自身が献策の経緯を述べている〔帝国地方行政学会、一九五九：一一二〕。なお、引用文の記述は元皇太后宮職の筧素彦による。
（19）日本MTLは、キリスト者のみによる団体ではなく、設立発起人の中には非キリスト者も加わっていた。このことから、団体の性格もキリスト教宣教・慈善に限定できない困難さがあった〔好善社、一九七八：一三二〕。一方、光明会総裁・大谷智子は真宗大谷派の法主夫人で、昭和天皇の后・良子の妹であった。また、本願寺派法主夫人の大谷紝子は大正天皇の后・節子（貞明皇后）の妹であったことから、皇恩をプロパガンダとして進められた無癩県運動との密接な関係が指摘できる〔真宗大谷派ハンセン病問題に関する懇談会編、二〇〇三：四六〕。
（20）岩下の世界観は、一国の思想統合のための民族主義的な「皇国論」をも包摂した「神国論」として、きわめて広い意味でとらえられている。
（21）戦後の発行ではあるが、同じ法令下での処遇事例として『癩予防法による被害事例――強制収容・懲戒検束等の実態』等が参考になる〔癩予防法改正促進委員会編、一九五二〕。

(22) 実際、同じカトリック信仰をもつ患者であってさえ、国公立療養所に入所する者については、所内の懲戒検束や秩序の乱れによって信仰の維持が困難な状況であったとされる〔松村ほか訳、二〇〇〇：二一二〕。

(23) 外国人宣教師は、一様に外国のスパイとして嫌疑をかけられていたようである。

(24) 初代の邦人大司教が誕生するのは、一九三七年になってからである。

(25) 横浜大司教・シャンボンは、一九三八年のパリ外国宣教会本部への年次報告書に、神山復生病院院長であった岩下からの報告として「神山の癩病院が私立の病院としては、第一位を占めていることに異論の余地はない」と記している〔松村ほか訳、二〇〇〇：二三二〕。

(26) 議論の一例として、『社会事業研究』誌の特集「現代社会事業における宗教の位置」(一九三一、大坂社会事業連盟、一九(三))がある。なお、この点については、第2章で詳しく検討する。

(27) 一九三〇年までに皇室から救癩事業に対して贈られた下賜金、延一三回のうち神山復生病院へは九回と、他を圧倒している〔財団法人藤楓協会編、一九八三：二二七－二三五〕。なお、一九三〇年からは毎年続けて、国の癩対策事業と私立および国公立療養所へ、事業補助や患者慰安金として下賜金が配分されている。

(28) リデルの資金収集の方法は、新聞・雑誌等を介して世論から同情を得るというものではなく、著名人に直接働きかけて大口の寄付を求める政治的手法に徹していた。

第2章　岩下壮一による事業改革の実際と思想

はじめに

岩下の行った救癩事業については、この時期が私設社会事業にとっても、また宗教社会事業にとっても重要な曲折期と重なっていたにもかかわらず、社会事業史的視点からの評価がほとんどなされてはいない[(1)]。わずかに、病院の発展史上「大地に根を張る」時期と整理して、岩下が行った事業の概要が神山復生病院の一〇〇周年記念誌にまとめられているが、もとより神山復生病院に限定した通時的な発展史に留まっている〔百年史編集委員会編、一九八九〕。

本章では、岩下が神山復生病院において行った事業改革についてとりわけ共時的な視点から相対化してその論点を整理し、意義づけることで、カトリック思想家であった岩下の固有な救癩事業の実際とその思想を明らかにしてみたい。

もとより、社会事業には大別して二つの側面がある。ひとつは事業経営すなわち管理運営の側面についてであり、二つには援助（処遇）方法についてである。この二つの側面は当然に関連しているものではあるが、本章ではおもに前者すなわち岩下が行った施設・設備および事業の維持管理等の体制面における整備と経営資金問題に焦点をあて、その実際と思想について、それが問題化する社会的背景にも迫りながら検討してみたい（援助関係の構築については、第4章で検討する）。

1　岩下の院長就任時における救癩をめぐる状況

前院長ド・レゼーの経営思想

岩下は一九三〇年一一月に神山復生病院の院長に就任してまもなく、病院の徹底的な改善計画を立て、翌一九三一年から実施した。岩下がこうした計画を打ち出し進めた思想的な背景は、前院長のド・レゼーがとった頑なな運営方針に対して一定の理解を示しながらも、それによる限界を乗り越える必要を認めてのことであった。もちろん、ド・レゼー個人を非難するものではなかった。なぜなら、ド・レゼーの経営方針は病院の置かれた社会的状況からみれば、現実に即したまさに常識的な判断であり、かつ、そこにはキリスト者としての人道的な慈善思想が横たわっていたからである。そこでまず、対比的にド・レゼー前院長の病院運営の基本的な考え方をみてみよう。

一九二二年、内務省から補助金の下付決定書の付帯条件として、(一) 医師の往診回数を増やす、(二) 医療設備の充実、(三) 看護人の採用、(四) 有毒・無毒区域の区別、(五) 女子重傷者棟の増築、等が求められた。[2]これに対して、ド・レゼーは静岡県知事・道岡秀彦を通じて内務大臣宛に意見書を提出した。その要点は次の三つに整理できる（百年史編集委員会編、一九八九：九八－一〇四）。

①癩病は、現在なお不治の病であるので「本当の病院」（医療重視の病院）を建てても利とするところは少なく、莫大な費用を無駄に費やすばかりである。

②癩病の医学的な解明のため、国内に充実した研究施設を設けなければならない。

③研究施設の設置以外に必要なことは、絶対隔離政策によって患者数の漸減を図った中近世のヨーロッパにおいてみられたレプロズリー――すなわち、治療施設でなく、癩病患者を救い慰める目的で建てられた施設――を多くつくることである。なお、癩病患者を救済する場合の目標は、社会一般の病人が得られると同様な程度の医療で救うことである。

こうした考えの上に立ち、彼は望ましい患者の処遇について結論的に「癩病人が多く集りたる所に於て最も重大な事は決して医学ではなく、道徳的取締と愛情を以ての取扱であることを飽迄断言致します」と述べている（百年史編集委員会編、一九八九：一〇三）。

つまり、ド・レゼーの救癩事業観は、時代や社会が求めたある種教条的ともいえるような近代化至上主義の思潮とは異なり、幾分短絡的な解釈ではあってもより現実的で具体的な価値判断によっている。[3]ただ、それは日本の近代化に伴って「文明国家を目指し、ようやく病院制度の確立や水準を高めようと動きだす」国の方針を根本的に否定し、これまでの宗教病院が主として行ってきたような科学的でなく慈善・慈悲的な救済を踏襲するような論理と理解されても不思議ではない（百年史編集委員会編、一九八九：九八〕。もとより、それは社会事業における近代化の一般的動向とも矛盾するものであった。

癩対策をめぐる社会思潮

国の保健衛生調査会は、一九二〇年「根本的癩予防策要項」を決議し、療養所の拡張を図ること、有資力患者のため自由療養地区を設けること等を答申した[4]。実際、これを受けて翌年以降、わずかずつではあったが公立の癩療養所の拡張が行われていた。しかし、一般に医学の急速な進歩は認められても、未だ癩の感染・発症メカニズムや治療法が解明されない状況にあっては、社会防衛上の問題としてとらえるより他はなく、そのためには絶対隔離のような悉皆的な立法策が講じられなければならないことは明らかであった。

大正後期から昭和初期に発行された『社会事業』誌には、当時の癩対策をテーマとした、安達憲忠（元東京府養育院幹事）、高野六郎（衛生局予防課長）など癩問題と関わりの深い人たちの論文が散見できる。二人の意見は代表的なものであり、ともに医学の貢献を認めながらも法による包括的な保護対策（二人の論文では、「患者個人」および「日本民族」への二重の意味で使われている）が急務であると主張している。安達は、絶対隔離を強く唱える光田健輔の主張に賛同して、「如何なる方法を用ひても浮浪の癩患者は悉く収容するに至らざれば、折角の療養所施設も十分の効を奏する事は出来ぬ」と述べている〔安達、一九二一：三二〕。

また、高野は「要するに癩予防の根本は結局癩の絶対隔離である。此の隔離を最も厳粛に実行することが予防の骨子となるべきである。然し此の理想がさう急速に実現しさうにもないから、此の骨子をめぐつて成るたけ実行出来さうな策を講ずる他はない」と安達よりも現実的な主張をしている〔高野、一九二六：六五〕。

さらに、高野の論文では、癩病の予防は個人としても国家としても是非遂行しなければならない事業であるとしたうえで、「実行すれば必ず効果の顕はるべき仕事である」と述べられている。しかし、現実に実行がままならない理由として「国民的熱情」の不足を挙げ、その事情を「多分此の病気は其の歴史が古いために此の病名は一般の恐怖を喚らない程耳に馴れ過ぎて居るからではなからうか。謂はゞ国民的感情が癩に対し免疫となつて居るのではなからうか。ペストやコレラとかは其の言葉を聞いたゞけで戦慄するが、癩は一種の宿命ででもあるかの如く感ずるやうである。又此の病気に関係のない人達は概して此の病気に関して奔走することすら好まない。癩のために働くやうでは癩系統の人であらうといふ風に推定されることが快くないからであらう」と分析している〔高野、一九二六：六二〕。これは、当時一般の癩病観を知るうえで重要な分析であろう。一九三〇年代以降、「民族浄化」をスローガンとして「無癩県運動」という啓蒙のみならず実効性をも伴った社会運動が全国的に政策展開されていくことにより、国民の癩病者観も積極的に社会から排除すべきとする方向へと誘導されていくのである〔藤野、一九九三：一五〇〕。

救癩をめぐる法制度の状況

法制度の面では一九〇七年の法律第一一号「癩予防に関する件」制定後、大正から昭和初期にかけて部分的な改正はあったが、患者の取り締まり立法――癩療養所内も含めて――としての性格に変わりはなかった。しかし、一九三一年に至って全面的に改正された「癩予防法」が生まれた。これは、法律第一一号の焼直しではなく、立案の趣旨を異にする新しい癩対策法であった。それというのも、旧法にみられたようにおもに浮浪徘徊する患者だけでなく、在宅の療養者についても制度の対象としたからである。すなわち、「部分的な対策」から「一般対策」への改正であった。その内容は、次の①～⑤のとおりである。

①行政官庁が癩の予防上必要と認め、しかも病毒伝搬の恐れのある患者はすべて療養所に入所することができる。

②国公立療養所の入所費および救護費を国庫または都道府県の負担にした。

③従来、私設の救癩施設の設備および管理に関して規定はなかったが、今後主務大臣が必要な事項を定める。

④癩患者を療養所等に入所させたため生活ができなくなった家族、あるいは癩患者の従業禁止規定により生活できなくなった患者および家族に対し生活費を補給する。

⑤業務上知り得た癩患者の情報を漏らした者には懲役または罰金を科す。

要するに、この「癩予防法」制定の意図は、絶対隔離策を推進するにあたってその基本的枠組みをつくる目的をもって制定されたといえるのである。

さらに、この癩予防法案の審議途上の一九三〇年、内務大臣の安達謙蔵は衛生局に具体的な癩根絶計画の立案を命じた。それを受けて衛生局は、二〇年、三〇年、五〇年の各癩根絶計画を立案し、発表した。その後、種々の議論――とくに経費について――を経て、一九三五年には期間の最も短い二〇年計画の採用が決まったのである。つまり、この時期に至って政府は社会啓発から隔離の実践的推進を重視する方向へと転換し、悉皆対策の徹底を図ることになったのである〔藤野、一九九三：一二六〕。

私設社会事業の経営資金をめぐる状況

昭和初期の私設社会事業にとって、経営資金の問題はとりわけ重要なものであった。私設社会事業のほとんどは、寄付金を募集してその運営にあたっていたので、経済界の好不況には敏感にならざるを得なかったのである。ところが、一九二〇年以降の戦後恐慌と昭和恐慌、さらには世界恐慌へと巻き込まれていくに至って民間社会事業の財政状況は一層深刻度を増していった。このような状況の中、一九三一年の『社会事業』誌では、特集として「社会事業経営の合理化問題」がとり上げられた。同特集の執筆者である各県の四人の社会事業主事らは、マルクス経済学の立場から理論的に危機への状況認識を主張した一人を除いて、ほぼ一様に経営合理化策を提示している。しかし、それらは現状認識を欠いたかのような抽象的な一般論の域を脱してはいなかった。それらの主張はいずれも社会事業が近代化する必要を認識しつつも、おおよそ「合理化の促進には『かくあるべき社会事業経営』の具体例を示すことが必要であるが、それは世間にあまり恰好な実例も知らない」という状況のもとにあったとみられる〔安田、一九三一：四三〕。
折しも、社会事業の公設化が進む中でとり上げられたこうした議論は、必然的に私設社会事業の存立意義についての議論へと展開されるべきものであった。しかし、仏教社会事業家である高木武三郎が一九三一年に結成された全日本私設社会事業連盟の設立経緯を語る中で述べているように、昭和恐慌期の私設社会事業界一般においては、将来の存続のあり方を議論する段階にまでは至ってはいなかったとみられる。

あの当時は、昔の慈善事業から社会事業へとだんだん転換する時期ではあったが、まだ慈恵救済の思想が非常に濃厚に残っていたわけですね。その当時社会事業というようなものが全国を合わせると六〇〇〇ぐらいあり、そのうちの四〇〇〇は民間で、二〇〇〇ぐらいは公のものでした。〔中略〕それで社会事業の有機的な連絡というか、よき指導というような意味と、もう一つは、いまお話のありました経営費の問題が大きなウエイトを占めて、民間の社会事業がこれだけ一生懸命やっているのだから、公で補助をしろ〔中略〕というふうな政治運動になってきたのが私設社会事業連盟の発生なんです〔吉田ほか編、一九八二：二六二〕。

確かに恐慌の渦中にあっては、私設社会事業の側から直接問題とされるのは「あすの飯をどう食わせるか」という問題であり、「将来に向かって社会事業をどうやろうか」というような中長期的な視野は生まれるべくもないのである〔吉田ほか編、一九八二：二六四〕。社会事業法制定の立役者である灘尾弘吉（当時、社会局保護課長）の証言は、私設社会事業における経営資金の問題に会計上の前科学性の問題をからめてこの事情を補足している。

当時の社会事業のやり方、あり方については、保護課の者としては、いささかもの足りない感を抱いている向きもあったと思うんですよ。皆さん自信家ばかりで、おれたちがやっているのに、役人が来てかれこれ言うなと言って、県庁の社会課の諸君が出ていって、こういう帳簿を作りなさいと言っても、相変わらず大福帳式の、よけいなことは言うな式の諸君がおったわけです。それでは幾ら経ってもうまくゆかぬから、それでそっちの方を直してもらい、と同時に、世間からも信用してもらって、寄付金なんかも安心して出してもらえる。政府のほうも相当助成金をふやすという以外にないなあという気がしておった〔吉田ほか編、一九八二：二九六〕。

一般にこの時期は、救済思想が個人的で恣意的な「慈善」からより社会化した「社会救済」の方向へと移行してくる時期といわれる。しかし、これら二つの引用からわかるのは、救癩施設を含めて私設社会事業においては一般に事業の存立基盤としての固有な社会的機能を十分認識できずに、社会救済思想の潮流から取り残される状況が少なからずみられたということである。

2　岩下による救癩事業改革の実際

改善計画の内容と取り組み

岩下は、院長就任直後に神山復生病院が当面しているおもな問題を次の五点に整理し、翌一九三一年より病院整備五カ年計画として実施した。

①職員の増員
②病院としての医療施設の整備
③専任医師の常勤化と専門医の招聘
④衛生・消毒設備の徹底的改善
⑤患者の生活の向上

病院整備五カ年計画は、一九三一年の法改正により私設の救癩施設が国の監督下に置かれることになったのを機に、岩下が就任した翌年から一九三七年までの、二年間の延長期間を含む計七年の年月をかけて次々に行われていった。岩下は、ド・レゼーの頃からとくに問題とされていた消毒施設、ベルトラン（第三代院長）の時代から種々手を尽くしていた水確保の問題、さらに、前院長時代の補助金下付の際に内務省より改善するようにとの指示があった医療設備、医療職員、有毒・無毒区域の区分、病棟増築などの問題をも解決していったのである。以下、おもに改善の終了時に発行された『感謝録』第二集から、主要な改善点である前記の五項目とその他補助的な二、三の項目についてその概要をみていきたい。なお、改善計画の年度ごとの実施内容は次頁の表に示すとおりである〔財団法人神山復生病院編、一九三七：七－一〇〕。

①職員の配置

まず職員については、五カ年計画策定の当初に院長、幹事および外来医、看護婦、看護婦見習、雑役婦、厨夫各一名の計七名であったのが、実施完了の一九三七年の時点では、院長、幹事および専門医一名（非常勤）、外来医二名、看護婦四名、看護婦見習二名、厨婦二名、運転手一名の計一四名となった。加えて、次年度からは当時学資を補助していた薬学生が卒業後に就職して加わることになっていた。つまり、おもに医師と看護婦の確保により医療面での改善がなされたといえる。

②医療設備

医療に関しては当然ながら癩の直接の治癩法が未確立であったことから、おもに身体各部の機能損傷といった二次疾患および一般医療環境の確保が問題となっていたが、中でも施設・設備については手術室や眼科の暗室、製氷設備等が設けられ、また少人数収容型の重症患者用病室が整備されたことがおもな改善点であった。

③専任医師および薬剤師

依然として解決に至らなかったことは、常勤の専任医師を確保する問題であった。ただ、専任医師雇用のための人件費について寄付者を得、それにより非常勤ではあったが伝染病研究所に在勤する癩

表　病院整備５カ年計画実施状況

年　度	種　別	整　備　箇　所
1931年度	増築	男子病棟、隔離病舎、未感染児童舎、仮収容所（古屋移築）
	改築	包帯交換室、職員浴室（旧台所改造）
	設備改善新設・機械購入	特設電話架設、本館便所の水洗化、ＳＫ式消毒器他医療施設、院内廊下用リノレウム
	土木工事	県道無毒地域への新道および橋梁、貯水タンクおよび電気ポンプ（80石）
1932年度	増築	本館付属舎、職員宿舎、女子病室（便所・洗面所付）
	改築	男子手術診察室、消毒場、本館応接室、来客食堂および宿泊室、女子裁縫室、女子診察室、ガーゼ洗場、購買部
	設備改善新設・機械購入	構内電話、ＳＫ式消毒器他医療施設（継続）、院内廊下用リノレウム（継続）、製茶器機
	土木工事	新道石垣
	特殊施設	病院敷地測量、境界標建立未登記土地買収
1933年度	増築	自動車庫、運転手住宅（古屋移築）
	改築	保育所（旧外来者宿泊所を移築）
	設備改善新設・機械購入	ＳＫ式消毒器他医療施設（継続）
	特殊施設	病院敷地測量、境界標建立未登記土地買収（継続）
1934年度	増築	患者炊事場および付帯工事
	設備改善新設・機械購入	製氷機および氷室設備、ＳＫ式消毒器他医療施設（継続）
	土木工事	汚水池および下水工事
1935年度	増築	調剤室、女子診察室および治療室、看護婦宿直室、家畜舎
	改築	礼拝堂、男子病棟、重症室、女子浴室、漬物倉庫、男子風呂場、洗濯場、製茶室、商人売場
	設備改善新設・機械購入	病棟便所の水洗化、ＳＫ式消毒器他医療施設（継続）
	土木工事	境界石垣および堤防工事、構内道路新設、水道改良工事、電灯配線改良工事、汚水池および下水工事（継続）
	特殊施設	皇太后陛下御歌記念碑建立
1936年度（継）	増築	無毒地域倉庫
	設備改善新設・機械購入	ボイラーおよび据付工事、自動車購入（小型）
	土木工事	汚水池および下水工事（継続）
1937年度（継）	増築	男子病室新築（定員15名）
	設備改善新設・機械購入	男子浴場および炊事場に蒸気利用設備、蒸気消毒設備、構内電話設備改良

（出典）財団法人神山復生病院編（1937）7－10頁から作成

専門医による指導――患者の治療と看護婦指導――を定期的に受けることが可能となった。

しかし、この問題への取り組みは「或時は学資を出して委託生を医科大学に送られたり、或は伝染病研究所に医学士を送り研究せしめたり。数年の後は此の人によりて神山復生病院の治療を完備せんと希求せられたが、これらの人々は家庭の事情の為に役をはたすを得なかつた」と光田が言うように、結局のところ徒労に終わったのである〔光田、一九四一：二五〕。実際、国公立の癩療養所でも医師が欠員がちであった〔光田、一九四一：二五〕。こうした状況を作り出したおもな原因は世間の癩に対する偏見が確かに大きかったといえようが[5]、加えて一般医療界の救療事業（癩を含む）に対する無理解があった。すなわち、当時の開業医制度万能主義が医師たちを社会的救済策である救療事業から遠ざけたことである[6]。

また、調剤室を改築したことを機に、それまで患者に任せていた調剤および注射――癩の特効薬とされた大風子油の注射――を看護婦が行うように改めた〔神山、一九五五：二四〕。非常勤医師であった田尻敢によれば、「薬の調剤は病者がやつてゐたので神経痛の薬等がつい多く出る様な事があつたりして不都合ではあつたが薬局を病者の手から職員の方にとるのは中々困難事であつた」という〔田尻、一九四一：四二〕。つまり、従来は患者の生命線である医療の一端においてひとつの重要な既得権として調剤が機能していたことが理解できる。もしかしたら、特定の患者が調剤業務を独占することで、患者間に利益を得る者とそうでない者との不平等が生じていたのかもしれない。

なお、調剤については前述のように、一九三八年度より常勤の薬剤師が勤務することになった。神山復生病院において医療が専門性を確保し分化していくこうした流れは、まさに一般的な近代病院制度の発展に前後しつつも呼応していくものであり、後述する岩下の事業改革の中心的なポリシーによって支えられていたといえよう。

④衛生・消毒設備

衛生・消毒設備については、まず病室の改築に際して南向きを配慮し、床下に湿気や蚤の対策も講じた。また、便所を水洗式に変えたり、家畜舎の遠方への移動等を行った。さらに、洗濯はこれまで患者にとって重労働であったが、洗濯機の導入により大幅に効率化・省力化が図られた。多年の懸案であった給水問題は、村の水道の補助として既成の井戸に電気ポンプと揚水タンクを設置することで解決した。下水道設備の設置により、院内の汚水が直接外部へ流れ出ることがなくなり隣接地よりの苦情がなくなった。院内通貨の利用により、金券を事務所で現金に兌換するようになり、商人と患者の直接取引がなくなった。また、病院脇を流れる黄瀬川に新たに架橋（礼聖橋）することで、県道から有毒区域を通過せずに直接本館に到達する新道が完成した。蒸気による消毒設備も設けられた。

そもそも、当時の「癩病の医学的治療病院」に求められる設備水準に比べ、とりわけド・レゼー前院長時代の院内の衛生・消毒対策の不完全さは、医療対策とともに岩下にとって最も懸念すべき事柄のひとつであったのである。

⑤患者の生活

入所患者の生活意欲の向上に関わるのは、慰安のための設備およびプログラムであろう。岩下が癩病院の患者処遇において最も神経を使ったことは、おもに文化面における施設の社会化の問題であった。それは、救癩施設が社会から閉鎖されていたために、なおさら重要な問題であった。岩下が改善した点は、第一に患者が個人として普段気楽に利用できる「娯楽室」を設けたことである。そこには、備品として図書、蓄音機、碁・将棋などを配置し、とくに冬季には常時暖炉の火を燃やす配慮があった。もとより患者の娯楽については、ベルトランやド・レゼーなど先代の院長も苦心し、実際の対策もそれなりに意味をなしていたが、総体としての集団処遇の中に部分的にであれ個別処遇的な視点を導入するまでには至らなかった[7]。つまり、「夕方仕事を終つてからの団楽談笑の場所」として、院内に患者が個人として自由に利用できる――特別な制限を設けない――特定の空間を確保したことである（財団法人神山復生病院編、一九三七：一三）。さらに、映画上映も最新の機器を配備し、幕間に「神山ニュース」の映像を流すなど、患者が主体的に参加しやすい機会を設けることで活動意欲の創出を図った。

娯楽プログラムとしての野球は、他に試みられたテニス――大正時代末期の流行時にド・レゼー前院長が導入――やバスケットボール等とは比べ物にならないほど盛況を呈した。折しも昭和初期、野球は日本において国民的スポーツになりつつあった。軽症の男子患者によるプレー、ならびに女子患者の応援は「神山名物」と評された。病院敷地内に野球場も整備され、ここでの東京カトリック神学院の学生たちとの対外親善試合は恒例化した。とくに、新しく入院した患者に対して参加を促すことで、療養生活における意欲向上の効果が顕著であったし、また岩下も患者処遇でこの方法を積極的に活用したという[8]。また、冬季は職員も交えて卓球が盛んに行われた。

⑥未感染児童の保護

病院の付帯事業として、未感染児童の保護がある。神山復生病院においては夫婦者は収容せず、また結婚は認めなかった。また、カトリックの教義に基づく道徳的な教化により、国公立療養所でみられたような男性患者へのワゼクトミー(＝断種手術)を強制せずとも出生児は皆無であった。そのため、もっぱら入院患者の連れ子や国公立療養所――おもに九州地域――の出生児を引き取って保護した〔百年史編集委員会編、一九八九：二二四〕。

未感染児童の保護の必要性については、入院中の親との生活を絶つことで感染機会を回避できるだけでなく、親の癩罹患による子どもへの社会的な差別・偏見の問題が重要であった。当時、国公立療養所における出生児の処遇は、一般に親の故郷に預けるか、もしくは相当な養育費を支払って里子に出すのが常であったが、里子は費用負担の面で難しい場合が多かったという〔邑久光明園入園者自治会編、一九八九：三七〕。

神山復生病院の付帯事業としての保護は一九三三年から始められた。病院敷地内に未感染児童棟が新築され、組織的には病院付属の保育部が業務にあたった。学齢児については、岩下が経営(校長を兼任)する不二農園内の温情舎小学校(父・清周が設立)に地元の児童とともに学ばせた。また、将来の就職については不二農園で働き、自活する道が開かれていた。その意味で、岩下が取り組んだ未感染児童保護の事業は、病院経営の関連事業としては環境的に既成の条件が整っていたといってよい。

⑦職員の生活

改善は職員宿舎の改築、職員専用食堂の設置などの周辺的な面についてであり、勤務時間等の直接の労働条件については基本的に改善されることはなかった。とくに女子職員の場合にみられたような「準修道的生活」は、賃金労働者として労働条件が規定された国公立療養所の職員とは全く異なっていた。この点については、非常勤医師として岩下を助け、また自身岩下の影響で後年プロテスタントからカトリックに改宗した林富美子が、「神山復生病院では全部の職員が敬虔なクリスチャンで、国公立のように給料のために働いているようなところと違い、選ばれた者が来ていた」と述べて、職員が宗教的な献身意識をもっていた点を指摘している。(9)

⑧病院の管理方式

事業運営における管理方法の改善についての詳細は不明であるが、わずかにカトリック横浜司教であったパリ外国宣教会のシャンボン（Chambon, J. A. 一八七三－一九四八）により書かれた『救ライ五〇年苦闘史』（前半は岩下の執筆）の記述から概要の一部をうかがってみたい。

岩下神父は非凡な管理者である。随って、名簿をつくり直し、会計簿を新しくし、カード制を採用するなどして、管理の面では、病院はさしあたり他のどんなものにも負けないものになった。宣教師たちはもっと単純なやり方で管理を行っていたことがわかる。県の役人たちは、それを外国人に対する好意から大目に見ていた。しかし日本人となるとそうは行かないであろう。次第にこの管理方式はどんな小さな部屋にもおよんだ。そして、施設全体が完全な体制を整えた〔岩下、一九六二a：一六八〕。

前述の私設社会事業を取り巻く状況でみたとおり、近代的・合理的な経営手法の採用が求められてきていたわけであるが、岩下が日本人であるということで、それまでの歴代外国人院長とは異なり、一般的な社会事業近代化の例外とはみなされなかったのである。しかし、新しい体制が短期間のうちに徹底され確立されたことは、岩下が科学的で合理主義的な思想を堅持して改革に臨んだことを示しているといえよう。

これらの諸整備に伴って、収容定員も計画前から二割五分増の一五〇人に増員――一九三八年度末現在の入院患者数は過去最多の一六〇人に上った――されることとなった。

改善計画の財源

病院整備五カ年計画を始めるにあたり、まず必要なことは資金集めであった。支援者への報告と支援者の拡大を目的につくられた『感謝録』第二集には、ほぼこの計画を終えるまでの経費内訳と財源について簡単に記されている〔財団法人神山復生病院編、一九三七：一二〕。それによると、新事業のために改めて募った寄付金はほとんどなく、前院長のド・レゼーの遺徳を偲ぶ同情者からの寄付や、一外人宣教師からの遺言による寄付、さらに、かつて父・清周が援助した建設会社からの助成金等により賄われたことがわかる。なお、岩下の個人財産からも一部支出があったとされている。

改善工事に要した費用の総額五万六九一七円九二銭の調達は、前院長の死去を悼む朝野からの寄付金約二万円、六年間の経費節約による剰余金九七五三円八五銭、院所有地内の立ち木の売却益二〇〇〇余円、匿名外国人宣教師からの寄付金七〇〇〇余円、大林組専務・白杉亀吉氏の斡旋による寄贈金一万円、恩賜財団慶福会からの補助金二〇〇〇円（女子病棟および下水工事に限定）、雨潤会からの補助金一〇〇〇円（新道橋梁設置に限定）、およびその他の者からの寄付金と岩下院長の私財約五〇〇〇円によった。

施設・設備の改善により、それらの維持のために毎年の経常費が一、二割増加したことは経営面での将来の不安材料になったが[10]、これらの改善事業が借入金に頼らず寄付の範囲内で行われたことは、次節で検討する岩下の経営思想とそれに基づく経営手腕とを評価するうえで重要な点と思われる。

経営資金（経常費）の確保

病院運営の財源は内務省および静岡県からの補助金に加え、ド・レゼー前院長時代から引き続いて寄付を受けていた一般の民間慈善団体である雨潤会、神山復生病院を経済的に援助する目的で活動を展開した同情会、行政側からの働きでつくられた神山復生病院後援会、私設社会事業への助成を使命とする恩賜財団慶福会などの団体からの補助金・寄付金および個人からの寄付金、さらに皇室からの下賜金があった（百年史編集委員会編、一九八九：一二四）。岩下院長の時代になってからは、新たに中央社会事業協会と内務省の肝いりで設立された財団法人である癩予防協会、救癩事業への助成を目的とした財団法人である三井報恩会、さらに三菱合資会社——一九三七年に株式会社三菱社に改組——などが寄付団体として加わった〔百年史編集委員会編、一九八九：一二四〕。

『感謝録』第二集によると、たとえば一九三六年度の歳入（決算）総額三万二五〇四円五二銭のうちおもな内訳は、宮内省および皇太后からの下賜金三五〇〇円、内務省および静岡県からの補助金は合計八二五〇円、慶福会および癩予防協会からの補助金は一一二一円、団体寄付は五七二一円五銭、個人寄付は五三〇〇円六銭（うち、外国人寄付二〇七二円七七銭）、および前年度繰越金七〇一六円七九銭、その他一五九五円六二銭となっている〔財団法人神山復生病院編、一九三七：一九-二〇〕。

これらの内訳から明らかなように、神山復生病院の事業経営は全くといってよいほど社会からの〈同情〉に依存していたといえる。

3　事業推進の基本的な考え方

岩下の事業改革についての評価

岩下のこうした事業経営のあり方に、当時の癩医療関係者は一様に賞賛の言葉を寄せている。その中で、国公立療養所の側を代表する存在といえる光田健輔の評を引いてみよう。

伝染区域と非伝染区域との境界が厳重に区別され、消毒が実行せられ、官公立療養所と何等区別がない様に院内が整備せられた有様を見て欣喜に堪へなかつた。製氷冷蔵装置の如きは我が療養所には備付けがなかつたので、岩下神父から設計書を頂戴するようになつた。そのほか薬局に専門家を置くこと、院内に泉水を設け、御歌の碑や御恵みの森の石碑は実に見事なもので我々は後れ馳せについて行かざるを得なくなつた。（中略）先生は宗教病院であればあるほど思想的にも経済的にも堅実であつて学術的にも「テンプラ学問」ではなく真理を摑みたいと努力せられた。之を要するに神山復生病院は独り我が国の療養所を今日の程度に指導して呉れたお師匠さんであつた〔光田、一九四一：二二五〕。

この文章は岩下を追悼する目的で書かれているため、当然ながら光田評を控え目にみる必要はあるが、カトリック社会事業史をまとめた田代菊雄が述べるように、岩下の事業実践を「医療施設として、最新の施設・設備の整備を行っていて、カトリックで科学的社会事業を取り入れた先駆的人物」と評価することはひとまず妥当といえよう〔田代、一九八九：一四三〕。しかし、一歩進めて考えるならば、この評価にも増して、宗教的な救済と保健・医療的な対策の両面をカトリック社会事業活動の枠組みの中で総合させたバランス感覚を評価すべきであると思われる[11]。では、そのバランス感覚とはいかなる考え方のもとに展開されたのか。それには、当時の宗教社会事業のあり方についての議論と、そうした背景から岩下が引き出した結論とを述べる必要があろう。

宗教社会事業のあり方についての一般的議論の諸相

一九三一年発行の『社会事業研究』誌は、「現代社会事業に於ける宗教の位置」という特集を組んで、宗教家または宗教団体による私設社会事業の経営資金難の問題ではなく、直接に宗教性を問うという本質的な問題に焦点をあてて議論の場を提供している。総勢一一名の論調は、国家の社会事業への参入によって宗教が軽視されてくる当時の状況を一様に認めながらも、社会事業と直接結びついた宗教の存在を肯定する者と否定する者の両者が二分される様相を呈した。

仏教社会事業家である富山智海の主張によれば、それまで一般に認識されてきた社会事業における宗教の必要性とは、精神面での救助ということになる。

対象の多くは対象となる時既に人間性の各部に傷を負ふて来てゐる。其傷には既に濃漿が溜つてゐる。それが社会事業の対象となることの長く又多ければいよいよ人間性はたゞれ落ちて終には手がつけられなくなり、早や常道を以てしては律し得られなくなる。かくして再び浮ぶ瀬のない精神的堕落の深味へ陥ちて行く即ち対象の人間的復帰を目的とする社会事業が、其対象に最低の生活保障をなすことによつて却つて其人間性を損傷せしめ遂には其精神的自殺を為さしむる結果を招く場合が多い〔富山、一九三一：三二〕。

これは、もちろん宗教社会事業の固有性を支持する立場であるが、社会事業の発達史的な認識で考えると、一般に当時の都市社会事業における問題は「近代社会生活の欠陥はあまりに物質的に急迫せる無産者の多い」ことであって、「科学化し、技術化し、他方に階級化」してきた当時の社会状況下では、もっぱら「社会事業の主要方面は物質的施設にある」と理解されたのである〔葛野、一九三二：三五、藤田、一九三二：一九、井上、一九三二：三六〕。

ただ、「人間の生活は決して物心両面に分離したものではない」ので、精神的救済を無視しては考えられない〔井上、一九三二：三六〕。しかしこの場合、宗教は社会事業の本来の機能としてではなく、人間生活における「一般的のもの」としてとらえていくことが必要である〔葛野、一九三二：三五〕。こうした考えが、宗教否定論者のおもな主張であった。

これに対し、賛成側の主張は一部を除いては意外にも比較的客観性をもって穏やかに論じられている。つまり、宗教社会事業を公的社会事業の補助として位置づけながらも、当時の宗教社会事業が行き詰まりをみせているという認識のもとに、方法さえ適切であれば固有な機能が十分に発揮され、その存続意義は大きいというものである。そのような中で、社会事業研究者である竹中勝男は「現代の宗教は社会事業を何処までも純粋に特殊なる科学と技術の分野に於て肯定し、その法則（傾向）と方法に信頼する事である。須く宗教が避くべき事は、現代社会事業に於ける素人芸である〔強調点省略〕」と、固有性の姿を簡明に述べている〔竹中、一九三二：二五〕。

こう指摘したうえで、竹中は「嘗て宗教が協力し得なかった世俗の諸力と、今日宗教は極めて合理的に協力し得る」という積極的な方向性——すなわち意義づけ——を与えている〔竹中、一九三二：二五〕。

また、たとえば日本初の公立セツルメント――スラム問題を解決するための拠点施設として設けられた――とされる大阪市立北市民館館長であった志賀志那人は精神面から働きかけをする「宗教的教化事業」として、積極的に宗教社会事業の意義をとらえている〔志賀、一九三一：二七〕。しかし、これらの主張はあくまでも観念論に過ぎなかった。

これらの両論から言えることは、少なくとも日中戦争の開始前後からの戦時体制へと収斂していく時期においては、社会事業における宗教の必要性について再検討が迫られてくる――むしろ否定の潮流を確かなものにしようとしたマルクス主義的な――一時期であったといえよう。それは、近代主義をとり入れた公的な社会事業の発展により、これまでおもに精神性を強調し近代的な科学技術に背を向ける傾向のあった宗教社会事業が一般に軽視されるようになってきた事実（徴候）を前提としているのは勿論である。しかし、これまでの検討から一般化して論じるならば、宗教社会事業の固有性についての議論としては、竹中勝男などごく一部の先取的立場にある研究者を除けば、その論理に明快さが欠けていたとみられる。いや、むしろ竹中にしてもその可能性については確固たる展望をもってはいなかったといえよう。[12] その証拠に、文末に「与えられた題につき十分考究の力なく」と付記し、自己の主張が必ずしも十分説得力をもつまでに成熟していないことを断っているのである。

岩下の社会事業経営観

岩下は宗教社会事業の固有な機能をどのように理解したのか。モロカイ島からの帰朝講演をみてみよう。

さて、カラワオの廃墟を見て新しい時代が来たなと感じました。ダミアンの時代と今日とは違つてきて居ります。宗教家が此の事業にたづさはる其の立場も変つて来てゐる。今後は医療的事業が盛になつてくるでせうが、宗教家が此の医療的方面に良く理解を持つてゐないといけない。ハワイの知識階級の重要視してゐるのはこれであります。若し此の事業にたづさはる宗教家が自分の主張だけに捕はれてゐると、両者の間にくひちがひが出来、又患者も之により悪い影響が及ぼされるのであります〔松風編、一九四一：三八〕。

「救癩の使徒」と称された司祭・ダミアンの足跡を訪ねて岩下がモロカイ島へ渡ってまず驚いたのは、アメリカの物質文明であった。かつてハワイ政府がこの島に癩患者を集め強制的に隔離していた一九世紀、ダミアンはカトリックの宣教師としてこの島に渡り、患者たちの物心両面にわたる支えとなったのである。しかし、島にある二つの居住区域のうち、ダミアンがおもに活動していた区域は、岩下が訪れた時にはすでに廃墟と化しており、時代の変遷が救癩事業を近代文明化されたもう一方の区域へと移行させてしまったと映ったのであろう。

そもそも宗教家が救癩施設の中で患者の生活を援助する立場は、前述の竹中らの指摘にもあるように、近代科学・技術――とくに、ここでは医療――と整合したうえで固有の役割を発揮してこそ社会的な意義をもつことができ、かつ患者にもよい援助効果を上げることができるというものである。そして、実際にこれは社会事業の重要な条件のひとつとして「ハワイの知識階級」に承認されていた――すなわち、社会的承認が得られていた――のである。

岩下は、ここから日本の宗教救癩事業の固有性（の条件）を敷衍したのである。それは、急速に公的社会事業の比重が大きくなる当時の時代状況にあって、宗教社会事業はそれらの諸方面にわたる整備の水準に遜色がないよう整合をとりながら、そのうえで精神的な救助を施す必要があるという結論である。

いずれにしても、岩下は従来のカトリック慈善事業にみられたような時代や社会から超越した姿勢ではなく、時代や社会の変化を十分に視野に入れ対応することの重要性を改めて認識することになるのである。その際、「社会的承認」を絶対的な条件とする宗教社会事業のあり方こそ時代や社会に根ざしたものであり、ひいては事業の継続を可能ならしめるものであるとみた。しかし同時に、岩下は「社会的承認」がカトリシズムの普遍性と両立すべきものであることをも確認するのである。

それは、物質的な成果と精神的な成果が止揚された結果、新しい総合体としての宗教社会事業が結実するわけであるから、「社会的承認」が宗教社会事業の存在意義（結果）の承認である以上、もし物質面での充足が他と遜色なく確保されるならば、むしろ宗教本来の役割こそが問われることになる。

つまり、宗教には物質面と精神面の「総合」機能もまた内在的に求められるのである。それゆえ、私設社会事業の固有性の問題からは、当然発展的に宗教のもつ固有な総合機能のあり方が議論されなければならないといえる。岩下にあっても、宗教に基づく救癩事業の固有性の問題を、とりわけ医療との総合化に留意しつつ深化させていく必要を再認識することになるのである。

岩下の事業経営における財政観

岩下が神山復生病院院長に就任した時の様子をみてみよう。就任早々、岩下は前院長の方針であった「経営安定化のための基金づくり」を否定し、独自の財政面での経営指針を打ち出した。

わたし〔岩下〕はそれは間違いだと思います。勿論、若し誰か非常な慈善家があって、利子だけで患者を食べさせるばかりでなく、病院を拡張し、次第に収容者の数をふやすことができるほど、大きな寄付をしてくれるようなことがあれば、ちゅうちょすることはありません。けれど、それは夢物語です。もしその反対に、わたしたちが僅かな資本をつくれば、こんなことになるでしょう。つまり、お上ではわたしたちに援助を送ることをやめ、皇太后陛下の御下賜金も、文部省や県の補助金もなくなって、病院はささやかな資本の乏しい利子と、日本人や外国人のだんだん限られてくる寄付で細々と暮らしていかなければならなくなるでしょう。病院の発展は止まり、資本をつくった目的とは全く反対の結果になるでしょう。この事業が発展するためには、今のままでなければなりません。すなわち神の摂理にもとづくものでなければなりません〔岩下、一九六二a：一六七〕。

社会の同情に依存する場合の多い私設社会事業にとって、経営安定化のための基金づくりはとりうべき常套手段である。現に、神山復生病院においても毎年の歳入額には大きな変動があり、そのために前院長のド・レゼーが基金づくりを始めたのも当然のことといえよう[13]。しかし、岩下は現実社会の動態としての社会意識――すなわち神の摂理によるもの――を無視した財政策では事業の発展はあり得ないと確信していたのである。それは、関西実業界の大物であった父・清周が、北浜銀行事件で訴追されたことが負の教訓となっていたからでもあろう。つまり、清周のように先見の明に長けた事業展開――結果的に過剰融資とみなされた――であっても、あるいはド・レゼーのように反近代主義の旗を掲げて普遍的な価値観を頑なに固持しようとしても、それが社会的承認を欠くものであれば、結局は事業自体の基盤さえも崩されてしまうことになる、という教訓を得ていたものと思われる。では、社会的承認の必要性を意識して基金づくりをあえて否定した岩下の論理はどこにその根拠があったのか、次に検討したい。

4　岩下における経営思想の神学的根拠

遠藤興一は岩下の実践論をカトリック神学から考察した論文の中で、新しい病院管理システムの採用等の事業改革においては合理主義的な経営観で、他方、資金問題における態度は神秘主義的な経営観で対処したととらえ、岩下においては両者が「矛盾なく同一人格の中に共在」していたと述べている（遠藤、一九七七：二八）。そのうえで、遠藤は各経営観を適用する時の違いを、「直面する課題の性格に応じて」使い分けていたと指摘している（遠藤、一九七七：二八）。

しかし、こうした指摘は明らかに岩下が理解し依拠したカトリック思想とは位相を異にしたとらえ方であるといえる。以下、同論文からこの点について検討したい。

まず、遠藤は神の恩寵作用――遠藤は後で「信仰の論理」と言い換えている――について「この恩寵[14]の作用は、これらの照明や黙示ないし刺激によって心に生じた考えや感情または決意そのものと混同されてはならない。それはむしろ魂をしてそれらの考え、感情、注意を抱く[15]ところを可能にするところの原因や力になるものであ」り、「明かに最初の超自然的衝動に順応したか、背反した[16]かによって、神の前に責任を問わるる域に達しているのである。自由意志の介入はここに始まる」と、カトリック神学に関する岩下の主張を引用している（遠藤、一九七七：二八）。

遠藤はこの説明として、「まず人間が決意し、具体的行為に移ることを可能ならしめる『原因や力』への帰依があって、しかる後に実践者にとって自由意志の働く世界が開かれる」と、自らの言葉で言い換えている〔遠藤、一九七七：二七－二八〕。そのうえで、病者への同情心の表出など――岩下が同じ主張の中で用いた、プロテスタントが無知、無経験のまま病弱の身で病者への同情心から神の使いという抱負をもって療養所へ手伝いを申し入れた例――を指す「感情の発露」という、あたかも「信仰の論理」における「感情」とは別の概念をとり込んで、岩下のこうした思考方法に対して「信仰の論理と感情の発露とを直接結びつけるにはあまりに慎重であり、『実際に即した他の方法』を、より重視する」と分析している〔遠藤、一九七七：二八〕。その「他の方法」とは、岩下が事業改革でみせた合理的技術方法であるという。

しかし、岩下が示したプロテスタントの例は、明らかにプロテスタント信仰にみられた非現実的な論理展開を強調したものであり、直接にカトリック信仰の論理に言及したものではないことを考慮する必要がある。また、「信仰の論理」に関する岩下の主張の真意は、遠藤が引用した岩下の二文の間にある「人間の恩寵への協調は、既にこゝに始まつており、単に自発的な観念や感情に止る間は、未だ道徳的な世界にまでは発展せず、善悪の規範とは相触れないが、決意に至つては」という省略部分を補うことで、より鮮明となる〔岩下、一九四一ａ：二五〇〕。

その論旨は、恩寵により人間が「成義（Justification）」のもとに考え、あるいは感情を抱き、決意の段階に行き着くのを可能ならしめる作用が働くが、次の段階では、その人は自由意志を用いて恩寵を受け入れるか否かを判断し、それを受けて方法論のレベルへと思考を発展させていくという、二つの段階をつなぐ連続性でとらえられるとするものである。その過程で、実際には「決意」の段階以降においては、当然神の前に責任を問われることになるわけである。

つまり、遠藤の言う「感情の発露」とは、実際は恩寵の働きそのものではなく、本来「信仰の論理」の過程に内包されるものであり、他方「信仰の論理」とは岩下が説明するように「善果は恩寵の賜であり、恩寵が先行するに非ざれば結ばざるもの」であるがゆえに、他律的な前提基盤をもつものである（岩下、一九四一a：三四三）。また、善果は「恩寵によりて働く自由意志の協力の故に賜であると同時に功徳である」とされる（岩下、一九四一a：三四三）。これは、実践への起動力の源泉となる恩寵が慈善実践に至る全過程にわたって関わっており、加えて人間の自由意志による選択は、因果律の結果に帰着すべくそのうちの後半部分に介入の機会をもつというものである。

こうとらえるならば、岩下の実践はすべてにおいて「信仰の論理」と矛盾するものではなく、遠藤が引用した「実際に即した他の方法」という岩下の主張も、自由意志の受けもつ領域において一連の「信仰の論理」に基づいて行われるものであることがわかる。すなわち、新しい病院管理システムの採用等の事業改革については合理主義的な経営観、資金問題における態度は神秘主義的なそれと区別してとらえるのではなく、どちらも自由意志による合理主義的思考を経て、全体として信仰の論理のもとに総合されていたとみるべきであろう。

結びにかえて

神山復生病院において岩下の行った事業改革の思想は、歴代のフランス人院長らがもっていた経営思想――ド・レゼーに代表される――とは、本質的にその性格を異にしていた。宗教社会事業の意義が問われる時代状況の中で、岩下は時代の思潮にそぐわない前院長の経営方針を改め、同時代人の社会的承認が得られるような、つまり宗教が社会の変化をも組み入れて総合化を図ろうとする宗教社会事業のあり方を目指した。それは、信仰の論理のもとに総合されるべく自由意志による合理主義的思考を働かせるという、カトリック神学に特徴的にみられる信仰理解に基づくものであった。

注

(1) わずかに、田代菊雄が「科学的社会事業を取り入れた」とごく簡単に評価した程度である〔田代、一九八九：一四三〕。

(2) 『神山復生病院概況』によれば、この年の補助金内訳は、内務省から四二八〇円、静岡県から三一二七円となっている〔神山復生病院静岡県後援会編、一九二六〕。なお、当時一般病院の監督行政が地方に委ねられていたことを考えると、癩病院におけるこうした国からの直接指導は、癩対策の特殊性をうかがわせるものと思われる〔厚生省医務局編、一九五五：二四九〕。

(3) 川嶋保良は「要するにごく常識的な善悪の割り切り方でレゼー神父は布教につとめ、病院では患者に接していたことがうなずける」と述べている〔川嶋、一九八七b：一九〕。レゼーのこうした論理思考は、一九世紀から二〇世紀初頭にかけてのカトリック教会の発展史において、マルクス主義の影響等による思想的な混乱に対する保守的傾向の強まりがあったことと関わりがあると思われる〔フービー、一九四三：二九八－二九九〕。

（4）この調査会は、設立当初において癩、結核、性病のほか乳幼児・学齢児童・青年などを含む八部会で構成された。これらは一様に当時の社会問題と深く関係しており、国策遂行上においても重要な問題を有していた。なお、この調査会は大正年間から昭和初年にわたって、公衆衛生の主要な法令の制定または改正に協力した〔厚生省医務局編、一九五五〕。

（5）たとえば、癩医であり岩下と深い親交があった林文雄が癩医への進路を選択する際に、父・竹次郎が猛反対した経緯などをみても明らかである〔おかの、一九七四：四七－四九〕。

（6）紀本は、「救療事業の部門に於ても躍進進歩すべき要素は多分にあったが又一面救療事業の環境として重大視せらる、一般医療界の空気は救療事業に対し理解少なく却って反対の気勢を示すのであった。（中略）我国の医療制度（社会的）の進歩改善を阻害しているものは開業医の集団でないかと思はる、程医療の社会的施設と云えば反対していた」と述べている〔紀本、一九三五：二〇〕。

（7）たとえば、ベルトランの時代に設立された患者互助会「愛徳会」も娯楽奨励の目的をもっていた〔百年史編集委員会編、一九八九：五九〕。しかし、それは集団処遇の一環としてのものであった。また、ド・レゼーの建てた「娯楽館」は規模等において立派なものではあったが、院内の各種興行に用いられるのが常であり、やはり集団処遇の域を出るものではなかった〔百年史編集委員会編、一九八九：一一一〕。

（8）患者の代表的な声として、野球は患者が「絶望から起ちあがる杖となり、踏み台」となったという〔三原、一九五五：二九〕。

（9）一九九三年一一月一〇日に行った、筆者による林富美子氏への聞き取りによる。

（10）経常費について患者一人あたりの年間経費でみて、計画開始年の一九三一年度には一八二円九六銭であるのに対して、病院整備五カ年計画が完成に近づく一九三六年度においては二一三円一三銭と、明らかに増加している〔財団法人神山復生病院編、一九三七：一八－一九〕。なお、一九三一年度から三五年度までの年平均額は一八五円三四銭であり、各年度の額はほぼ均一であった。

(11) 一九九三年一一月一〇日に行った筆者の林富美子氏への聞き取りによる。林氏は、国立療養所が基本的に治療、生活、信仰の順で優先されたのに対して、神山復生病院では信仰、生活、治療の順であったと、両者の処遇上の違いを強調して述べた。

(12) 竹中には、この時点ですでにキリスト教社会事業についての複数の訳書(共訳)があったし、また、その後の一九四〇年には『日本基督教社会事業史』を上梓している。

(13) 歳入のうち基本的な財源となる下賜金、補助金、寄付金の合計は、一九二一年一万五三二九円三八銭(入院患者数六八人)、一九二三年二万八八七円六一銭(同六六人)、一九二三年二万六七六三円七八銭(同六三人)、一九二四年四万七九五五円七四銭(同六六人)、一九二五年二万一〇七五円四四銭(同七六人)であった(神山復生病院静岡県後援会編、一九二六:一七)。また、歳出の内訳をみると、五年刻みの統計において一九一二年には記載のない基本財産造成費が、一九一六年の段階では初めて四〇〇円記載されており、次の一九二一年からは毎年の統計により五〇〇円から一二〇〇円程度(一九二五年)まで記載されている(神山復生病院静岡県後援会編、一九二六:一八-一九)。

(14) 遠藤が引用した『岩下壮一全集』第四巻の底本では、「聖寵」と記されている(岩下、一九四一a:二五七)。なお、「聖寵」はカトリック用語であり、プロテスタント等で用いる「恩寵」と同義である。

(15) 底本では、「決意」と記されている(岩下、一九四一a:二五七)。

(16) 底本では、「背馳」と記されている(岩下、一九四一a:二五七)。

第3章　岩下壮一における権威性と民衆性

はじめに

一九三〇年代は、天皇制[1]が国民の社会意識の背後にあまねく浸潤し、頂点に位置する社会意識の源流として、また表徴として君臨した時代であったといえよう。他方、民衆はすでに拡散してきた社会意識を国家主義的な規範化に応答する形で、より安定的に再構成させていこうとする時代であったということができる。そこには、「天皇制」という国家と国民をつなぐ意識の同一化を図るための装置が内蔵されていた。本章の問題視角は、時代的要請として国民統合のために求められる、次元を異にした二つの要件にある。すなわち「権威性」と「民衆性[2]」に、岩下壮一の思想はどのように応答しようとしたのか、という問いが本章の主題である[3]。

ところで、思想家としての岩下は、また実践家としての側面も同程度にもち合わせていた。岩下の思想においては、天皇制のもとで権威性と民衆性が一体的に把握され、それを受けて社会事業実践として具現化されていったのである。

本章では、こうした視角から、思潮としてのマルクス主義――すなわち唯物史観――や天皇制――すなわち皇国史観――と対比させるとともに、[4] 具体的な社会実践としての救癩事業の検証から実証的に問い直すことにより、岩下の思想の立場と構造を明らかにしていく。それは、小倉襄二が言うように、天皇制がもつ権威の重要な一機能である「皇恩」が、「人民支配のネットワークの一環として、とくに社会の底辺にむけて機能した」にもかかわらず、その研究状況は「いまだ深層の闇の領域として解明からとり残されている」現状であるとするのと共通した認識に基づいている〔小倉、一九九六：七八－七九、八四〕。

1　思想的枠組みとしての天皇制

一九三〇年代前半の反体制的思想の中心は共産主義思想であった。それに理論的根拠を与えたのは、初めて天皇制を正面からとり上げて分析した三二年テーゼ（日本共産党）であった。三二年テーゼは、当然ながらマルクス主義思想に基づき、日本における政治権力の枢軸である天皇制を激しく指弾した。

一方、天皇制の影響力については、一九九〇年代以降の思想史研究の動向として、たとえばハルトゥニアンが戦後における天皇制の象徴的な位置について考察する中で指摘するように、従来は天皇制のもつ根源的なイデオロギーを過小評価し過ぎて議論されてきたと考えられている〔ハルトゥニアン、一九九〇：八七）。このことは、戦前と戦後の天皇制が構造的に異なっていることを認めても、なお基層において時間的な差異を超えて共通したイデオロギーが継承されていることを示唆している。それゆえ他方では、マルクス主義研究者たちにみられたような、天皇制の本質を単なる強権的な支配の構造でしかとらえられない唯物史観的なアプローチへの疑間も呈されてきたことは周知のとおりである。

天皇制のもつ政治的な権力構造のみをとり上げて議論することは、少なくとも昭和戦前期における天皇制国家と国民との関係を十分に説明できない根拠の脆弱さがあった。それは、かつての共産主義者たちが主張したような権力構造に基づく強圧的・一方的な支配－被支配の単純関係ではなく、また「忠君」のような個人的信条・規範の関係とも異なっている。現在では天皇制を背景として人々の思考様式や行動様式を形成させたイデオロギー装置は、前記いずれかのみの単面的で単方向的に作用するものではなく、多面的で双方向的に働くものとみられるようになった(5)。

とはいえ、昭和ファシズム期における日本社会の思想状況は、大筋において国家が天皇制イデオロギーという思考様式や行動様式に限定して、それを積極的に提供することにより（たとえば教育勅語の徹底化に表れたように）社会の規範が固定化されることになった(6)(7)。それにより、国家の中で機能している反体制思想を含む諸々の多様さの側面は剝ぎ取られ、また擬似家族主義的な権威構造に代置されることでさらに単一化への傾向を強めていき、やがては国に天皇制絶対主義が貫徹することで、あたかも同一の思考様式・行動様式をもつ偏狭な精神文化へと変貌してしまったと解することができる(8)。また、天皇制と合致しないと判断される思想は排撃され、それにより異質さや多様さといった本来民衆性の中にみられる価値のポテンシャリティは破壊されるか、あるいは厳しく抑圧されるか、さもなければ変容を余儀なくされていくことになった[9]。天皇制ファシズム下では、国民は天皇制絶対主義という均質化した価値の中に沈潜させられていたといえる。しかし、それはある程度体系的ではあっても、決して単純な構造ではない。たとえば、それは次に述べる転向者の心理に通底している。

隅谷三喜男は、一九三〇年代の日本社会において天皇制を支えた構成原理は何か、換言すれば天皇制の基盤はどこにあるのかという問題について、一九三〇年代の転向者の心理を分析する中で、転向は家族への回帰を軸にして展開されたと指摘した〔隅谷、一九七六：二六八〕。すなわち、転向は天皇制を権力機構としてではなく、天皇と臣民との関係を家長と家族とみる擬似家族主義の心理が基層で作用し、内なる天皇制に規定された思考様式や行動様式に対する日本人の主体性の弱さが、状況の変化に追随して比較的容易に態度を変容させたという。つまり、結果的に思想基盤の自覚的なすり替えが行われたのである。これは、擬制的ではあっても規範を比較的容易に内面化できなかったという意味で、民衆性の基盤の脆弱さを表している。

日本人の思考様式や行動様式を規定するまでに肥大化した天皇制は、先に述べた戦時期の急激なイデオロギー支配へと進む準備としての成果に違いない。ただ、他方で擬似家族共同体のもつ規範が国民に内面化されるには、まず前提として家族共同体内部の既存の関係原理を新たに再定義することで、家族間関係性の規範化を図らなければならなかったであろう。実際、まず天皇の権威の系譜と継承性を規定し、続いて家族共同体内の関係原理を規定し、最後に天皇と国民の関係原理を規定するという段階的な規範化のプロセスがとられてきた[10]。

少なくとも国民国家の形式的秩序を作り出すためには、天皇制に絶対的な求心力を集中させる必要があったわけである。しかし、天皇制の思想的基盤を解明するうえで、既存の家族観が擬似家族共同体を承認し、その併存関係を所与のものとするためには、家族と国家の相対的な一体関係を再構築させる主たる起動原理――すなわち「公」と「私」とを同一化するレトリック――が何であったかを明らかにしなければ十分とはいえないであろう。隅谷の言う日本人の「主体性の弱さ」が帰結する行方については、絶対的な規範に対して自己を権威に可能な限り主体的に従属させるよう、またはそのことに疑問を抱かないようにしようとする防衛機制が働いたとみることのほかに、対外的な圧力のもとで対内部の抑圧を強化する時代背景の中で、日本国民（＝民族）であることを自ら（再び）求める意味での帰属欲求が大きく作用し、増幅したととらえることによっても、天皇制社会における民衆の心理的安定化の構図が描けると思われる[11]。

こう考えると、昭和ファシズム期における天皇制を支持した日本社会の精神的基盤を、アイデンティティ形成論の視点からとらえることは有意義であろう。それはさらに、政治的権威の権化である天皇個人にではなく、天皇と皇后（または皇太后）という一定のヒエラルヒーをもつ性役割の存在に同一化の可能性が開かれ、国民は両者を家族主義という枠組みで一体視しつつ、それぞれを現実の両位的モデルとすることで天皇制をむしろ主体的に内在化していったと考えれば、天皇制のもつ権威の構造をより正確に分析できるのではないか[12]。言い換えれば、「公」を代表する天皇や皇后（または皇太后）が近代日本における「私」的な社会構造の一般的モデルとして新たに表象させられたことで、国民にとっては全体主義を安定的に内在化する道が開かれ、家族形態の位相の違いを超えて主体的に同一化を図っていくことになったと考えるのである。

ところで、こうした性役割による多元的な構成は、一方で絶対的権威をもつ天皇自身の有する父権的側面（＝父性原理）と、他方で皇后や皇太后による種々の社会事業等への思召し（＝皇恩）に代表される慈恵的な母性的側面（＝母性原理）の総合体としてとらえることができよう[13]。前者はおもに規範的な原理をその中心的な属性にもち、また後者は前者と対置される意味で経験的な原理をその属性にもっている。準戦時期の天皇制は、両者すなわち人間の社会生活において必要な「規範」と「経験」という対になる二つの概念を、それぞれ状況に応じて柔軟に織り交ぜつつ内在化させ[14]、とりわけ母性原理の体現化をつかさどる皇后や皇太后の機能を父性原理による天皇制のそれに補完させることで、国民国家として成立するための内面的秩序をつくり出していったといえよう[15]。

2　唯物史観への応答

マルクス主義の歴史観・社会観の基盤である唯物史観については、岩下の著作の中ではおもにアウグスティヌスの「神国論」についての論考の中でとり上げられている。その中で、岩下は「その哲学的素朴こそは、物質的不安を背景として、教養深からざる大衆に最も訴へたのではあるまいか」と、

「経験」的リアリティと結びつくことによる大衆[16]への影響力の大きさを認めている〔岩下、一九三五ａ：一七〇〕。岩下のマルクス主義への抵抗は、近代歴史哲学への批判という文脈の中で述べられている。

人類の遠き将来の帰趣を指示せんとする歴史哲学者は、歴史に働く絶対的なる何物かを捕捉するに非ずんば、其体系を樹立することはできない。歴史を因果律の支配の下にはめ込んだ唯物史観の歓迎されるのは、適々この要求を極めて安価に満足せしめてゐるからである。これに社会改革の宗教的とも称し得べき熱情が伴う処に、マルクス主義の意外な力が存するのである。人間が天体の運行と其人間生活に及ぼす影響の予見に基いて、争闘したといふ話はまだ聞いた事はないが、唯物史観に力づけられて、身命を賭して戦つた共産主義者の実例は決して絶無ではない。それ程に人間は将来に対する信念を必要とし、またそれによつて行動する者なのである。歴史哲学の実証的根拠が脆弱であればある程、この弱点を補う信念の力が必要とされる。加之、倫理学に於けると同様に、事実より当為は導き出し得ぬといふ難関が根柢に横たはつてゐる。唯物史観がこの理論的難関を突破したかの様に見えるのは、その灰色な理論の効果ではなくて、現実の経済的社会不義の産む道徳的反発に、よき足掛りを提供したに由るのである。一見矛盾する様であるが、マルクス主義の力は道徳的（善悪は別として）なものである。それは、教養なき大衆に対して一種の宗教的信念の形を以て臨む唯物史観に鼓舞されて、道徳的に反発する正義の要求の力である。

かく観じ来れば、アウグスチヌスの歴史哲学がキリスト教信仰に根拠するのを非難したり、最終の数巻を終末観の論証に費してゐるのを笑ふものは、認識不足の誹りを免れ得ない。彼の時代の人々も、現代の我等も、「我等何処に向つて行くや」との痛ましき疑問に対する解答を、待ち焦れてゐるのである〔岩下、一九三五ａ：一七四－一七六〕。

岩下の主張は、唯物史観は単に権力構造の枠組みにはめ込んだ歴史の理論的解釈であって、それは人間の行動を将来にわたって制御する原理が何であるかを明らかにするものではなく、大衆の道徳性を刺激はするが、単なる過去と現在についての相対的な記述に過ぎない、というものである。歴史哲学は、過去を相対化するだけでは十分ではない。その意味で、アウグスティヌスを頂点とするキリスト教信仰を基とした中世思想――すなわちスコラ哲学――こそが絶対的〈普遍〉――すなわち〈真理〉と呼べるような歴史観――を本質的に提供できるとする。それは結局、「神の国」と「地の国」が歴史の中で両義的存在として相交錯しているにもかかわらず、将来「神の国」が「地の国」を制することになるとする「神国論」の基本的な枠組みに通じるものである。

しかし、ここで注意すべきことは、岩下の唯物史観批判が歴史哲学研究の立場から、その真理探究への学問的方法論の不適切性を指摘しながらも、なおそれが時代や社会の中で大衆的支持をもつことを認めなければならなかった点にある。こうした岩下の主張は時代的学問水準を超えていたわけではなかったが、マルクス主義がとらえようとする中核的な問題すなわち経済生活面における構造的な不平等という現実問題を契機にして、社会化する民衆を人が本性としてもつ宗教性——すなわち信仰——と関連づけてとらえた、あくまで民衆性の視座に立った問題分析であったといえよう。

そう考えると、岩下はむしろ唯物史観に基づいて分析した相対的事実としての「歴史」に対しては、それが所与の事実であるとして承認していたと理解できるのである。そのうえで、なお唯物史観を批判する彼の主張の主たる根拠は、岩下が唯物史観の中に「価値」の存在を認める時の[17]、その基準となる規範意識が大衆のそれとは異なっていた点にある。つまり、「正義」という徳に対する大衆のもつ性向としての道徳的規範が、唯物史観においては道徳的価値を伴う精神性——理性でなく元来信仰の領域にある——とは無縁の、理性によって把握される功利的な「正義」に価値を置くのに対し[18]、岩下のそれは本来価値判断を伴わない理性と、価値判断を伴う信仰——律法への主体的な関わりをもつ——の合理的な関係性に基づく両義的な総合体である非功利的な「正義」に価値を求める、という思惟構造上の違いである[19]。前者に関してみると、岩下の主張にある大衆に対して作用する「正義の要求」とは、直接に道徳的価値を伴わない功利的な性向をもつものであり、それゆえ結果として固定化された規範のもとで価値は単在化することになる。実際、岩下の言う「大衆」または「教養なき大衆」にとっては、唯物史観といういわば教条的な演繹的思考こそが天皇制ファシズムという現実の中において最も説得力をもって援用できる理論的支柱だったのである。一方、後者においては、信仰の源泉から流れる精神性の道徳的価値にも依拠するため、むしろ解放された規範意識のもとで価値としての正義は道徳的価値に準じてヒエラルヒー化することになる[20]。

では、岩下はマルクス主義に力を与える大衆のもつ本来の功利的性向こそを、あるいはそれをも批判しようとしたのであろうか。いや、そうではない。岩下は、人間一般の思想的基底に横たわる本質的な問いである「我等何処に向かつて行くや」について再認識を促し、近代主義に加え軍国主義化によって近視眼化された大衆の視野を意図的に解放しようとしたのである。しかし、そうした将来につながる普遍的な視野を提供するためには何らかの権威の存在が必然であり、権威の下部構造に作用する民衆性には二重の意味で人格的視点が必要であった。それは、ひとつには目的でみた場合の労働価値に対する道徳的価値としての人格であり、もうひとつは国家（＝公）に対する個人（＝私）としての人格であった。[21] だが、岩下が指摘するように、唯物史観にはこの両方の人格的視点が欠落していた。[22]

そのうえで、岩下がとりわけ日本の知識階級に対して啓蒙しようとした[23]――岩下は、欧州留学中より日本の知識人へカトリシズムを普及させることを使命としていた――その主張のスタンスは、まさにこの民衆論の視点からのアプローチを軸とする必要性があった。なぜなら、社会の下位システムにある大衆の意識構造は、相対する上位システムにある支配層の権威を規定するうえで欠くべからざるものであり、知識階級は大衆のもつ功利的で実証主義的な価値と反対のものをもちつつ――実は、ここに岩下がカトリシズム普及の対象を限定するもうひとつの理由があった――も、一九三〇年代の工場労働者に代表される勤労国民層として体制内に位置づけられて統合される「民衆」の台頭を等閑視できなかったからである〔荒川、一九七六〕。

さて、前述した論点に戻れば、岩下の「正義」観の特徴である理性と信仰の両義性については、岩下の職業観を例にとってみることでその性格を検討することができよう[24]。岩下は職業に上下の別があることを承認して、「おのおのの個人的貢献の神の前における道徳的価値に関しては、もとより職業の高下などはあり得ない。事は一に当事者の意志の道徳的高下によるのみである。しかし人を離れた職業自身については、その仕事が究極の目的に直接貢献すればするほど高き地位を占める。すべて直接に精神の陶冶に携わる職業は、肉体の要求を満たすためのそれよりも高尚というべきは論をまたない」と述べている[25]（岩下、一九九四：二三〇）。つまり、岩下の例示によれば、マルクス主義のとるある種無機的ともいえる職業一元（平等）論の当為的立場とは異なり、本来の職業としての大学教授は車夫よりも高い地位を占めることになる。その論理構築については、全体としては合理主義的な視点から理性により論点を整理し、そのうえで信仰に基づく価値判断を加えて、包括的には信仰の論理のもとに両者の総合化を図るというプロセスをとるものである。それゆえ、このように信仰の論理と理性の論理をまず明確に分離したうえで両義的な観点から結合を図り、それに基づいて正義の何たるかを主張するという思考プロセスをとる岩下にとっては、職業観についても人間本位の観点に立って解放された規範に基づく道徳的な価値判断を前提していたがゆえに、結果として、「元来不平等に生まれた人間に、共産的平等を強いるはさらに一層不公平である」と確言できたのである[26]（岩下、一九九四：二三〇）。それは、大衆の現実認識と矛盾することがないので、大衆への「生存権」や「人格の価値」といった理想観念的な人格像の強制からくる、現実との乖離による反抗的あるいは悲観的態度の生起にはつながり得ないものであった〔岩下、一九九四：二二八―二二九〕。

では改めて、岩下はマルクス主義そのものに思想的危険性を感じていたのか。もしそうであれば、マルクス主義のどのような点にそれを看取していたのか。結論から言えば、岩下は社会科学的なパースペクティヴとそれに基づく理論とを提供したマルクス主義自体を危険視してはいなかった。歴史哲学者を自認する岩下が唯物史観を批判した理由は、唯物史観という社会の経済構造をすべての人間活動の基礎に据えた歴史観が勢力を強めることで、普遍的な歴史観を提供することのできる宗教――すなわちキリスト教――がないがしろにされかねないとみたからに他ならない[27]。つまり、問題はマルクス主義そのものにあるというよりも、むしろイデオロギーの形成に対してその思想が蒔かれる土壌となる大衆意識にあるとみた。その大衆意識とは、明治以来の天皇制国家の形成過程でつくり出された権威主義的な君主―臣民の関係構造における意識に他ならなかった。大衆は、この意識によって、精神的にも現実的にも自らの帰属母体を希求し、常に権威者から自己を被包摂的に措定されようと希求した[28]。すなわち、岩下が立脚した実在論的世界観にあっては、普遍を体現するための装置としての教会と、教会権威の対極に存在しそれに調和しつつもそれとは明確に区別された信徒が必要であったように、天皇制国家には天皇（制）とともに、その権威の対極にあり、それと同一化しつつも立場を明確に異にした大衆が必要であったのである。それゆえ、岩下にとっての大衆とは「凡ての文明は特定の文化を、凡ての文化は一の形而上学を――それが非哲学的な唯物論の形に於てであらうとも――背後に要求するもの」であるとみた時の、主体者としての存在であった〔マリタン、一九三六：「訳者の序文」五）。

岩下にとって、唯物史観にみられる歴史観とは限定的なものであり、〈普遍〉とは程遠い歴史観であった。そこには過去の事実を抽出し体系化した無機的な「歴史」のみが存在するがゆえに、そこからは普遍性をもった将来の展望まで見出すことはでき得ないとみた。岩下は、中世スコラ哲学が瓦解した原因について、「科学の進歩ではなく、知性一般に対する根本的立脚点を放棄せる中世末期の唯名論の跋扈に存した」からであるとして近世哲学が誤謬であると指摘した。しかしそれだけでなく、このことはまた、「現代におけるスコラ学徒の課題が、現代哲学に現れた同じ思潮の克服に存する」とみて、再び同じ過ちを繰り返すことになる近代哲学の誤謬をも指摘しなければならないという認識をもつに至ったのである（岩下、一九四二：三五二）。

近代思想に対する岩下の根源的な危機感には、カトリック教会のもつ権威の担保の問題、ひいては神の権威に対する神学的な危機の問題が横たわっていたと思われる。マルクス主義は、あくまでも権力構造を体系化したものに過ぎず、前提としての受け手（＝大衆）の主体的な受容という権威の側面を捨象していた。それゆえ岩下は、マルクス主義が基盤となる哲学をもたないまま砂上の楼閣として構築された理論であり、歴史観であるとみた。岩下にとって、普遍とは権威によってのみ規定され得るものであり、その権威とはカトリック世界観がもつ絶対的な秩序に基づくものであると認識していたのである。

3 皇国史観への応答

一九三五年三月、当時貴族院議員であった美濃部達吉らによる天皇機関説に対して、貴族院は「政教刷新」の建議を可決し、また衆議院は「国体明徴決議案」を可決した。こうした政治的動向は、右傾的な公衆――それは世論の担い手である――によるいわゆる「天皇機関説反対運動」の激化を背景とし、あるいはそれに呼応していた[29]。岩下が岩波書店の「大思想文庫」のうちの一冊として『アウグスチヌス神の国』を上梓したのは、ちょうどこの年の一一月であった。

この著作は、東京帝国大学哲学科における卒業論文として一九一二年に書いた「アウグスチヌス之歴史哲学」(仏文)を底本として、それをリライトしたものである[30]。この著作に新たに加筆された皇国史観に関する該当箇所は、とくに唯物史観と皇国史観を交えてとり上げた部分である。今ここに、(直前の一文を含めた)該当箇所を引用してみたい。

神国論は、「我等は何処をさしてゆくか」との真摯なる探究心を予想して初めて、我等に生命的なる何事かを物語りうると思ふ。

この点に関して、現代の青年の多くが、何故に唯物史観に走つたかを顧みれば、思ひ半ばにすぐるものがあらう。学者は唯物史観の哲学的素朴を笑つた。併しその哲学的素朴こそは、物質的不安を背景として、教養深からざる大衆に最訴へたのではあるまいか。最近に於て、我等が右翼の理論なるものを聞き得るに至つた事は、理論そのものの価値は別として、確かに進歩と云はなければならない。左翼の進撃に対して、彼等は民族の古き伝統と、それに付随する高貴なる信念の上に、堡塁を築きつゝある。この今日迄余り顧みられなかつた精神的勢力に、彼等が著目したことは蓋し自然であつた。右翼の真の力はこゝに存すると思ふ。今のところ、その力は決して一二の思想家によつて唱道される、西洋哲学めいた急造の理論には存しない。勿論かゝるものは要求せられてゐるに相違ない。それに対して今日から充分の用意が整へられねばならぬことは当然である。我等の国民的、民族的生活の基調をなす高貴なる信念が、力の支持を失つた時に、「何故に」といふ懐疑は益々公然と現はれてくるであらうから。こゝに於てか、我等の理性と感情とを調和してくれる、神国論の如きものが待望されるのは必然である。現代日本の思想的統一を画するものは、我等に神国論ならざる皇国論を提供する責めあることを、忘れて貰ひたくない（岩下、一九三五a：一七〇－一七二）。

岩下は、皇国史観を右翼の思想とみなしつつも、それが大衆精神に内在する国民的、民族的アイデンティティであることを認め、その地平に立って新たな議論を提起している。それは一方で、当時の日本のカトリック教会がこの問題に対してとった信徒への明確な皇国史観の奨励という、対「国民国家」的応答との緊張関係の状況下で表明されたものであった[31]。岩下の主張は、仮に右翼（あるいは右傾的思想家）による皇国史観に基づく精力的な「国体」運動が大衆の皇国史観を支持できなくなった場合、その依拠する思想基盤の理論的脆弱さゆえに、権威の上部構造としての天皇のもつ大権は、大衆側からその存在の必然性に疑問符が付されることになるというものである。そのためにも、岩下は皇国史観の理論的強固さが求められると主張した。

では、岩下が危惧した「力の支持を失〔う〕」事態とは何であったのか。その認識は、まさに日本が置かれた対世界的な状況を反映していた。すなわち、岩下が述べるように「民族的立場を固守しつゝ、経済的にも、思想的にも、民族対世界の問題を処理すべく迫られた我等の問題」に当面している状況に他ならなかった（岩下、一九三五a：一七三）。当然ながら、そうした認識はとりわけ知識階級の同時代人には共通していたと言ってよい[32]。万世一系の天皇を中心に据えた民族的「信念」としてのナショナリズムを保持しつつも、対外政策を前面に据えようとする政治状況のもとでは、従来の対国内的な皇国史観を止揚した、新たな皇国史観による世界観を構築する必要に迫られていた。それゆえ、そうしたナショナリズムを基礎づけ支持する「力」となるはずの、皇国史観を鼓舞する運動あるいはその理論である従来の「皇国論」が、政治的または思想的な「権威」を失う事態に陥った時こそ、国民の民族的アイデンティティは確立基盤を見失わざるを得ないことになる。岩下が仮定したのは、続けて説明でとり上げたローマ帝国の滅亡事例からも類推できるように、日本帝国主義の崩壊を意識してのことであった（岩下、一九三五a：一七二）[33]。

岩下は、A・ハルナックの主張に賛同して「思想の統一には、外的権威は絶対に必要であるけれども、それは単なる外的権力であつてはならない。必ずや内的権威に由つても承認し得らる〻道徳的のものであることが要求される」と、権威関係が保有すべき双方向的な機能について述べ、とくにハルナックの主張に続けて示されるように、内的な信念が能動化するためには、①厳に正しい権威を定めること、②内的権威と外的権威の適当な関係を見出すこと、についての視点こそが現代の日本の思想状況を検討するうえで最も重要であると指摘している〔岩下、一九三五a：一七九〕。加えて、安定的な思想がもつべきこうした「内的権威」と一体化した権威構造は、宗教のもつそれと相似であり、それゆえ敷衍してとらえられるものであることを示している。[34] 結局、岩下が認識する「内的権威」とは、これまでの考察からわかるように実践道徳として具現化される、民衆性に基礎づけられたものといえよう。

ともあれ、岩下の主張の筋道は、まずアウグスティヌスの神国論に代表されるように、論理的にも感覚的にもその思想の権威性が確保される必要を説き、それを受けて現代日本においては〔アウグスティヌスの〕「神国論」に相当するものとして皇国論の存在を承認している。しかし、皇国史観の理論的支柱となるはずの「皇国論」は、右傾と左傾が拮抗する思想的な不安定状況に対する〔思想的統一のための〕解決能力を内包するまでにその説得力を成熟させてはいないとみた。それゆえ、岩下の主張は形式的には同時代思潮の批判と言ってよい。しかし、ここで注意を要することは、そうした皇国論の提供を、皇国史観を主張する者の責任として求めていることである。つまり、引用文の「その力は決して一〔、〕二の思想家によって唱道される、西洋哲学めいた急造の理論には存しない」という箇所からもうかがえるように[35]、このような岩下の主張は、明らかに「国体明徴」を支持・指導した国家主義的な右傾集団に向けられていたといえる。このことは、岩下の思想的な立場を示唆している。つまり、第一ヴァティカン公会議（一八六九－七〇）以降のカトリック教会の思想的立場に立って、信仰を理性の領域から情念の領域へ追放してしまう近代思想（modernism）への対決を日本において志向してきた岩下が[36]、護教的立場を背景に回しつつも、相対的には主知主義的な観点から未成熟な権威性に留まっているナショナリズムへの批判的態度を表明したものといえる[37]。

では、岩下は「皇国論」を「神国論」とどのような関係に措定してとらえていたのか。

これは、岩下が「神国論」を歴史哲学として普遍化してみた場合の主要な現代的教訓のひとつとして挙げている文化的価値判断の問題でもある。岩下は、政治的権威の失墜と（キリスト教ではない）異教思想との対立によりローマ帝国が滅亡するに際し、アウグスティヌスが新たに「神国論」的世界観を提起することで活路を得、思想的破綻にまでは至らなかったという事例を挙げ、それがアウグスティヌスの「神国論」においては異教を排除せず、異教をもその世界観に包摂していたからであったと説明している〔岩下、一九三五a：一七九－一八〇〕。つまり、その認識は「異教文化にさへも、その世界観のうちに、相当の地位と価値とをあたへ得る」包括的な権威の存在としての「神国論」であった〔岩下、一九三五a：一八〇〕。それゆえ、岩下のとらえる「皇国論」もまた「神国論」に包摂されるという意味で、その存在が否定されずに一定の思想的価値を確保し得たのである。

4　皇恩への応答

ここでは、皇国史観をさらに具体的に考察するために、皇恩――とりわけ、その代表ともいえる救癩事業への皇恩――に対する岩下の主張をみていくことにする。なお、ここでいう皇恩とは、天皇からの栄典授与および皇后、皇太后等の皇族から国民への下賜を含む慈恵的諸顕現を指す。栄典については岩下が勲章・褒章等の受章機会をもたなかったので[38]、ここでは昭憲前皇太后（美子）当時から始まる神山復生病院への特別な慈恵的関係を念頭において[39]、まず本節において岩下の主張を確認した後、次節において岩下が晩年の一〇年間、神山復生病院の院長として行った救癩事業実践をとり上げ、とくに貞明皇太后（節子）による慈恵的顕現への対応関係から検討するものである[40]。

皇恩について直接的に言及している岩下の著作は、①一九三五年に病院後援者に向けて財団法人神山復生病院から発行された『感謝録』に掲載された記事である「皇室の御仁慈」、②大阪朝日新聞社にて一九三五年に開催された「御恵みの日」記念講演会の演者の一人であった岩下の講演要旨（関西MTL発行）「祖国の血を浄化せよ」、および③一九三一年に静岡県社会課からの要請により放送用に作成した原稿「復生病院について」、の三点が代表的なものである。

まず、②と③については、①と同様に皇恩への報謝を前面に出したという意味で慇懃的な基調をもってはいるが、現代の一部の人権至上主義的な歴史家が、岩下を典型的な優生思想家の一人であるとして断罪するように、その内容には国の絶対隔離政策をより加速させるべきであるとする積極的な加担を前面に出す主張を包含していた〔藤野、一九九三：一一三〕。ここでは、そうした批判に対する岩下の民族浄化論の思想構造的な特徴をくり返して述べることはしないが[41]、こうした外形的立場が常に皇恩と一体的に、外在批評として論じられたところに準戦時期および戦時期の政治思想形成のひとつの特徴がみられるといってよいであろう。つまり、皇恩は近代の天皇制国家における権威の下部構造に位置し、民衆性と引き換えに権威性を担保させる決定的なイデオロギー装置であったといえる[42]。その際、救癩問題からのアプローチは国民統合を図るための格好の手段であった。なぜなら、片野真佐子が癩患者の問題に代表させて民衆の意識構造を鋭く分析するように、従来民衆が癩患者を偏見や差別の対象としてきたことによる、民衆自身がもっている「弱者への負い目」――それは、民衆の連帯の契機となる可能性をもっていた――が、明治以来の皇民教育によって刷り込まれた「天皇への負い目」に吸収され裏打ちされたことで、国民の思想的な統合化に実効力をもたせることになったからである〔片野、二〇〇三：一七〇－一七二〕。

当然ながら、岩下の主張した民族浄化論も皇恩のもつこうした民衆性に乗じた形で展開されている。岩下は、「自分の家の病人を外国人に世話させて平気でゐて、我々の国民的良心は恥づかしくないのでせうか。この国辱から皇室の御仁慈が国民を救うて下されたのである。我等はこゝに覚醒して一日も速に癩問題を解決しなければならない」と述べ、国民的世論の形成による隔離運動の推進を強く説いている〔岩下、一九三五b：一八〕。岩下にとって救癩は、国内的にはとりわけ国民道徳の問題であり、必然的に国民の自発的なあるいはプロパガンダによるお仕着せの皇恩報謝によって支えられるものと認識された。岩下の主張は、強弱はともかくも当時の救癩に関わる者たちの一般的な主張と一致していた。しかし、対外的には岩下の主張は過激な右傾集団や国体思想に乗じた絶対隔離主義者たちがもつような、皇国史観を背景にした排外的なナショナリズムに基づく祖国浄化論ではなかった。岩下の主張は、基本的には同胞主義を基礎にもつナショナリズムとコスモポリタニズムが一体的に共存する思想であった。

次に、①における内容は、まず「本院は僻地に所在し、癩疾患に関する誤れる社会思想に対する遠慮もあり、就中創立者の宗教的信念に基く方針として絶対に宣伝を避けた結果、創立以来相当の年月を経たにも関らず余り其存在が社会に知られませんでした。それが今日の如く一般に認めらる丶に至つた端緒は、偏に陛下の御仁慈によるのであります」という皇恩への報謝的認識を前面に掲げ、次に病院が前院長のド・レゼーの時代以降において再三にわたり皇室から特別な配慮や援助を受けてきたことに触れ[43]、続けて一九三三年六月の患者・職員によるお召し列車奉送の詳細を述べている。少なくとも岩下の記述からは、奉送に代表される皇恩への応答は形式的な権威受信の域を超え、患者と共感し、その代弁者として民衆的立地点から主体的に発信していたと理解できる。患者たちの奉送への要求は、人間が本来もっている社会——あるいは「正統性」——への帰属欲求から生起し、時代や社会一般の皇国史観を反映して皇恩への直接的応答として形成されたものであり、奉送は患者たちにとっては従来から抑制されていた「社会性」の外向的な発現機会——それも、対皇族という究極的な対象設定のもとで――として代表的な実際事例であったといえよう。なぜなら、一般に人間はその帰属欲求のゆえに自覚的にも無自覚的にも「社会的存在」であることを希求するが、癩患者たちにとっての現実は社会との「断絶」という抑圧的規範のもとでしか欲求を表出され得なかったからである。つまり、一般国民は天皇制のもつ権威性とそれを支持する民衆性の両義性によって国民的・民族的アイデンティティを安定させ得た――言い換えれば、天皇制国家は権威性と民衆性の両義的性格を保持することで安定し得た――が、癩患者にとっては一般に受動的なあるいは当為としての「権威性」によってのみ制御され、人間道徳の本源的な起動力から生起して権威の下部構造に投射されるはずの民衆性の側面は全面的に否定されてきたのである。

では、次に奉送の実践事例を紹介し、岩下の皇恩への応答が癩患者の民衆性から発信され、またそうした患者のもつ民衆性が岩下を介することで天皇制国家における権威性とその下部構造において主体的に一体化したことを明らかにしてみたい。

5　奉送の実践思想

まず奉送に至るまでの経緯について、岩下自身の説明から引用してみたい[44]。一九三三年六月七日、軽症患者および岩下と数名の職員合わせて約三〇余名は、貞明皇太后（節子）が静養を終えて沼津御用邸から還啓する際に、静岡県民一般の奉送とは別に、病院所有地に近い東海道線の沿線で奉送した。

もとより、癩患者のこうした機会は、癩がもつ社会の強い忌避観ゆえに戦前にあっては到底認められるものではなかった。

陛下には、大正天皇御崩御以来御引籠りのところ、昭和八年春始めて沼津へ行啓仰出されました。この報を得て院内一同の胸は如何に躍つたことでせう。晴れた日には病院の運動場から南の方、淡き天城の連峰と濃き香貫の翠巒の間に一抹の銀色に輝く静浦のほとり、そこの御用邸に、我等の皇太后陛下が御滞在遊ばすときいて私共は急に緊張しました。朝に夕に陛下の御無事と皇室のご繁栄の為に特別の祈が捧げられました。わけても沼津御到着の日、院の西方一キロ隔つるか隔てぬ程の東海道線を、陛下の御召列車が通過したとき、感激は最高潮に達したのでした。併し、それと同時に私共は日陰者の淋しさをひしひしと胸に感ぜぬ訳にゆきませんでした。線路は病院の所有地の一部を貫いて走つてゐるのです。里の子等は皆美しく着飾つていそいそと奉迎に行くものを、あれ程の御恩恵を蒙り乍ら私達は世にいまはしき伝染病患者の故に平常は軽症患者が伐木採薪の作業に出掛ける院所有地に於てさへ奉迎は許されません。前年の秋、聖上陛下が関西大演習より御還幸の際、御召列車なりと拝観させていたゞかうと国旗を用意して出発しやうとした時、警察から禁止されてしまつた。この心の痛手を思ひ出して私達は御遠慮申上げました。併し百有余名の親代りとして、院長は一同のこの心を黙殺するに忍びませんでした。遂に四月二七日、意を決して無位無官の身を顧みず大胆にも沼津御用邸に拝趨いたし、日頃の御礼を西邑事務官殿を通じて言上致しました。其際事務官殿は非常に御親切に院の状態等をご質問下され、ご多忙中殆ど一時間に亘つて各種の事情をご聴取下されました。私は唯々感激にみちあふれたのであります。将に御暇乞をせんとした刹那、余りの御親切に気を許した故か、私の胸底に潜んでゐた言葉が遂に発せられてしまひました。私は率直に患者一同の切なる御願として、御還啓の砌には是非鉄道沿線適宜の場所で、特別の御詮議によつて奉送の儀御許可ありたき旨を申上げましたところ、陛下の大御心をご存知の事務官殿は即座に「自分は至極結構と思ふ。宮内省の方は尽力してみよう。併し警察の意向も聴いた上で」との御返事を得ました。私は天にも昇る心地で御用邸を拝辞し、直に患者諸君を集めて事の次第を復命しました。

（中略）

この御仁慈〔五月二八日に、貞明皇太后が入江皇太后大夫を神山復生病院へ差遣し慰問させたこと〕[45]に感激した院内には、是非奉送を、といふ声が益々高まりました。私も最早座視して居られず、いよいよ御還啓の期日も発表になつた五月三一日、愛生園への患者輸送のお手伝ひをした序手に、長島行の患者さん達と同車して静岡にゆき、知事、警察部長、衛生課長へ宛嘆願書を提出し、前日御殿場署長をも訪うて諒解を乞ひました。其時既に御用邸の方からも御話があつたものと見え、六月六日、ご還啓の前々日午前、緑川衛生課長が御殿場署長を連れてわざわざ御来院になり、奉送の場所を御撰定下され、御内意により患者奉送の場所より一粁前に目印の日章旗を樹立して頂きました。一方私は御殿場駅長に依頼して御召列車が其地点を通過する時間を調査して貰ひ御用邸へ申上げ、用意万端と、のへました。此時の院内の歓喜は到底筆紙には尽くされませぬ[46]〔財団法人神山復生病院編、一九三五：五－六、八〕。

この奉送に参加したT氏によれば、対応した県当局は奉送を許可するにあたって、①集落の中を通らない、②団体行動をとる、③奉送の場所は病院から一番近い駒門踏切の両側一〇〇メートル以上離れた場所に限る、という条件を付したという[47]。さらに、奉送に参加する者の選定にあたっては、歩行に支障のない者かつ症状が軽度な者であって、本人の意向を確かめたうえで行われたという。これについては、もとより事前に県から「生徒児童其他団体員中疾病アルモノ及身体虚弱者ニシテ動静ニ大ナル支障アル者ハ遠慮セシムルコト」という項目など奉送時の注意点に関する通牒が、富士岡村村長を含めた東海道沿線の各町村長に出されていたし、また、御殿場警察署署長から富士岡村村長宛の警衛・衛生・治安についての指導依頼書も出されていた[48]。こうした行政指導が、先の県当局が示した条件の基本に置かれたわけである。一方、院長の岩下から静岡県知事等に宛てられた嘆願書は極めて短い事務的なものではあったが[49]、そこには天皇を代表とする「公」が体現された「公共」として、官と民との信頼関係に基づく周知の共通認識が含意されていた[50]。たとえば、貞明皇后（節子）から時の静岡県知事・関屋貞三郎への照会を端緒として、静岡県社会課の肝入りで一九二一年に創設された神山復生病院の支援団体「神山復生病院静岡県後援会」は、病院所在郡である駿東郡長が会長を務め、県知事以下県の幹部役職者らが顧問を務めるというように、まさに全県を挙げての後援活動を展開していた〔百年史編集委員会編、一九八九：八五―八八〕。

こうした状況のもと、患者の奉送要望の高まりに対して岩下が積極的に応えていった背景には、患者の「皇太后陛下の御慈愛に感謝の証を」という願望から出発して「無理を承知で院長直訴の行動」に出たという請願行動に至るまでの経緯があったという[51]。こうした患者の現実から隔たったとも思われる請願に対し、岩下は屈したのではなく「最早座視して居られず」という認識に至ったことからすると、卑屈になっていた患者の国民化欲求を奉送という社会的実践へと具現化させることを承認する基本的パースペクティヴを、すでに岩下自身がもっていたに違いない[52]。では、癩患者ゆえに一般人ならば当然に保有している社会活動の機会さえも承認されない現実の中で、岩下があえて同時代人のもつ天皇制国家における〔癩患者を含む〕民衆の社会化意識に注目してこうした救癩活動の一端を展開した背景はどこにあったのか。それには、もう少し当時の癩患者をめぐる社会思潮と岩下自身の思想形成について補足説明しなければならないであろう。

当時の癩患者は、一般にどのような人間観の中で固有な社会的位置づけがなされていたのであろうか。一九三〇年代初め頃から政策的に進められ、官民協力のもとに成果を挙げた「無癩県運動」に関して、患者の絶対隔離運動を積極的に推進した代表者ともいえる光田健輔は、「軍人は国の為めに屍を満州の野に曝すを潔とし、進んで国難に赴いた。銃後の人は之れを支持するに努めた。それと同じく我等も村の浄化の為めにも自分の疾病を治す為めにも進んで療養所に行くべきである。況や皇太后陛下が日夜我等病者の為めに御軫念遊ばさるゝと聞くに及んでは一日も早く不安の旧里を捨てゝ療養所に行くべきである」と、在宅癩患者に向けて説いている〔光田、一九三六：一二‐一三〕。引用の前半部分では、国策の遂行に寄与すべき生産的・建設的な構成要素としての人間観が基底にあるとみてとれる。そこからは、当然ながら癩患者に対するような穢れ観を伴って劣性国民の刻印を押された非生産的・非建設的な国家要素であれば、少なくとも通常の社会に負債を負わせることを避けるべきであると結論される。また後者からは、皇太后が「国母」あるいは「慈母」として象徴的に定位されている時代状況にあって、皇恩への報謝を実際の行為として表すために挙国一致すべき「皇民」としての人間観が認められる。つまり、統制社会を支えるこうした二重強化の人間観が主流化することによって、とりわけ絶対隔離の国民的運動に影響されて抑圧的な〈当為〉性の中に押し込められることになった癩患者は、さらに必然的に社会的な〈存在〉性をも奪われることになったのである。しかし、すでに皇国史観への応答のところで検討したように、岩下には天皇制下の軍国主義が先鋭化する中での現実の権威を、消極的ではあっても承認する思想的基盤があった。

一方、思想形成からみると、岩下の人間観は本性として〈社会的な性格を帯びている〉ものであるという認識を伴って構築されていったのである。岩下は、たとえ物質的な進歩のような「非哲学的な唯物論」の形であっても、文化の背後には宗教を基にした形而上学を必要とし、それゆえすべてを包摂するような神（の意志）の存在を見出さなければ社会生活を安定して送ることができないとみた(53)〔マリタン、一九三六：「訳者の序文」四‐五〕。この点について、岩下は自身の思想形成の到達点を説明している。それは、トマスのアリストテレス政治論注解（第七巻第一章一節）の言葉を引用したもので、内容はアリストテレスからトマスへと継承される人間観と社会観の相互関係理解の妥当性を承認し支持するものであった。

最善の社会組織が如何なるものであるかを確実に探究せんと欲する者は、必ずや先づ第一に人間に最もふさはしき生活が如何なるものたるかを考察しなければならない。（中略）人間にとつて最上の生活の何たるかを知らざる者が、社会の最善な組織を知り得やう筈はない。なぜなれば、社会の中に於てこそ人間は其時々の状況に応じて、最も容易にその最善的生活に到達しうるものだから〔マリタン、一九三六：「訳者の序文」四－五〕。

一九三〇年代の癩患者にとっての社会状況に応じた最善的生活は、「皇民」としての国民的・民族的アイデンティティを獲得するための要求を満たすことで確保し得たといえる。それゆえ、岩下の援助における実践思想は、単に服従や抵抗というような権威への被支配者的応答とは異なった、患者自身がもつ国民国家への帰属欲求を重要な本性的欲求と見定めて、彼らのそうした民衆性を主体化させることを目標にするものであった。それは、観念としてのカトリシズムの中には容易に見出しにくい、トマス思想におけるひとつの核心的な実践思想にあたるものと言えよう(54)。

結びにかえて

結局、思想家としての岩下は、自身が認めて述べるように「独立の世界である癩病院の主権者として自己の所信の是非を実験しうる機会を与へられた」ことで〔マリタン、一九三六：「訳者の序文」六〕、帰納的なアプローチから、思潮としての唯物史観や皇国史観をも含めた包括的な世界観を構築していったといえよう。それは、時代や社会の新たな要請にも応え得るものであった。しかし、それは新たな構築というよりもむしろ歴史哲学の視座から、とりわけ中世から近世への思想的断絶、さらには同様な断絶が近代においてさえも起こっているとする認識を伴って、そうした不連続性を絶対的・実在的・民衆的観点から連続性としてとらえ直そうとしたところに、同時代の思想にみられない岩下ならではの独自な視点があったといえる〔岩下、一九四二：三五二〕。ただ一方で、岩下が著作のみならず救癩実践を通しても、民衆的視点から近代思潮に種々の批判的論点を提起したにもかかわらず、第二次世界大戦を経てからでさえ、岩下の思想史的貢献が日本のカトリック思想に弁証法的発展を遂げさせ得なかったことは、単なる「戦前」、「戦後」の外形的な不連続性を超えて今後の検討を要する課題であろう。

注

(1)「天皇制」という用語は生成史的には政治的な意味合いを帯びたものであるが、ここではその後の議論の派生的展開をも含めたより広い意味でとらえている。

(2) 本章ではこの概念を、民衆のもつ生活感情に源泉を置く土着的な意識性向であり、自己と社会規範とが融合して一体となることによって発現するものととらえることにする。それは、安丸良夫が言うように「自己の精神の権威と自発性の上に基礎づけられ」て、実践道徳として機能するものである〔安丸、一九七四：三一〕。

(3) 一般に権威は、発信者からの一方的な権力機能により構築されるものではなく、受信者による応答として、発信者への受容や支持が伴うという双方向性をもつものである。それゆえ、「権威性」という概念は権威の発信者側である上部構造と受信者側である下部構造の相関の上に成り立っている。また、「民衆性」は副次的な立場から権威の下部構造である受信者側の性格を基礎づけるものである。それゆえ、権威性は民衆性に支持されているといえる。本章では、両者を対抗概念として分離した議論の立場をとるものではない。ただ、こうした権威構造における民衆性の側面を意図的に強調するために、あえて「権威性」とともに「民衆性」という概念を併用した。

(4) 半澤孝麿は、カトリック思想家・岩下の同時代思想批判が「単に一般的に近代思想というよりは、とりわけマルクス主義と、ナチスも含めて右翼民族主義の危険を強く感じ取っていた」と、適切な指摘をしている〔半澤、一九九三：二八六〕。

(5) 一九九〇年代に特徴的にみられるような、天皇制がもつ文化統合的機能を政治学的な観点から普遍化させて分析する研究が典型的なものと言ってよいであろう〔安田、二〇一一：一九〕。他方で、歴史学研究として正統な近代天皇制研究の側に立ち安田浩は、近代天皇制国家は多元的・分立的につくられた国家諸装置が対抗する中で時代とともに段階的に受容してきたととらえ、それは「強権的抑圧によって社会の自己主張をきわめて狭隘な範囲にとどめるとともに、社会のなかに国家性を内包させ、国家への求心性・依存性を社会のなかから滲出させようとするシステムである」と、あくまでも近代天皇制をナショナリズムの特殊な構造物としてとらえている〔安田、二〇一一：一六、一一八〕。

（6）教育勅語（一八九〇）は、教育の根本に天皇中心の国体思想を据えた。また、戊申証書（一九〇八）は国民意識の統合を図る道徳基準とされた。

（7）教育勅語に対する肯定的評価の一例として、一九四七年にカトリック修道会・イエズス会によって創立された栄光学園（中学・高校）では、初代校長で司祭のグスタフ・フォスが「日本人としての根本倫理」として教育勅語を講義に取り入れていたとされる。

（8）この点について、たとえば山口昌男は人類学研究の視点から、教育勅語などが「政治空間の均質化のための装置」であったと述べている〔山口、一九八九：二四二〕。しかし一方で、戦後の象徴天皇へと続く思想的基底において、天皇を文化の統合者とみる、より広い意味からの現代的観点も無視できない〔栗原、二〇〇二：一四四〕。

（9）たとえば、それは宗教団体への圧力として現象した。破壊については大本教、抑圧についてはカトリック教会、さらに変容については金光教をその代表的な例に挙げておきたい〔栗原、一九七六、高木、一九八五a、桂島、二〇〇四〕。

（10）それぞれの段階に代表的な事象は、第一に明治憲法の制定、第二に教育勅語の発布徹底、第三に「国体の本義」の発布周知である。

（11）この対外的な社会情勢による帰属欲求の視点については、「皇国史観への応答」の節で検討する。

（12）当然ながら、明治初期における国民と天皇との疎隔状況とは異なり、大正中期以降においては、国民と皇室の一体感が強調されてきた背景がある〔片野、二〇〇三：一一五〕。

（13）叙勲等の天皇による恩恵もこの父性原理に包摂される。なお、ひとつの理解の仕方として、栗原彬は天皇を象徴資本とみて、権威のこうした側面すなわち叙勲が社会の序列化を再生産する装置ととらえていることは興味深い〔栗原、二〇〇二：一四三―一四四〕。また、一九三〇年から貞明皇太后（節子）の計らいにより全国の救癩団体に下賜金が定常化するようになったことは、民衆の皇恩意識が広く喚起され、不動のものとして確立するという影響をもたらした〔片野、二〇〇三：一七〇―一七一〕。

（14）時代による力点の移動について、たとえばジェンダー表象を辿ることで一五年戦争期の天皇制と母性思想について検討した加納実紀代は、国民統合の一面として父親不在の中で子の養育を母親が担うという事情を反映して、この時代の天皇が国民の母性モデルにささえさせられていたことがあったと指摘している〔加納、二〇〇二〕。

(15) 皇后（または皇太后）の役割について、片野真佐子は「日本人のもっともやわらかで、けなげともいうべき心根を、国家へと吸収していく装置が皇后であった」と指摘している〔片野、二〇〇三：二〇六〕。

(16) 本章全体に関わることとして、「大衆」は「民衆」とは用語としての成立背景を異にしており一致するものではないが、本節および次節では民衆性の意に限定して用いる場合を除き、引用文における岩下の用法にならって「大衆」を用いることにする。

(17) 唯物史観のもつ倫理的性格についての指摘は岩下の独自な主張ではなく、その批判の論点は立場により異なるものの、マルキシズムに対する当時の他の批判者の主張にも通じるものである。一例を挙げれば、小泉信三の論文「マルキシズム」がある〔小泉、一九二九〕。

(18) この点に関して、安丸良夫は日本の近代化の中で本来至高の目的・価値をもつ通俗道徳が、行為の結果として必ず功利的利益をもたらすという予定調和的構造と化したことを述べ、「通俗道徳と庶民の功利的目的との（中略）接合・癒着のなかに、近代日本の思想構造の巧妙なカラクリの原基形態が露呈している」と指摘している〔安丸、一九七四：六〕。なお、岩下によれば、近世において宗教と道徳との有機的関係が破壊されたという〔岩下、一九九四：二二五〕。

(19) この問題を真正面から扱っている岩下の論文「新スコラ哲学」をみると、認識論における理性と信仰の関係について、トマスの哲学を明確にかつ全面的に支持していることがわかる〔岩下、一九四二：三四三－四〇八〕。

(20) この点についての基本的視点は、岩下の論文「自然的秩序と超自然的秩序」の中で説明されている〔岩下、一九四二：四〇九－四三八〕。なお、岩下によれば、トマス思想が自然的秩序と超自然的秩序の調和統一を最も完全な形で体系づけたという。

(21) とくに後者に関して、岩下の依拠したトマスの政治思想については、たとえば柴田平三郎の一連の論考が手がかりとなる〔柴田、二〇〇一、二〇〇二、二〇〇三〕。

(22) 前者の欠落に関する岩下の主張では、「マルクスにおいては、労働が主で、人間は主ではない。これはまったく価値の判断の転倒である」とともに、「財産は手段であって、目的は人格的なものである」とされる〔岩下、一九六二b：三九〇－三九一〕。また、後者の欠落については、カトリック信徒がマルクス主義者に代表される左傾思想家と混同されないように、国家と個人の関係について、こと兵役拒否および戦争反対の問題について論じた中で、岩下は「正当なる主権の下にある、忠実なる市民として、国家の命ずるまゝに、剣を執る義務」があると、左傾思想のもつ非戦論や国家の保護および個人格への圧迫という実態と対比的に述べている〔岩下、一九二六：二六〕。

(23) 岩下の日本におけるカトリック布教についての問題意識は、一般にプロテスタントがおもに明治初期の布教において上中層の農民や士族層を中心とした知識階級に広い支持を得ていたのに対し、カトリックにあっては下層農民等の非知識階級が主であったという違いをとらえていた〔五野井、一九九〇：二六九〕。なお、本論文で扱う範囲を超えているが、岩下がとりわけ知識人たちのもつカトリシズムへの誤解として、その依拠するスコラ哲学の有効性を疑問視していたとみる点は、①近世科学の勃興により崩壊したはずの中世スコラ哲学への実証主義的疑問、②中世スコラ哲学が実在の哲学とは程遠い概念哲学であるとみる疑問、であったとされる〔岩下、一九九四：三四六－三四七〕。

(24) 岩下自身、この観点からも唯物史観批判をしている〔岩下、一九九四：二二六－二三一〕。

(25) 職業観については、当然ながらカトリックとプロテスタントの一般的な相違としても理解できる。まず、両者の前提は『新約聖書』「ローマ人への手紙」第一二章四－八節に示されている、キリストの肢体（各部位）が各々有機的連帯をなすという比喩をともに支持していることである〔日本聖書教会編、一九九七：二四九〕。この前提によって、職業に機能的差異があることが必然化されてくることがわかる。しかしながら、その上部構造とでも呼べるレベルにおいては、プロテスタントの職業観は、対する下部構造を「世俗的義務」として普遍化させて、すべての職業を等価に位置づけるのに対して、カトリックのそれは下部構造としての機能的差異を超えて、精神性の道徳的価値を基準にしてヒエラルヒー化することになる〔ウェーバー、一九八九：一〇九－一一二〕。

(26) 人間本位とはいえ、トマス哲学が示すところは人の自由意思に働きかけ、また人間存在を変容させて聖化するという最も核心的な働きが神の恩恵（Grace）によるとする点にある。

(27) カトリック教会が共産主義を否定する一番の根拠もこの点にある。

(28) マルクス主義を受容する側の大衆意識の形成過程については、たとえばロシアの専制政治下での権威主義を論じたヤコブレフの考察が有力な導きとなる。ヤコブレフによれば、共産主義以前のロシアにおいて権威主義的社会原理が所与の厳しい社会条件から生み出され、それがソ連共産党という党機構の権威主義を基盤から支持することになったという〔ヤコブレフ、一九九四：一五五－一六〇〕。
(29) 運動の具体的状況については、内務省警保局保安課発行の『特高月報』（国立公文書館所収のマイクロフィルム）昭和一〇年各月誌の各記事「所謂機関説反対運動の状況」（其の一）～（其の七）が詳しい。
(30) 卒業論文の原本は、大学ノート版の罫線紙で本文五六丁のもので、現在カトリック東京教区事務所で所蔵している。
(31) 一九三五年四月二五日付で、駐日ローマ教皇使節大司教であるマレラ、東京大司教であるシャンボンをはじめとして、日本の全教区長の連名をもって全国のカトリック信徒に向けて発せられた共同教書の示すところでは、「吾等の信奉する聖教の教義信条中には、秘密に付すべき点は微塵も無きは言うまでもなく」と、その公明性を前提し、「建国以来国民精神の中に自ら含まれて居る皇室中心主義の精華を天壌と倶に窮無く愈々輝き弥らしむるやう、振起作興を期すべきであります。斯く努むるは、カトリック教徒たる諸子にとっては、即ち、真の日本カトリック教徒の道を践み行ふことに他ならないのであります」と、〈存在〉として、また〈当為〉としての忠君愛国の生活・思想が強調され、奨励されている〔高木、一九八五a：四九、五一〕。
(32) この点について、たとえば嶋田厚は一九三六年に欧州旅行した横光利一が帰朝第一作として発表した「厨房日記」をとり上げて、「種族の知性」と「論理の国際性」という両面価値をどのように理解するかという視点から、「一個人の混乱の場所ではなく、日本の知識階級全部の混乱の源をなしてゐる奇奇怪怪の場所でもあった」と、一九三〇年代の思想的な不安定状況を説明している〔嶋田、一九七六：二六七〕。
(33) 一九三〇年代に、日本帝国主義を支える理論、とりわけ単一民族国家から多民族国家への移行を意識した哲学的議論がなかったわけではない。ただ、その議論は十分な深化が見られなかった。たとえば、酒井直樹の論考は、日本帝国主義の青写真となるはずだった大東亜共栄圏の構想が、単一国家から多民族国家への移行を伴うものであったという視点から、その支柱となるべき哲学理論として田辺元の論をとり上げたすぐれた論考のひとつといえる〔酒井、一九九七〕。
(34) もとより岩下にとって、宗教の問題と社会思想の問題とは同じ議論の場で語られている。
(35) 西洋哲学めいた急造りの理論とは、その代表として北一輝の『国体論及び純正社会主義』（一九〇六年刊、ただし発刊直後に発禁処分）をはじめとする北の一連の著作を指すのか。

（36）一九一〇年には、教皇ピオ一〇世の教皇任意教令により、カトリック教会の聖職者全員に対していわゆる反近代主義宣言を強制し、教会の内的崩壊を防止する策がとられた。岩下の司祭叙階は哲学研鑽を目的とした欧州留学中の一九二五年であるから、当然ながら彼が名実ともに反近代主義の立場を堅持していたとみてよい〔上智大学編、一九四二：四三〕。

（37）しかしながら、岩下の主知主義的立場は、デカルトの理性主義（主理主義）に対するトマスのスコラ的主知主義である。この立場は、神認識における人間理性の働きを「知る者と知らるる物とは、認識に特有な関係に於いて、各自の独立存在を失うことなしに同一になる」と、とらえる〔岩下、一九四二：四〇七〕。

（38）旧富士岡村役場文書（御殿場市立図書館所蔵）によれば、一九三二年の社会事業功労者を村から推薦するうえで神山復生病院に提出を求めた該当者の個人調書は、岩下以外の職員三名分（うち二名は過去の受章歴あり）が提出されている。しかしながら、病院幹事が添えた返信メモには「岩下院長は本調査書提出方遠慮固辞して居ります」とあることから、岩下についても行政側からの推薦候補の対象に挙げられていたことが確認できる。しかし、通常多年の功績を顕彰する目的をもつ社会事業功労者表彰に、救癩事業に就いて二年ほどの岩下の名が被推薦者の一人として挙げられること自体に不自然さが残る。なお、博愛や慈善の事業で社会に貢献したとして表彰される藍綬褒章は、岩下の時代以前の私設の救癩事業では、待労院（熊本県）を開設したコールと回春病院（熊本県）を開設したリデルが一九〇六年に、また、神山復生病院では第三代院長のベルトランが一九〇八年に、第五代院長のレゼーが一九三〇年にそれぞれ授与されている。

（39）神山復生病院への皇室の慈恵に基づく両者の関係については、本章注（43）を参照。

（40）とりわけ実践の中から岩下の皇恩への応答をみようとする意義は、半澤孝麿も指摘しているように岩下が優れたレトリシャンの一人であったと思われることから、言論統制下にあっては著作物からだけでは必ずしも十分に彼の思想の実像が把握しづらいと認識してのことである〔半澤、一九九三：二五五〕。

（41）藤野豊の分析であり、また通説化した論理では、民族浄化論が国家と個人をそれぞれ対極に位置づけ、国家のために個人が犠牲になる構図で描き出している。しかし、岩下が基本的に依拠したカトリシズムの社会観においては、国家と個人はそれぞれの善が一方を肯定すれば他方が否定されるという一価的な関係でとらえるのではなく、併存として両者を一元的にとらえるところにその特徴がある。

(42) もちろん、奈良時代において光明皇后が湯屋で癩者の背を流し膿を吸ったという説話が、古代から継承する皇恩の源流であることは言うまでもない。なお、この説話の文学的解釈については、たとえば阿部泰郎の論考が参考になる〔阿部、一九八六、一九八七〕。

(43) 貞明皇太后による救癩諸団体等への定常的な下賜が始まる一九三〇年までに、皇室から下賜金等を受けた救癩事業所（またはその代表者個人）とその内容については、以下のとおりである〔財団法人藤楓協会編、一九八三：二二七－二三二〕。

一九〇一（明治三四）年	慰廃園	昭憲皇后	田中宮内大臣を差遣慰問
〃	神山復生病院	〃	香川皇后大夫を通じ金一封（無名）
一九〇七（明治四〇）年	〃	〃	金一封（香川敬三・柳原愛子名義）
一九〇八（明治四一）年	〃	〃	金一封（香川敬三・柳原愛子名義）
一九〇九（明治四二）年	〃	〃	金一封（香川敬三・柳原愛子名義）
一九一二（明治四五）年	〃	〃	金一封（香川敬三・柳原愛子名義）
一九一三（大正二）年	〃	昭憲皇太后	金一封（香川敬三名義）
一九一六（大正五）年	回春病院	貞明皇后	金一封
一九二〇（大正九）年	神山復生病院	〃	森皇后宮大夫を差遣視察（経営難の状況）、関屋静岡県知事を通じ金一封
一九二一（大正一〇）年	〃	〃	金一封
一九二三（大正一二）年	大島療養所	久邇宮良子	吉本侍医を差遣慰問、金一封
一九二四（大正一三）年	ハンナ・リデル	皇太子	銀杯と下賜金（皇太子の成婚に際して）
〃	神山復生病院	貞明皇后	静岡県内務部長を通じ金一封と患者人数分の反物および裏地

一九二五（大正一四）年　全生病院　〃　下賜金

(44)　この件については、岩下の筆による「皇室の御仁慈」に奉送時の状況およびそれまでの経緯が記されているほか、当時の入院患者で奉送に参加したT氏（男性、当時一四歳）が手記としてその経緯を短くまとめた原稿がある〔財団法人神山復生病院編、一九三五〕。なお、この手記はふれあい福祉協会発行の『藤楓協会五〇周年記念誌』（楓風協会、二〇〇七）に掲載されている。ただ、両記事の内容は基本的に類似しているが、年数や人数、時間等にかなりくい違いが見られる。恐らく、こうした数字の相違はT氏の記憶の誤りからくるものであろう。

(45)　『昭和八年度　沼津御用邸日誌』（宮内庁書稜部所収）の五月二八日付記事から差遣慰問の事実が確認できる。また、『感謝録』によれば、これは救癩事業に関心の深かった故昭憲皇太后（美子）の誕生日にあたり、神山復生病院の患者にその印である楓の苗および下賜金等を届ける目的で訪問したものであった〔財団法人神山復生病院編、一九三五：六一-八〕。なお、同日誌から四月二七日に岩下が沼津御用邸を訪問し、西邑事務官と面会したことについては、特定して確認することができない。

(46)　引用文中では六月六日が奉送の前々日と記されているが、当時の新聞記事等で確認しても奉送が六月七日であったことは間違いない。

(47)　T氏前掲注（44）原稿。

(48)　旧富士岡村役場前掲注（38）文書。

(49)　静岡県知事、県警察部長、県衛生課長へ宛てた嘆願書（控、神山復生病院所蔵、宛名部分は欠落、略図省略）は、下記のとおりである。

嘆願書

皇太后陛下に於かせられては畏多くも本院に対し常々御仁慈の御思召を以て難有御沙汰有し候段職員患者一同感激措く能はさるところに御座候就ては近日東都へ御還啓の際には感謝の微衷を表する為、本院附近の鉄道線路にて公衆に迷惑を及ほさる地点を御撰定下され本院軽症患者約三〇名奉送の儀特別の御配慮を以て御許可相願度御参考に迄附近略図相添へ及嘆願候也

昭和八年五月三〇日

駿東郡富士岡村
神山復生病院長　岩下壮一

(50)「天皇」と「公（=官）」と「公共（=民）」の関係概念は、鈴木正幸の天皇制論を参考にした〔鈴木、一九九八：三三二四〕。

(51) T氏前掲注(44)原稿。

(52) T氏は、患者の積極的な請願に「ほだされた」と岩下の説明とほぼ類似した表現を用いている。このことから、患者の感情（社会的要求）を承認したことは、岩下の実践への起動力がすでに内的に準備されていたとみてよいであろう。

(53) 岩下は、「〔カトリックの〕信仰は（中略）無辺際の物界の上に、さらに幽玄なる純霊の世界を展開する」と述べて、カトリックの世界観が包括的な世界観であるとしている〔岩下、一九四九：一四五―一四六〕。

(54) こうした理解は、稲垣良典が岩下を単なるカトリックの護教論者ではないと評価するところの延長線上に位置づけられるものであり、そのひとつの具体的な内容を示すものである〔岩下、一九九四：九五九〕。

第4章　岩下壮一の実践思想
――指導性とその限界

はじめに

カトリックとプロテスタントの特徴の決定的な違いは、教会の権威を是認するか否かにある〔大貫ほか編、二〇〇二：三三九〕。

宗教哲学・社会学者のトレルチ（Troeltsch, Ernst）によれば、カトリックにおいては〈万人の平等〉――つまり人間相互間における平等でなく、神と教会の前における平等――思想こそが、「社会の個々の成員およびグループ相互間の社会（福祉）事業を組織する」という〔トレルチ、一九八一：二〇五〕。そのうえで、彼はこの思想が「権威をもたぬ自由な競争と思想との原理としての自由主義を否定する」ものであるとして、カトリックの社会事業が宗教的権威に基づく思想のもとで行われることを述べている〔トレルチ、一九八一：二〇五〕。

また、「社会事業」の生起に結びつく社会問題に対するカトリックの思想は、社会全体と各部分に共通する「共通善」の概念がその本質的特性であるといわれる〔大貫ほか編、二〇〇二：二九一‐二九二〕。中世哲学者のマリタン（Maritain, Jaques）は共通善の三つの特性を挙げて、そのひとつが権威主義であることを指摘している〔マリタン、一九四八：九‐一〇〕。つまり、共通善は権威の基礎であり、この権威は全体の福祉を目的として自由人を対象に行使されるというものである。

トレルチやマリタンの指摘からわかるように、カトリック社会事業の援助関係においては〈権威〉が重要な鍵になると考えられる。

ところで、既往のカトリック社会事業史研究は、一個の岩下研究のみに限らずとも層の薄いことは指摘されているとおりである〔田代不二男、一九七九、丸山、一九九〇、田代菊雄、一九九四〕。中でも、個別の実践をその思想形成にまで言及して客観的に検討したものは少なく、わずかに遠藤興一の岩下論が確認できる程度である。しかし、これは岩下の実践における対象との関わりや社会との関係についての視点が含まれておらず、実践思想とは異なるものといえる。

このような状況にあって、本章では岩下の救癩活動に関わる援助実践の思想を検討しようとするものである。その際、〈権威〉の視点から岩下の患者に対する指導性に着目してみていくことにしたい。

1 癩患者のワーカビリティ傾向

岩下の指導性について論じるにあたり、まず前提として入院中の癩患者のワーカビリティ――すなわち、クライエント自身がもつ、問題解決に向かう能力と援助を受けようとする意識――を把握することは重要であろう。それは、仮に癩患者がある種のパーソナリティ傾向をもつとすれば、岩下の指導性にも影響を与えたであろうと思われるからである。

神谷美恵子が国立療養所長島愛生園の患者を対象に精神医学的な調査（一九五七‐五八年）を行ったところによると、患者たちは年齢、在所期間、身体障害度が増すに従ってあきらめの心境に傾きがちであったという〔神谷、一九八一：二二一‐七一〕。また、大部分の患者に未熟さ、自閉、精神的視野の狭窄、拒否的態度等のホスピタリズム（＝施設病）の傾向がみられたという。つまり、この調査結果からわかることは、患者は癩および癩療養所での入所生活という現実の前に、自己のアイデンティティを構築できないでいる傾向にあったといえよう。

ところで、既往の権威主義的パーソナリティの研究によれば、権威の受け手に共通のパーソナリティ傾向は、「安定した自我の不在」であるとされる〔見田ほか編、一九九四：二六〇‐二六一〕。権威主義的パーソナリティとは、外在的な権威から影響を受けやすい人のパーソナリティである。それゆえ、入所中の癩患者は一般に自我の問題により権威からの影響を受けやすいと考えられる。

実際、神山復生病院の入院（元）患者であったT氏によれば、癩の効果的な治療法がない当時にあって、[1]社会復帰の可能性がない厭世観から院内には「どうせ治って出られないのだから、いつお召しがあってもいいように準備しておく」という不文律があったとされる。[2]

2　岩下における権威の根拠

一九三〇年一一月に岩下が院長に就任してまもなく、患者に「病者の心得」という指針を与えている。これは、重態になった患者がとるべき行いについて述べたものであり、岩下の〈権威〉の象徴ともなっている。全八項目のうち、代表的なものを二つ挙げてみよう。

（一）重き病にかかったならば、第一になすべきことは霊魂の医師となる神父を呼ぶこと。こうして霊魂を安全にさせる。これは病が重くなって呼ぶよりも初めに呼ぶ方がよい。なぜかというと、熱のために、あるいは薬のために告白の秘蹟に力がつくせない場合があるからである。病は往々にして罪の罰として送らるる場合もある。ゆえに真剣に悔い改めなければならぬ。罪を告白することは、時として一番病を癒すに有効な場合もある。

（五）汝の病を天主の御手より受取り、聖旨に一切を委ねて完全に頼れ。これは汝の罪に対する罰として、また償いとして為せ。時々自分を天主にささげ、病苦を忍び、これを聖化する恵みを祈れ。救い主イエズス・キリストの御苦難とともに汝の罪の罰なる苦しみ不快を合せて受け納め下さるよう祈れ〔小林、一九六一：二八六－二八七〕。

その他の項目に関しても、実務的な内容の二、三の項目を除けば、重態の患者に対し一貫して「罪の罰」という観点から説いている。ホーレン（Foren, Robert）とベイリー（Bailey, Royston）は、「権威の概念は、影響力、知識、権力などについての感情や観念と切り離すことができないものであり、サンクション（sanction＝裁可、認可）が規定され認められている社会構造の中での実際的な人間関係を通してのみ存在し得る」と述べて、援助者の権威獲得にとって、たとえば〈宗教的サンクション〉が必要条件となることを指摘している〔ホーレン／ベイリー、一九八二：二一〕。

「罪」と「罰」が成立する場は、キリスト教信仰では〈神〉と〈個人〉とを結ぶ関係線上にある。しかし、カトリックでは司祭が教会職制のもと神の権威の代理権をもつことで、一般の信仰者個人に対して規範的な決定力として機能することになる。岩下がカトリシズムを擁護するおもな論点も、この「教権」についてであった〔岩下、一九四一a：八二〕。

では、カトリックにおける「罪」および「罰」とはいかなる意味をもつのであろうか。罪には「原罪」と「自罪」の二つがあり、とくに前者は癩が（当時）不治の病である根拠として岩下が認めるところである。岩下によれば、原罪は「『真に罪の性質を有するもの』で、ただキリストの救いによりてのみ赦され得る」ものとされる〔岩下、一九九四：二六二〕。それゆえ、原罪がもたらす「罪の意識」

を自ら認めてキリストの贖罪に頼らなければならないという主張が正当化される。そこに、神の前に謙遜に跪く意味で「悔い改め」の態度も求められることになる。神の正義が原罪にこのような要求をするならば、自罪にあっては当然「悔い改め」や「罪の告白」を要求して止まないといえる。

3　援助関係における権威の実際

救癩施設内が秩序を継続的に維持したり程度を増したりすることは、権威の観点から考えると指導者の権威の〈所有〉に止まらず、〈行使〉の機能が援助実践の中でルーティン化していることを示している。実際、援助関係における岩下の実践の特徴として、次の五点を挙げることができる。

①患者に対する指導は、性格として気配りの行き届いた母性的な〈優しさ〉と父性的な〈厳しさ〉の二極対照的なものの併存で特徴づけられる。[3]

②信仰集団として家族主義処遇がとられた。[4]

③徹底した個別化が図られた。[5]

④患者の主体性を引き出す処遇方針がとられた。[6]

⑤基本的に内的規制型の指導が徹底していた。[7]

つまり、岩下の権威は、基層をなす形式性の強い宗教的権威に、①〜⑤の実践原理が重層的に加わったことで患者との信頼関係が構築され、ひいては患者の自由意思による権威への帰属化が促進されたのである。

では、そのような権威はどのような機構をとおしてつくられていったのか。実際に岩下がつくった代表的ともいえる統治機構は、規律訓練の役割をも受けもつカトリック教義の教育をとおして行われるものであった。そこでは、新規の入所患者に対して、信仰の確立した患者の中から選んだカトリック教義についての教育係をつけ、思想の変革と強化を図る方法がとられた[8]。

また、こうした中間的代理者を立てる間接的な方法に加え、司祭の権威により直接霊的な面から個々の患者の告解に関わることはもとより、全体会として直接岩下による週一回の公教要理解説の時間が設けられた。さらに、教育係による教義教育の進度ごとに、岩下によって患者個人の教義理解を測る口頭試験が課された。これらにより、個人と集団さらに組織を利用した相互補完的な方法で権威機構を構築していったのである。

これは、国公立の癩療養所でみられたような公権を盾にして監視と懲戒により強制的に統制を図る方法――フーコー（Foucault, Michel）はこうした統制を「規格化」と呼んだ[9]――とは原理的に異なっている。岩下の方法では、権威の受信者と権威機構の歯車となった人のそれぞれが〈自由意思〉を基調に置いているのである。このことは、先述のマリタンが指摘した「自由人を対象に行使される」ことと符合する。

4　権威主義的援助の展開理論

権威主義的な援助の展開過程について、竹内愛二はパーソンズ（Parsons, Talcott）の行為システムにおける構造機能分析の理論を援用して説明している。それは、①問題の渦中にあるクライエントの消極的感情の表出を自由にさせる（潜伏－許容）、②ワーカーがクライエントを受容し支持することにより両者の「人間的統合関係」が構築される（統合－支持）、③ワーカーは態度を変化させてクライエントに権威を発動し、拒否的な態度や行動に出る（目標達成－交互性の拒否）、④クライエントは権威の体験によって自身が「本当に救われた」ということを理解し、ワーカーに「尊敬と感謝」の意をもつ（適応－褒賞操作）、という位相運動によって行われるというものである（竹内、一九七一：七九－八〇）。

岩下と患者との権威関係でみれば、信頼関係の構築に関わる岩下の自発支援的な援助をとおして上記の「潜伏－許容」と「統合－支持」の段階が確保されていたといえる。また、岩下の霊的事柄を中心とした厳格な権威の発動は「目標達成－交互性の拒否」の段階に相当する。さらにこれらの段階を経て獲得する患者の満足感――故人となった岩下への思慕等を含む――は、「適応－褒賞操作」に対応すると考えられる。つまり、岩下と患者との援助関係にあっては〈権威〉が有効に展開され機能したとみてよいであろう。

一方、教育学研究の知見からもこのことは確認できる。斎藤武雄は「自由」と「権威」との両極性が対象者の人間形成にどのような影響を与えるかについて、おもに既往の教育思想を整理することで検討している〔斎藤、一九八二：一一六－一二〇〕。斎藤によると、教育の効果を上げるためには教育者の指導という権威に従って自発的に教育内容を受容する「自発的受容性」と、そうした権威への服従から翻って自発的・自主的に学習を遂行する「受容的自発性」の双方が必要であるという。ただ、ここで斎藤が注意を喚起していることは、根本的な前提条件として双方に「自由」が確保される必要があるということである。そのうえで、自由と権威とが〈愛〉の全体性のもとで両極弁証により人間形成を進展させると結論づけている。[10]

5　岩下における援助実践の目標

権威者である岩下の位置づけは救癩施設の院長に止まらず、カトリック司祭という教会と社会に認知された「公人」であり、かつ哲学者・神学者、さらに「士族」出身の資産家の家柄であった。患者にとって、これらはまさに〈社会性の象徴〉であった。それゆえ患者にとって岩下は、癩の罹患により一旦失った自己のアイデンティティを再構築するうえでの代理強化のモデルになったと判断できる。[11]しかも、歴代のフランス人院長とは違って岩下が日本人――すなわち同胞――であることで、患者は本質的な要求である〈国民性〉への帰属を容易に支持できたのである。

こうした〈社会性の象徴〉である岩下の影響を受けて、患者たちの社会化意欲は高かったと判断できる。たとえば、従来患者の御召し列車奉送は、公衆衛生の見地からのみならず癩患者への強いスティグマから認められなかった。しかし、一九三〇年の貞明皇太后（節子）による救癩活動への「思召し」を受けて、皇恩に対する国民的な使命感が高まる状況下でみられた一九三三年の岩下を含む職員、患者を挙げての奉送要望とそれへの取り組み、そして実現に至らしめたことは、その代表的な例であろう（前章参照）。

つまり、従来客観的にも主観的にも社会性を抑圧されてきた患者への援助目標は、「社会化」意識の回復に向けられたのである。実際、「最善の社会組織が如何なるものであるかを確實に探求せんと欲する者は、必ずや先づ第一に人間に最ふさはしき生活が如何なるものたるかを考察しなければならない」と述べるように、岩下の人間観は社会観と密に交差していた[12]〔マリタン、一九三六：「訳者の序文」四〕。

では、岩下は患者の社会化に関する救癩実践上の目標をどのあたりに置いていたのか。入所（元）患者のT氏によれば、岩下が院長職を辞任する一九四〇年の春、文芸活動に熱心だったT氏が岩下の許可を得ずに、病院の後援会役員を務める土井晩翠夫人に自身の創作作品を送ろうとしたことを理由として退院を余儀なく迫られたという[13]。このことからすると、岩下が患者に認める復権はあくまでも病院の主権者である院長を介しての範囲に限定されたといえる。

では、なぜ範囲を限定する必要があったのか。基本的には軍国主義政策のもとで患者を優生思想の外圧から保護するためであったに違いない。しかし、その背後には歴史・社会的な規定力を排除した、岩下の依拠するカトリシズムにおける身分階梯を是認する思想――つまり、価値を否定する唯物史観による平等観とは異なり、人ではなく職業自体に究極目的（＝救霊）への貢献度による価値の上下を認めるもので、それは現実社会の慣習と矛盾しない――が、患者の突出した社会化の芽を摘む抑止力として機能していたのではないか[14]（岩下、一九九四：二二七－二三〇）。いずれにせよ岩下の認める患者の社会化を支持する限界点は、患者を外的な圧迫から保護するに可能な範囲であるとともに、実際には岩下と患者が権威関係で完全に結ばれる範囲に留めおかれたといえるのである。

6　指導性の限界とその要因

岩下が院長を辞任する年（一九四〇年）の二月、患者全員の自治会組織である「愛徳会」の名をもって病院運営に関する岩下への批判と不満が文書で提起された。小坂井澄は、元患者からの聞き取りによりこの事件[15]をまとめているので、経過の要約を記してみよう。

岩下に直接提起された「批判と不満」は、過去の院長時代に起きたような「待遇改善」の要求ではなく、一部の役員が患者のもやもやとした感情の集成として提起したものであった。これに対し、岩下は「全員の総意だね」と念を押すと、集まった全員は思い思いにうなずいた。岩下は

「君たちは僕の気持ちが分らんのか」と吐き出すように言った。

しかし、岩下の意気消沈は多くの患者を反省させた。翌日、改心した患者らが岩下のもとを訪れ、謝罪と言い分の撤回をした。こうして事件は無事解決したかに見えたが、両者に残ったしこりはそう簡単には消せなかった〔小坂井、一九八九：一二三―一二八の要約〕。

この事件の背景は、患者たち自身の社会化＝社会的成熟により、当然〈庇護〉的なものから〈自立支援〉的なものへと援助要求の質を変えていったところにあると考えられる。

本来ならば、ホーレンらが「ワーカーがクライエントに対するワーカー自身の逆転移をはっきりと認識してそれを抑えることができるかどうかと同様に、クライエントの陽性または陰性の転移を処理することができるかどうかは、しばしば、援助過程を決定的に左右するものである」と指摘するように、問題が顕在化する前に自身と患者の感情を安定化させる対策が望まれたのである〔ホーレン／ベイリー、一九八二：二三二〕。

患者たちの社会化の進展に基づく権威への過重感は、「もやもや」としてはいても〈抵抗〉的な潜在感情として院長である岩下に向けられていた。他方、後年に患者が岩下を追悼して「神父様に差し出した、病院経営に対する、あの手紙は、個人のものならよいが、全体のものであると云うから残念だと云われたそうですよ」と語ったことからして、岩下は自身に向けられた批判への〈反射〉的な感情変化として患者たちを非受容的にみることになったとみられる〔桜井・三島、一九五五：四二〕。

では、何がこうした結果を生む要因になったのか。それは直接には援助関係の亀裂を早期に修復できなかったことであろうが、とくに岩下の感情変化と関わらせて考えてみると、患者たちが問題意識を生起させる素因が岩下の内面に存在していたと推測できる。つまり、岩下の援助者としての「自己覚知」を阻んだ内的要因があったと考えられるのである。

岩下の後継者で思想的に最も近いとされる吉満義彦は、岩下の救癩実践について「師より賜つた言葉の中に最も深く胸中に残つているものは『カトリックの事業はすべて犠牲の上に立つてゐるのだ』と言ふ一句である。師はこの事を記された同じ書簡において『その点癩病院は最も楽であると言ふ賀川氏に同感である』とも言はれた」と述べている〔吉満、一九四一：一四八〕。

この犠牲観は、司祭ゆえに神に自己を「犠牲」として捧げるという意味で、岩下の援助実践における起動力の原点となっているものである[16]。岩下自身の次の記述からもわかるように、確かに院長就任直後の頃は、吉満が述べるとおり哲学・神学研究への意欲が旺盛であり、救癩実践への犠牲をむしろポジティヴにとらえていた。

此処こそ真に俗世を超越して賢哲の書を繙くにふさはしき聖地であると感じたからである。時折りの東京との往復に一冊二冊と運んできた愛読の書はいつしか書架を満たしてゐた。研究したいことは山積してゐるこれから大にやるのだと思ふと何とも云へぬ愉快を覚えるこの瞬間私はたしかに知的生活の幸福を満喫したのであつた〔岩下、一九三一：二二七〕。

しかし、救癩活動を続けるうちに、岩下自身の患者観を変容させ、また援助者としての自身のアイデンティティまでも変革が迫られるような患者の本質的な主体性欲求への気づきが、彼の既存の〈犠牲〉意識を動かそうとしていた。とりわけ実利面からみれば、岩下にとって患者たちのもつこうした欲求は、自己の哲学・思想研究の進展に貢献するものではなく、むしろ制限を与えるものに思われた[17]。その意味で、新たに生起した〈ネガティヴな犠牲〉を覚悟せざるを得ないことになったのである。岩下自身が述べるその辺の経緯を引用しておこう。

四十歳をすぎる迄学校と書籍の中にばかり生活した余にとつては、観念の世界から急転直下眼前の人生の最悲惨なる一面を日夜凝視すべく迫られたことは正に一大事である。現に今余が筆を執りつゝある一室の階下には、「生命の初夜」を以て一躍文壇に認められた北條民雄氏の所謂「人間ではない、生命の塊り」が床を並べて横はつてゐる。しとしとと降る雨の音のたえ間に、余は彼等の呻吟をすら聴取することができる。こゝへきた最初の数年間は、「哲学することが何の役に立たう」と反覆自問自答せざるを得なかつた。併し今や余はこの呻吟こそは最も深き哲学を要求する叫びたるを識るに至つたのである。（中略）二〇世紀の今日小さいながら隔離せられた独立の世界である癩病院の主権者として自己の所信の是非を実験しうる機会を与へられたことを思へば、余は常に以て瞑すべきであると考へてゐる〔マリタン、一九三六：「訳者の序文」四－六〕。

つまり、哲学・思想を観念から現実の人間社会に立脚するものへ、との認識の転換によって、計らずも救癩活動では自身の宗教的な全人間存在までをも犠牲にすることが必要であると自覚するに至ったのである。それは、「凡てのイズムは顕微鏡裡の一癩菌の前に悉く瓦解するのである。(中略)私はこの一黴菌の故に心より跪いて、『罪の赦し、肉身のよみがへり、終りなき生命を信じ奉る』と唱へ得ることを神に感謝する」との岩下の主張を併せて考えればよく理解できる(岩下、一九三二:二二九)。これは、「常に以て瞑すべき」と述べた一節からも読み取れるように、救癩活動の道半ばにしての一種諦めとも思われる意識すなわち〈ネガティヴな犠牲〉への内的変化を示しており、客体としての〈犠牲〉観から自身がまさに実践の主体者であると自覚する〈犠牲〉感への変化を伴っていたとみられるのである。

7　権威の衰退過程

社会的成熟に関してホーレンらは、既往の心理学研究の成果から成熟度の低い段階の対象には外的規制型の処遇、成熟度の高い対象には内的規制型の処遇が有効であると指摘している(ホーレン/ベイリー、一九八二:二九八)。これを岩下と患者との関係でみると、前述のとおり岩下の患者への指導は基本的に「内的規制型」に徹していた。それゆえ、本来ならば彼の指導方針と患者の社会的成熟による要求変化の方向とが一致することで、安定した関係を維持するはずであった。ところが、岩下の追悼座談会の席で「〔岩下が〕『一〇年間も共に暮したのに、癩者の気持を分明ることが出来なかった』と云われたとか」と、述懐する一患者の言からして、岩下は患者の要求変化を十分に認識していなかったと理解できる〔神山、一九五五：二六〕。また、小林珍雄が岩下の性格について「自己の感慨・感傷などについては、これを語ることが極端にきらい」であったと述べるように〔小林、一九五〇：二二二〕、日ごろ自身の感情の発現を抑制していたことで、患者たちにしても岩下の〈権威〉行使の真意を測りかねる結果になったのである。

では、岩下が院長就任の初期に有していた比較的にポジティヴな性格をもつ犠牲観は、その後どのように変化していったのか。

岩下が院長になって約八年目、同業者として特定の信仰を超えて信頼を寄せていた綱脇龍妙〔身延深敬病院院長〕へ、「事業」にだいぶ疲れてきたことを漏らしたという〔綱脇、一九四一：三二〇〕。また、「師が毎夜病室の二階の部屋から、若い婦人患者を連れ出して逃亡しようとする悪質の男患者を警戒していられる」と述べる綱脇の言葉からすると、院内における権威関係が必ずしも末端まで行き渡っていたとはいえなかったことが理解できる。[18] 問題は院内秩序の融和を阻む〈部分〉によって、融和的な〈他の部分〉のみならず〈全体〉の秩序をも脅かしかねない事態に対する危惧であり、ひいては援助における岩下と患者たちとの権威関係が衰退へ向かう引き金ともなるものであった。[19]

そのことが岩下の一般患者に対する不信感の片鱗となり、やがて看過できない負の残像となったことは想像に難くない。それゆえ、たとえ一方からであれ援助関係における両者の信頼関係に疑念が生じた時には、それが他方へ伝播され、両者の交互関係性のもとに権威の衰退が起こる準備が進んでいったとみられるのである[20]。

つまり、岩下の一部の患者への不信感が契機となり、また予想を超えた患者の社会化意識の進展により、患者の選択に関わる〈自由意思〉は、対抗する二つの岩下像――すなわち、岩下と患者の関係における〈結合〉と〈分離〉というアンビヴァレントな二像――の影響力のせめぎ合いによって行き場を失うことになったのである。

確かに、〈結合〉と〈分離〉の対抗関係は、患者の社会化意識の高まりを背景にもっていたと考えられる。しかし、直接的な要因は、ホーレンらが「クライエントの感情は、個人としてのワーカーに対するよりもむしろ、ワーカーの役割に対して向けられるために、クライエントが想像するワーカーの権威あるいはワーカーが現実に行使する権威と統制が大きければ大きいほど、クライエントがアンビヴァレンスを生じる蓋然性が高くなる」と指摘するように、岩下が有していた権威の大きさに応じた〈反動〉という意味合いが強い〔ホーレン／ベイリー、一九八二：三三〕。

ただ、重要なことは、相互の信頼関係の崩壊により、岩下の有していた権威全体が一様に衰退したわけではなく、あくまでもそれは権威の上部構造である事業実践のレベルに限られていたことである。他面、岩下の権威全体の下部構造であった〈宗教的権威〉は、カトリックならではの絶対性として依然として確固と存続していたのである。それゆえ、患者たちにとっては、権威の上部構造と下部構造の不整合により、自家撞着を起こす結果になったものと考えられる。その意味では、ホーレンらの援助関係における権威理論は現象面の分析に傾いており、権威の構造的理解については不十分であると言わざるを得ない。

8　岩下における〈犠牲〉の意味

キリストの模範に従って〈ポジティヴな犠牲〉観により〈慈善《カリタス》〉を実践する自己と、他方で〈ネガティヴな犠牲〉感にみられるような〈要求阻止〉の状態にある否定的な自己とのアンビヴァレントな対抗の総合的結果は、ベックハウスがトマスのカリタス理論を説明して指摘する「実際に人間は、この世の生活において、程度の高い愛を実現することができるが、ほとんどの人の場合、日常の忙しさが問題になる。そのために、カリタスが完全になるのはまれである」という認識によって、岩下についても〈慈善〉実践を継続しながら〈犠牲〉の性格を変容させることの難しさがあったことが理解できる〔ベックハウス、一九七八：二二一―二二三〕。

実際、岩下が最大の犠牲としたものは、哲学・神学研究に費やす時間であった[21]。しかし、岩下をあくまでも犠牲による社会実践につなぎとめた要因は、カリタスに基づく「キリストへの倣い」意識と結びついた代償意識――すなわち、一九一五年に父・清周が有罪判決を受けた北浜銀行事件に対して長男である岩下が抱いた社会への償罪意識――があったと考えられる[22]。

結びにかえて

岩下の救癩実践における指導性とその限界を、援助関係における〈権威〉の視点から検討してきた。権威はカトリック慈善において不可欠の要素であるばかりでなく、「共通善」思想を基礎として社会〈大小の共同体〉の福祉の向上に連動している。

結局、岩下におけるカリタスの成長は、彼に内在した〈ネガティヴな犠牲〉感によって限界を露呈することになったが、院長を辞任後、実践対象を未感染児童へ移そうとしたことは、対人的に確執のない集団の中で〈慈善〉をやり直そうと考えていたのかもしれない。

ところで、吉満が「カトリシズムは観想の優位を言ひ『霊性の優位』(primauté du spirituel)を言ふとしても、実践の秩序においては先づ『犠牲の優位』を言ふ」と述べるように、カトリックの慈善活動は個人の〈ポジティヴな犠牲〉の上に成立しているといえる(吉満、一九四一:一四八-一四九)。岩下の救癩実践を意義づけるうえでも、「犠牲」の問題を抜きにしては考えられない。ところが、この問題ははからずも主体の〈善意志〉に全面的に依存しており、結果、安定した構造をもっているとはいえない。ここにカトリック慈善の思想を理解する時の難しさがある。また、これは今日のキリスト教福祉実践一般においても克服し難い根源的な問題である。

とはいえ、岩下が「キリストにおける神の至福なる生活と人間の受忍の生涯との円融相即が、その弟子たる我等においても模倣され得る」と、〈犠牲〉への積極的な目的意識を述べていることは、計らざるアイロニーを生じている〔岩下、一九九四：三五一〕。

注

（1）癩の特効薬「プロミン」が療養所等に普及するのは一九五〇年頃である。

（2）筆者が二〇〇二年八月八日に行った岩下院長当時の患者T氏（男性、一九三一年に一二歳で入所）からの聞き取りによる。なお、召しの準備とは臨終の際に必要な儀式を受けられるように生前からカトリック信仰を確かなものにしておくことを意味した。

（3）患者に気楽さと配慮を示す一方で、患者の本分に適さない姿勢には厳しく対処した。こうした特徴は、たとえば入所患者であった早川が次のように述べていることから納得できる。「日常の細かい点に気を配る母の心を持っていられた。マッチをする時には軸の燐のついた方へ向けてすらない様に、停電の時、特に朝明方には消えている電気のスイッチを切って置く様にと云う様な注意を受けたのは、私が未だ一一か一二才の頃であったが今でも忘れられない。しかしその半面豪快な気性を持っていられて秋霜烈日、周りの人をちゞみ上らせた事も時々あった」〔早川、一九五五：一五〕。また、後者の厳格な面については、岩下を追悼する患者座談会の席で女性入所者たちの次のような回想も参考になる。「司〔会〕この辺で、神父様の院長としての話。まあ、恐かったところ、厳しかった面を。神父様はよく部屋を廻られたね。　M　ええ、来るときには、もう遠くの方から『誰々さんのところへ行くんだよう。』と大きな声がした。私たちは『来た来たと云って……。』　司〔会〕　今俺が行くぞと云う知らせだ。（笑声）　A　休みの日など一人で散歩に行くと、神父様が見ていさうもないのに、帰って来ると『どこへ行って来た。どこへ行って来た。』と聞くんです。　Y　外れた桶の輪をね。私が馬小舎の下の塵捨場に捨てに行った帰り径で、神父様に会ったのよ。さうすると『何しに、行って来た。』と云うので、その話を話すと、神父様は自分で行って馬小舎の中を廻り誰もいないのをたしかめて帰ってくるんですよ。司〔会〕　おそろしいね。（笑声）」〔桜井・三島、一九五五：四〇〕。

なお、入所患者は一般に本名ではなく変名を用いていた。

（4） 前掲注（2）T氏からの聞き取りによる。なお、この家族主義の考えに立ち患者同士は兄弟姉妹の関係とされ、それゆえ、たとえば院内の結婚は禁じられていたという。この家族主義処遇を感じさせるものとして、入所患者であった渡辺が述べる次のような思い出が参考になる。「神父様の夜の巡回は吾子の寝相を確かめて休まれる親と同じように、神父様の一家族の長としての、父性愛がひしひしと身に迫るのであった」〔渡辺、一九五五：四五〕。

（5） 単に患者一人ひとりの性質や趣味を知るに止まらず、たとえば家に残してきた未感染児をもつ女性患者に対しては、子どもの養育場所――病院敷地内に未感染児童舎を設け、岩下が経営する不二農園内の温情舎小学校に通わせた――を確保するために奔走するといったことにまで及んだ〔桜井・三島、一九五五：四一－四二〕。また、この点については女性の入所患者であったY（矢崎うめ）が前掲注（3）の座談会の席で次のようなエピソードを述べている。「私が赤痢のとき、いつも神父様が見舞ってくれて懐中電灯でちかちか照らし（〔病気で〕目が見えなくなると云われていた）『見えるか、見えるか。』と心配してくれた。その病も危くなって私自身も望を捨てていた時に、堀さん（婦長）が来て云うのです『だめよ、しっかりしなくては、神父様が貴女の為に御自分をささげられた。』とそれを聴いた私はぶるぶる身が震えた。ほんとうにぶるぶるっとした。まだ私をいたわってくれるのか、生きよう。とそれから力を出した。そしてようやく人に支えられて神父様の前に行ったのは元日で、身は力が無くてぺたぺたと崩れちゃったが、『ありがとうございました』とお礼をした。神父様は『Yさんは蘇った。蘇った。』と手を打って喜んで下さった」〔桜井・三島、一九五五：四一－四二〕。

（6） これは、患者を病院の主権者に据えるというものではなく、あくまで患者処遇に資する目的で補足的に行われた。代表例は、毎年末に行った患者への病院の決算報告である。これによって、患者が主体的に病院財政の削減に寄与する姿勢をもつことになったのである。この点は、入所患者であった神山が患者たちによる岩下追悼のための対談をまとめる中で次のように記述している。

「A〔前文略〕当時、昭和一〇年頃、一万円ほど、神父様御自身で、経営負担をされていることが決算報告で分かりました。B 当時は、相当に病状の進んだものも、よく働きましたね。A え丶、そのような経営状態を聞かされるものですから、幾分でも、野菜作り、炭焼、病室看護、繃帯交換手伝、薪割、縄綯、洗濯、衣類繕い等をすることが、病院経営に参加しているという誇りがあって、病者は活気に満ちて生活をして居りました」〔神山、一九五五：二四〕。

(7) 前掲注（2）T氏からの聞き取りでは、この点は指導者としての岩下がもっていた患者周知の特徴であったという。たとえば、前掲注（6）の対談に参加した一患者は次のようなエピソードを紹介している。「ほんとうに神父様は、勉強する者がお好きのようでした。ある時、神父様が私に『何が好きか』と云われたので『化学です』と答えると、間もなくして一冊の化学書を与えられ、一週に一度、かゝさず勉強した所を試験されました。ところが、ふとした週に、神父様に無断でその試験を休みました。すると、それぎり神父様は、再び化学書のことを云われたことがありませんでした」〔神山、一九五五：二五〕。

(8) 前掲注（2）T氏からの聞き取りによる。

(9) フーコーは、規格化の説明として「規律・訓練的な施設のすべての地点をつらぬき、それの一刻一刻を取締る常設的な制度は、比較し、差別化し階層秩序化し同質化し排除する」と述べている〔フーコー、一九七七：一八六〕。

(10) 言うまでもなく斎藤の権威的な教育論はヤスパースの実存哲学に依存している。

(11) 岩下が右下肢に障害をもっていたことも手伝って、患者は自らの癩による二次的障害と重ねて岩下への同一化傾向が強かった。また、知名度の高い岩下が院長ということで、患者たちは外部社会と間接的な接点をもつ機会が多かった。ある患者は、そうした状況を次のように述べている。「その頃は、度々、名士が神父様を訪問されたので、そのような名士のお話を聞く機会が多かったので、患者ながらも、岩下神父様が吾々の院長であると云うことを誇りにしておりましたね」〔神山、一九五五：二六〕。

(12) 岩下は救癩実践を続ける中で、人間の最善的生活がその置かれた社会的な状況の中においてこそ得られるということを理解するに至った〔マリタン、一九三六：「訳者の序文」四〕。

(13) 筆者が二〇〇二年八月八日および二〇〇三年三月一四日に行ったT氏からの聞き取りによる。なお、岩下はT氏に明確な理由を示さず、「自身に問うてみるように」と言うに留めたという。

(14) 実際、岩下は（とくに院外において）しばしば人の「分際」という言葉を口にしたとされる〔小坂井、一九八九：四五一－四五二〕。

(15)　この事件の存在は、神山復生病院の文芸誌『黄瀬』の患者稿の中でも確認できる。ただ、この要求書の現存は確認できていない〔桜井・三島、一九五五：四二〕。なお、岩下院長時代の前にも、たとえば一九〇九年に患者からの待遇改善の要求が時の院長・ベルトランに出された〔百年史編集委員会編、一九八九：七四－七八〕。その騒動の影響で、同年末には在院患者数が六割程度にまで減ったという。

(16)　岩下にあっては、新約の司祭職として常に天父に犠牲をささげたキリストが実践のモデルになっていた。それは、晩年の中国行で秘書として働いた小林珍雄が岩下の漏らした言葉を次のように述懐していることからも理解できる。「将軍でも大臣でも、実業家でもおよそどんなに忙しい人でも、一度び家庭に帰ってくつろげば、自分の内の私人にかえれる。司祭は、この私人の面の凡てを奉献する。たとえ司祭服を自室で脱いでも、信者の世話をし、布教に働らくべき公人の面は、寸時もすて去ることはできない」〔小林、一九六二：二九二〕。実際、岩下の犠牲的な援助実践は救癩事業の全般にわたって行われていた。

(17)　暁星中学校の後輩である伊澤千三郎によれば、一九三八年か三九年頃の話として、岩下が「自分の天職は、やはり travail intellectual（智的の仕事）だと思ふ」と現実否定的に語ったという。

(18)　確かに、カトリックの信仰集団の中に馴染めず退院あるいは逃走した者がいたことは、筆者によるT氏からの聞き取り（二〇〇二年八月八日実施）でも確認できた。

(19)　神山復生病院の患者自治会であった愛徳会による要求書提出事件の問題と、構造的に類似性がみられる。

(20)　筆者が二〇〇三年三月一四日に行ったF氏（男性、一九四五年入所）からの聞き取りでは、病友で岩下の信望を得ていた患者Mから聞いた話として、院長を辞任する直前「自分には患者の気持ちがわからなかった」と漏らしたという。

(21)　二〇世紀初頭の思想的混乱の時代にあって、岩下は日本の知識人の中にカトリシズムの思想を普及させることを生涯の使命と考えていた。

(22)　父・清周の葬儀（一九二八年）を司式した岩下は、式辞において「万一父が生前の所業から世間に御迷惑を掛けたものが有りと致しますならば、私は私の一身を擲て進んで其の罪を贖ひたいと存じます。私は終生娶らず終生家を成さず、心身を神に捧げ、頂天立地、我が道とする所に依りて、国家民人の福利の為に最善の力を尽したいと思ふて居ります」と述べている〔故岩下清周君伝記編纂会編、一九三一：五五〕。

第5章　岩下壮一における患者観の形成

はじめに

近代日本救癩史研究の本質的なテーマは、権力によって関係づけられる患者と国民国家との関係史である。それゆえ、一般に癩の問題を扱う場合は、このような政治史の枠組み――そもそも人間は、その公生活においては本質的に政治的主体者である――に基礎づけられて分析され、記述される〔エルトン、一九七四：六─七〕。しかし、この問題の内部では、患者の私生活における直接的で対他的な関係史が多面的に横たわっており、それらが相互に影響し合いながら政治史の領域と接触している。本章では、従来の政治史の知見に負いつつも、もっぱら副次的な関係史の視座に立ち[1]、カトリック救癩史の一断面である岩下の救癩活動における患者観の形成について検討してみたい。

なお、岩下が救癩実践を行った一九三〇年代は絶対隔離運動が官民協力のもとに推進されていく時期であり、ちょうどナショナリズムが「準戦時」さらには「戦時」のそれへと転じる時期と重なっていた[2]。

1　一九三〇年代における癩患者と民衆意識

一九〇七年に患者の取り締まり立法として法律第一一号「癩予防に関する件」が制定された後、一九三一年に至って新たに癩予防法がつくられた。これは、旧法のようにおもに浮浪徘徊する患者だけでなく、在宅の療養者についても施設入所の対象とした。それゆえ、この癩予防法の制定の意図は、患者の絶対隔離の推進運動を展開するうえでの基盤整備の役割をもっていたといえる。その後、一九三〇年代には、政府は社会啓発の方向から隔離の実践的展開を重視する方向へと転換し、その結果、景気が落ち込む中にあっても徐々に公立の癩療養所の拡張が行われていった。[3] 確かに癩が伝染病であることは認められたが、コレラやペストのような急性伝染病とは異なり、計画的な対策さえ講じられればほぼ根絶され得ると考えられた。実際、一九二九年から三一年まで内務省地方局長として大臣・安達謙蔵に衛生対策の振興を進言した次田大三郎の回顧談によれば、癩対策は国の衛生行政の中では最も実効性があると認識されていたという〔次田、一九五九：一〇–一三〕。次田は、癩対策の事業を完遂させるためにはさらに国民的な世論高揚が必要であるとみて、その誘導に際しては皇室の助力を得ることで国内に強力なプロパガンダを展開できると予測した。[4] また同時に、深刻な経済不況による緊縮財政下の費用捻出の問題をも解決——朝野の協力による財源確保——できると見通したのである。その際の為政者側の救癩観は、癩患者を社会の内側から周縁へと完全に移籍させる施策の実効性を第一の目標としながらも、同時に隔離病舎を建てるにあたって「牢獄のようなものをつくるわけにいかん。罪なくして隔離されるのだから相当の設備でなくてはならない」とする次田の言説に代表してとらえられるような患者擁護的な認識が混在していた[5]〔次田、一九五九：一〇－一一三〕。つまり、癩対策が政府の一方的な強制策でなく、社会正義に基づく策として国民の支持を得るためにはそれから逸脱しない範囲で患者の処遇条件を確保することが他面で期待されていたのである。皇室を利用した政治的な術策が用いられたことは、片野真佐子が言うように、救癩のみならず「挙国一致」へと世論を誘導し、ひいては日本帝国主義を思想的に下支えするうえで極めて有効であったといえる[6]〔片野、二〇〇二：一六八－一六九〕。こうして、スケープゴートとしての〈癩患者〉が同時代・社会の周縁に確実に定位させられていった。その結果、患者の社会的な主体性は公然と絶ち切られることになったのである。

　では、そのようなプロパガンダの受信者となった民衆の患者観はどのように切り替えられていったのであろうか。まず、高野六郎（当時、衛生局予防課長）の言説を押さえてみよう。高野は、癩病の予防は個人としても国家としても是非遂行しなければならない事業であるとしたうえで、現実に実行がままならない理由として「国民的熱情」の不足を挙げ、その事情を「多分此の病気は其の歴史が古いために此の病名は一般の恐怖を喚らない程耳に馴れ過ぎて居るからではなからうか。謂はゞ国民的感情が癩に対し免疫となつて居るのではなからうか。ペストやコレラとかは其の言葉を聞いたゞけで戦慄するが、癩は一種の宿命でもあるかの如く感ずるやうである。又此の病気に関係のない人達は概して此の病気に関して奔走することすら好まない。癩のために働くやうでは癩系統の人であらうといふ風に推定されることが快くないからであらう」と分析した（高野、一九二六：六二）。確かに癩は患者の外貌を著しく変容させる場合が多いことから人々に忌避され、またそれゆえに古くから業病や天刑病とみなされ、とくに近代以降においては「世間」という準拠集団のもとで「血統（家筋）」の問題として排他的に措定されてきた。また、一九三〇年代半ばからは「世間」は機能的にも構造的にも「国体」イデオロギーの準拠枠にすっぽりとはめ込まれることになった。しかしその一方で、人々は内心において、病気が患者本人の責に問えるものではないという認識から、罹患した患者やその家族に対しては同情の念をも抱いていたのである[7]（片野、二〇〇三：一七一－一七二）。こうしたアンビヴァレントな意識によって、ジレンマともいえる感情を、民衆は癩患者に対してももっていたのである。

では、民衆のそうした患者観を政治的な運動の方向へと切り替えていくための変換機構はどのように働いたのか。この点について、片野真佐子は佐藤忠雄がその著書『長谷川伸論』で示した日本人の倫理意識についての言説から興味深い論を展開している。第3章でも触れたが、片野によれば戦前の日本人が一般に民衆意識としてもっていた「弱者への負い目」の感情が、皇民教育によって民衆に強力に刷り込まれた「天皇への負い目」の感情に吸収されていったのに乗じて、国民を一丸とするための手段として新たに皇太后・節子を政治的に利用することで「救癩」のプロパガンダを打ち出そうとしたのだと言う（片野、二〇〇三：一六九－一七二）。

ところで、民衆が従来からもっていた「排他」と「同情」という二つの相反する意識の緊張状況を緩和させたのは、一九三八年に発刊された癩医・小川正子によるベストセラー紀行文『小島の春』によるところが大きかった〔荒井、一九九六：八八〕。『小島の春』では、救癩国策とその思想を大衆の意識回路の中で矛盾なく一元化させるために、活字メディアを用いてこのテクストを大衆化するうえで一種のレトリックとも思える操作が行われたのである[8]〔金井、二〇〇〇：一〇四〕。つまり、先に述べた片野の論の枠組みに従って理解するならば、こうした外と内で患者観を使い分けてきた民衆の患者への負い目の感情は、皇太后による救癩への「思召し」を支持するという大義名分を得て患者への同情を公然化できるようになり、そのことによって心理的な解放への通路が開かれたのである。言い換えれば、抑えられていた民衆の〈主観〉が「公」という〈客観〉に包摂されることで内的安定を得ることになったのである。

2　岩下の患者観に投影された「個人」と「国民国家」

澤野雅樹は、近代における癩患者の社会的「生」の政治的意味を「社会の前近代性を表象し、国家の後進性を象徴する」ものであるとみて、一九三〇年代における総体としての救癩事業が「病気から隠喩を取り除きつつ、病気が何の隠喩であるかを教える」役割を担ったと指摘している〔澤野、一九九四：一二三〕。国家観が救癩観にすり替えられたとする澤野の主張は、大衆がもつ国家観を「近代化」の方向へと転換するための便法として救癩が利用されたことを指している。澤野は考察の領域を救癩に関する政治思想に限定しているが、より一般的な政治思想に拡張して論じるならば、それは単に前近代から近代へという欧化主義を意図しただけでなく、むしろファシズム化の基盤としてのナショナリズム形成を目論んでいたと思われる。それはまた、癩患者への視点を個人から一般へと相対化させ、現実には非癩者である国民国家による保護を徹底するため――すなわち、祖国浄化思想のコンセンサス形成のため――個人から国民国家へあるいは自由から統制へと、政治的パラダイムを完全なまでにシフトしようとする変換装置であったといえよう。

ところで、岩下はプラトン『国家篇』中のソクラテスの次の談話を引用して、「遠き昔のプラトンが哲人王を夢想して以来益々現実社会とは縁の遠くなつた哲学者」への懸念を示唆している〔マリタン、一九三六：「訳者の序文」六〕。

> 哲人が王になるかまたは現今王または主権者と呼ばれてゐる者が真剣に本当のフィロソフィアに没頭するのでなければ、また政治的権力とフィロソフィアと、この両者が一となり、さうして専らその一方若しくは他方のみを追求する今の多くの人々が強制的に除外されるのでなければ、親愛なるグラウコンよ、国家にとつても、思ふに、また人類にとつても、害悪の無くなることはないのだ〔マリタン、一九三六：「訳者の序文」五－六〕。

岩下は国家権力としての〈天皇制〉を暗に指して、為政者が政治的権力にのみ傾注してしまい、人間――ここでは個人――の理想的な社会生活を追及しようとする本来の目標を見失ってしまった現実政治に懸念を表明したのである。岩下は、一哲学者として関わった自身の社会（救癩）活動を評価して、「二十世紀の今日小さいながら隔離せられた独立の世界である癩療養所の主権者として自己の所信の是非を実験しうる機会を与えられたことを思へば、余は常に以て瞑すべきである」と、自らの関心に従って果たし得たことへの充足感を述べた〔マリタン、一九三六：「訳者の序文」六〕。個人と国民国家との関係が患者と救癩施設との関係と相似であるとみて、自身の立場から望ましい権威関係のあり方を模索したのである。岩下は、患者観の変容を伴う自身の人間観の到達点について、人間の主体的な生活が社会状況との関係においてこそ規定され、成立すると主張した。

「最善の社会組織が如何なるものであるかを確実に探求せんと欲する者は、必ずや先づ第一に人間に最もふさはしき生活が如何なるものたるかを考察しなければならない。（中略）人間にとつて最上の生活の何たるかを知らざる者が、社会の最善な組織を知り得やう筈はない。なぜなれば、社会の中に於てこそ人間は其時々の状況に応じて、最も容易にその最善的生活に到達しうるものだから」という聖トーマスのアリストテレス政治論註釈中の簡単な常識的な言葉はいつも真理たることを失はない〔マリタン、一九二五＝一九三六：「訳者の序文」四－五〕。

岩下は、一九三〇年代の全体主義に傾斜した国民国家のもつ「権威」の内的実態を認識したうえで、その受信者である患者に対しても対国民の場合と同様に、彼ら自身の主体の基盤となる国民国家への帰属意識を承認し、支持すべきであるととらえた。岩下は、ハルナックの宗教における権威関係のあり方についての説を引用して、発信者から現象として可視的に発せられる外的権威と、受信者がその受容条件として不可視的に発する内的権威との適切な関係を構築することこそが、信仰を含めた人間のすべての生活部面における「最善」探求の実際的方法であると主張した〔岩下、一九四一a：七五－七六〕。つまり、神山復生病院における援助者－被援助者の関係でみると、まずもって岩下は神と患者個人との直接的な関係に基づく内的権威——すなわち、目的的な存在としての人間（＝自己）を肯定すること——を、教会制度に基づいて外的権威を代表する司祭の立場から患者に理解させるという役割を担ったのである。また、こうした信仰の側面に加えて、救癩施設の「主権者」である院長というもうひとつの外的権威——国家権力におけるサブシステムとしての機能を期待されていた——を用いて、社会における患者個々人の「最善」生活への意欲を喚起させようとしたのである。つまり、患者が「癩」と宣告されたことで、一旦は絶たれた国民国家への帰属関係を新たな場で再構築させるという、患者の生活世界における〈信仰〉と〈倫理〉の両側面から相互発展を画策したものであった。それゆえ、岩下の到達点としての患者観は、患者－救癩施設の関係と個人－国民国家の関係との比較視点から、患者の「最善」生活という実践知を求めて帰納され、また演繹された帰結としての産物であったと考えられるのである。

3　岩下における患者観の原型とその変容

岩下が神山復生病院の院長に就いてまもない一九三一年二月の院内での出来事を紹介する随筆文の中で、彼は自身の癩病観を吐露している。臨終に際して苦痛にあえぐ患者を目前にして、不治の病である「癩」ゆえに施す術のない無力感を込めて次のように述べた。

癩菌は用捨なくあの聖き霊を宿す肉体を蚕食してゆく。「体でもさすつて慰めてやるより他に仕方がありません」と物馴れた看護婦は悟り顔に云つた。さうしてそれが最現実に即した真理であつた。私は其晩プラトンも、アリストテレスも、カントもヘーゲルも皆ストーブの中にたゝき込んで焼いてしまひたかつた。考へてみるがいゝ、原罪がなくて癩病が説明できるのか。又霊の救ひばかりではなく、肉身の復活がなくてこの現実が解決できるのか。生きた哲学は現実を理解し得るものでなくてはならぬと哲人は云ふ。然らば凡てのイズムは顕微鏡裡の一癩菌の前に悉く瓦解するのである〔岩下、一九三一：二三九〕。

患者たちが人々の常識を超越した苦悩を経験しつつも、現に社会の中で一定の居所を確保し、生活を続けているというのに、現実に依拠した人間生活の根本課題を扱う学問であるべき哲学は「癩」の意味を説明することができず、その役割を果たしていないと岩下は評価せざるを得なかったのである。それゆえ岩下は、「原罪」や「復活」といった純粋に宗教（＝キリスト教）的な解法に答えを求めるしかないとの認識に至るのである。つまり、続けて「この一黴菌の故に心より跪いて、『罪の赦し、肉身のよみがへり、終りなき生命を信じ奉る』と唱え得ることを神に感謝する」と述べているように〔岩下、一九三六：二二九〕、その哲学とは〈肉体〉と〈人格〉を一元的に統合させるキリスト教の人間観に依拠したものでなければならなかった。それは、完全な〈理性〉としての哲学ではなく、また実存主義者のヤスパースが言うような理性が主導する「哲学的信仰」でもない〔ヤスパース、一九八六：一〇四－一〇五〕。あくまでも理性の領域を超えたキリスト教上の〈信仰〉に依拠すべきとする立場である。

このように岩下は患者観を〈心身一元論〉の立場でとらえ直そうとしたわけであるが、その前段階として、まず患者の〈肉体〉と〈人格〉との「分離」を意識した直接的な契機は、院長就任の当初に全生病院を視察した際に見た気管切開手術中の患者像に見出され、それが後の彼の患者観の形成に重大な影響を与えたとみられる(9)〔第一六回ハンセン病医学夏期大学講座実行委員会編、一九九二：八七〕。岩下は、その時の様子を「どんな重症な患者でも平気で正視しえる自分が、あの咽喉の切開口に金属製の框をはめこんだ有様を、それを蔽ひかくしてゐたガーゼをのけて思ひがけなくも見せつけられた時、物の怪にでも襲はれた様にゾツとしたのを想起せざるを得ない。それは余りにも不自然な光景であった」と、患者の〈肉体〉が形態としてだけでなく、本質的に〈人格〉から乖離してまでも生を営み得るとみる、むしろ〈心身二元論〉を肯定するような感覚で述べられている〔岩下、一九三一：二二八－二二九〕。つまり、岩下の患者観の原型は〈心身一元論〉をとるキリスト教の人間観への「問い」としての〈心身二元論〉であり、その後の彼の患者観は逆説的に〈心身一元論〉の妥当性を再確認しようとする方向で形成されていくのである。

さて、岩下が現実の癩患者を前にして哲学研究の限界を感じた後、再び哲学と和解するまでに約六年を要したという〔マリタン、一九三六：「訳者の序文」四〕。また、その間に患者と現実社会との関係を適切に媒介させる哲学について模索したという〔マリタン、一九三六：「訳者の序文」四〕。その結果、岩下が獲得した患者観の到達点は、自身「〔患者の〕呻吟こそは最も深き哲学を要求する叫びたるを識るに至つた」と述べる一節に凝縮されている〔マリタン、一九三六：「訳者の序文」四〕。結局のところ岩下は、患者の「生」の意味を知るにはやはり何らかの哲学が必要であるとみた。しかし、それは患者と社会との関係づけへの筋道が岩下によって見出されたというのではなく、すでに患者からの自然的・自発的な要求によって、その媒体となるべく哲学が求められていたというのである。岩下は、トマス・アクィナスが「社会の中に於てこそ人間は其時々の状況に応じて、最も容易にその最善的生活に到達しうる」〔傍点引用者〕と説明するアリストテレス政治哲学の中心的命題を一九三〇年代の日本の社会状況に当てはめて、第一の政治目標である全体主義化が国民国家の側の一方的な権力作用によってだけでなく、現実の環境に上手に適応することを目指して、むしろ個人の側からの要求としてもそれを補足している、との解釈で再認識したのである[10]〔マリタン、一九三六：「訳者の序文」四－五〕。

他方、岩下は次のように述べて、特定の文明や文化の成立基盤として宗教が要求されていると主張した。

現代は、凡ての文明は特定の文化を、凡ての文化は一の形而上学を――それが非哲学的な唯物論の形に於てであらうとも――背後に要求するものであり、而して宗教なくして其名にふさはしき形而上学が成立するものではないことを忘れた。これを逆に論ずれば、真の宗教なくしては真の形而上学なく、真の形而上学のなき処には真の文化も存在し得ないといふ事になる。如何なる物質的進歩も文化的設備や組織も、「汝に憩ふまで、我等の心やすきこと能はず」とのアウグスチヌスの一語を抹殺し去ることはできない〔マリタン、一九三六：「訳者の序文」四－五〕。

岩下が必要であると主張する形而上学とは、人間の行動を将来にわたって指示する歴史観・世界観――それは、宗教によって根拠が与えられる――を意味した〔岩下、一九三五ａ：一七四－一七六〕。したがって、そうした歴史観・世界観のもとで現実社会の変容を倫理的に承認できるか否かが重要となる。つまり岩下は、文化は宗教的な倫理観に支えられてこそ、安定した構造を構築できると理解したのである。それゆえ、岩下の思想形成における到達点としての人間観は、①癩患者は非癩者と同様に、社会に可能な限り親和的に包摂されるべく、自己の主体形成を欲している存在であり、②患者と現実社会とのとりわけ内在的に安定した関係を構築するには、宗教的な倫理観が両者の関係の基盤になければならないとする社会観によって支えられていた、と整理できる。

4　岩下における思想形成上の哲学課題

では、岩下が哲学との和解の道筋を見出そうとして、結果的にこのような患者観の変容を遂げたその過程において、自身どのような思想形成上の課題と対峙していたのか。理解の手がかりとして、ヒューゲル（Hügel, Fiedrich Freiherr von）が岩下に宛てた手紙の一部を引用してみたい。なお、岩下は一九二〇年代の欧州留学中に主としてこのヒューゲルに師事していた。

君の故国の知性や良心の混乱状態のために、君が本当の悲観論や単純な神秘主義又は各種の抽象性に追いやられないように祈ろう。頭と心、分析と総合、個人と社会、見えるものと見えないもの、肉体と霊魂、人間と神。これらの「と」は単なる接続詞ではなく、いろいろな相互関係、相互依存、相互生産をあらわしている〔デュモリン、一九五〇：一八〕。

この手紙は、熱心なカトリック信者である宗教哲学者・ヒューゲルが岩下にカトリック社会観の中心的な思惟方法を教えるために書いたものであるという〔デュモリン、一九五〇：一八〕。岩下のヒューゲルからの影響は、自身が述べるように、彼（ヒューゲル）によって「スコラ哲学と和解」する端緒がつくられたのである〔岩下、一九六二b：二五〇〕。また、別の岩下によるヒューゲル評は、彼が「福音的カトリック主義」――それは、神秘的体験にとらわれず、信仰のすべてにおいて理性と教会の教えに指導される――の体現者でありながらも、決して自身の主義・主張に殉じた人ではなかったという〔岩下、一九四一a：八八－九二〕。「スコラ哲学と和解」するとは、中世哲学の発展の最頂点にあり、またカトリック教会が思想的に依拠するトマス哲学・神学を再評価することに他ならなかった。岩下に師事した杉田英一郎は、ヒューゲルがキリスト教の本質を、「制度的歴史的」、「神秘的直観的」、「知識的理性的」という三つの意義の側面から、それらが本質的結合あるいは同時的存在をなすべきものであるとみて、それらを〈総合〉の観点でとらえようとしたトマス哲学を擁護していたとの認識を示し、岩下のトマス再評価への引導者がヒューゲルであったと述べている〔小林、一九六一：一三二一－一三三三〕。岩下にとっては、とくにヒューゲルを介して知ったトレルチの親和的なトマス評が、「スコラ哲学と和解」するための基礎になったという〔岩下、一九六二b：二五二〕。そのトレルチによれば、中世社会においては、政教一致すなわち教会による倫理的な指導監督体制下にあって、人間が生きる二つの領域――すなわち、形而下学的な「自然」の領域と形而上学的な神の「恩恵（grace）」の領域――はすべての文化的・概念的体系が自然から恩恵へと発展する中で相互に調和的に機能していたという〔トレルチ、一九八一：二〇三－二〇六〕。また、そこでは個人は「形而上学的権利において保護されると同時に、社会的調和の中にしっかりはめ込まれている」状況であったという〔トレルチ、一九八一：二〇三－二〇六〕。それゆえ、中世に隆盛を誇ったスコラ哲学は、そうした政治社会状況に呼応して安定した理論を提示できたのである。

では、岩下はトレルチの主張を自身の思想形成と関わらせてどのように受け止めたのか。このことを、ヒューゲルが岩下に宛てた手紙を参考にして考えれば、欧州留学中の岩下は「内的なものと外的なもの、主体と客体との間のあやまつた反立を君〔岩下〕がまだ克服しない」という、思想形成上の課題を抱えていたとみられる〔デュモリン、一九五〇：一八〕。これは、従来から岩下が、基本的に形而上学の領域と形而下学の領域とを分離して二元的にとらえようとするモダニズムの立場に嫌悪感を抱きつつも、その影響下から抜け出せずにいたことを示唆している。トマス哲学を擁護したヒューゲルの主張は、とりわけ倫理的・宗教的側面からみた場合の、「内的なもの」と「外的なもの」との総合の必要性を説くものであった。ヒューゲルは、「個人と社会」が示す関係の認識についても、両者が対立概念として「分離」しているのではなく、相関関係として〈内的結合〉を表しているとみた。そのうえで岩下に助言して、個人と社会との関係をとらえる場合には、個人として体現される「主観的なことがら」が、家族・種族・国家として体現される「外的客観的事実」によって「結合され刺激され答えられ練られ」る、というような関係構造として把握することが必要であると述べた〔デュモリン、一九五〇：一八〕。一方、岩下はヒューゲルから学んだトマス哲学におけるこうした認識論を自ら構築した哲学体系の中心に位置づけ、自然の領域であれ超自然の領域であれ「可能態（potentia）」から「現実態（actus）」への発展は、それ自身から内発的に起こるのではなく、補助的に外的な力が働く必要があることを説いた〔岩下、一九四二：四二六－四二八〕。そして、岩下は自然と超自然との関係を把握するうえでもこの原理が応用できるとして、神の自由意志の力により「恩寵（＝恩恵）は自然を破壊せずに反つて之を完成する」と、両者の相関性を主張した（岩下、一九四二：四二六－四二八）。

結局、岩下は自身の哲学課題について、家族や国民国家といった既存の客体との倫理的な相互関係を築いてこそ、個人としてのアイデンティティが形成される、という〈主体形成〉の問題として解決の地平を見出したのである。

5 岩下の患者観を支えた思想的源泉

では、岩下の患者観を支えた思想的源泉はどこにあったのか。岩下は「天下の同情」感が患者をめぐる社会の一般的な現実認識であるとみて、日本ＭＴＬ理事であった塚田喜太郎の長島事件（一九三六年八月）に関する主張――すなわち、長島愛生園（国立）の入所患者が療養所の処遇方針に抗議して騒擾事件を起こしたことに対する患者叱責の主張――を全面的に支持している[11]（塚田、一九四一：四二）。塚田の主張から読み取れる岩下の患者観は、「身のほどを知（る）」べきであるとする〈分〉を重視する人間観に表れている[12]。

ところで、「同情」のような主観的な感情移入はカトリック思想に比して、プロテスタント思想のほうが信仰行為に直結しやすいと考えられる。なぜなら、カトリック思想においては、カトリック教会が権威によりトマスのスコラ哲学を全面的に支持すると表明したことから、その基盤となる思想は

「信仰」から主観を排除しつつ「理性」との統合を図ろうとするのに対して、プロテスタント思想においては、その社会的展開の過程で信仰における個人主義や主観主義が強調されることで、「同情」のような主観的な感情や観念は「理性」と対峙する「信仰」の領域に包摂されやすい傾向をもつことになるとみられるからである[13]〔大貫ほか編、二〇〇二：九九五〕。それゆえ、救癩に関わったキリスト者の立場が「信仰と人権の二元論」であったとする荒井英子の指摘は、プロテスタント者の救癩思想においてこそ顕著に発現されていったと考えられるのである。[14]その問題系は、プロテスタント思想に限定すれば、荒井の言う〈人権感覚をもたない信仰〉という短絡的な理解の構図ではなく、「同情」のような感情面に純化したミクロ的で「信仰」的な側面と、国民国家の軍国主義体制に加担し、人権よりも国家の論理である「祖国浄化」を優先しようとしたマクロ的で「理性」的な側面とのオルタネートな二元論という新たなテクストによって、より発展的にとらえ直すことができよう。他方、カトリック思想においては、「信仰」の領域あるいはそれに近いところに存在した感情もまた「理性」の観照作用を受けるために、荒井の言う「信仰と人権の二元論」は常に信仰と人権が併存する可能性を模索することになる。岩下は、「信仰」の領域における「恩寵」の作用を理解する際には人間のもつ感情や観念と区別してとらえることが重要であることを、両思想の違いから至近な例を用いて説明しているので引用してみたい。

今こゝに不遇な感情的な若き女性があるとする。偶然読んだ婦人雑誌の記事は、近頃流行の所謂癩文学であつた。彼女の同情心は刺激されて、神の為に之等の不幸な病者に一生を献げたらという一念で心は一杯になる。共に泣き共に慰めあつたら、どんなにか自分の傷ついた心も癒されるであらうとも考へる。思案の末遂に意を決して、彼女の指導者と仰ぐ牧師先生を訪れて心底を打明けると、先生も大いに感激してそれは立派な志だ、ほんたうの愛だ、この御恵に応えて療養所へ行つて働いたら、神様は吃度貴女を祝福してくださるでせうと励まして下さる。祈禱会が開かれ献身の感話がなされ、次ぎの日曜の礼拝には訣別の説教まであつて、会衆は感激の涙を流す。彼女は神の使いたるの抱負を以て療養所へ乗込んでくる。処が看護の経験もなく医薬の知識もない病弱の身で、実際は同僚の迷惑になるだけである。やがて院長はこゝは貴女の様な人のくる処ではないから、一応家へ帰つて再考してはと云ふ。本人の悲嘆と愛の天使を送つた牧師先生の憤慨……これは小説か実話か、寧ろ後者に近い。筆者は牧師先生から「キリスト教の事業は愛の事業だと思つたのに意外だ」といふ様なお叱りをうけた一人である〔岩下、一九四一a：二五七〕。

「恩寵」と「自由意志」の相互作用について岩下は、カトリック思想においては「恩寵」を契機として「恩寵」が常にリードしながら、人の「意志」がそれに自由に協調していくことにより、やがては「義」と認められるプロセスをとる、と述べた〔岩下、一九四一a：二五四〕。それゆえ、岩下はこの例で、女性と牧師が示した奉仕への決意が「恩寵」そのものではなく、すでに始まっている「人間の恩寵への協調」であるとして、それは信仰に導かれながらも「理性」的判断が介入できる領域であることを指摘した。つまり、岩下がこの例を用いた意図は、プロテスタント思想が信仰者の行為的「決意」に至るまでをも神の直接の「恩寵」作用ととらえ、「信仰」の領域と認識して「理性」作用から分離するのに対して、カトリック思想においては、信仰者の行為的「決意」の段階ではすでに「理性」を働かせているので「信仰」と「理性」は統合している、との見方の違いを示すことにあった。つまり、岩下はプロテスタント思想がもつ主観性や感傷性に傾斜しやすい性格を、「人間的判断の錯誤」を招くものとして批判し、「如何に実際に即した他の方法で活かすべきかを考慮すべきではなかつたらうか」と、実践への決意に理性的判断を介入させることの妥当性を主張したのである〔岩下、一九四一a：二五八〕。

翻って、カトリック者ではない塚田の「天下の同情」論を支持する岩下の見地は、こうしたカトリック的な思惟方法に依拠しつつも、日本人の大衆がもつ「直観的・情緒的」な思惟方法をも承認することで患者にとって社会的利益が確保されるとみる、きわめて現実的で民衆的なとらえ方といえよう〔中村、一九六二：三一七〕。つまり、大衆のもつ自然の心理的発露としての同情感を、むしろ効果的に利用することで癩患者もまた現実社会に対して安定した立場を維持できるとみたのである。そうした意図から、岩下は騒擾事件を起こした患者たちにより親和的な意味で「内的権威」の抱持を求めたものと考えられる。

では、岩下が長島事件における患者の抗権力的な行動に否定的な立場をとった根拠は、患者の社会的利益を損なわないようにさせるという消極的で、またある意味では功利的な配慮に過ぎなかったのか。否、そこには片野真佐子が言うように当然ながら、救癩活動に代表されて社会一般に普及した皇恩への報謝という、国民統合を積極的に支持するような、権威に対する依存・恭順の思想が岩下の救癩思想にも反映されていたと思われる〔片野、二〇〇三：一六九〕。なぜなら、岩下が依拠したカトリックの社会観には、国家権威を基盤にした〈分〉（＝職分）を重視する予定調和的な社会秩序の思想が通底していたからである。[15]

6　岩下の患者観にみる〈分〉の実践思想

岩下院長当時における神山復生病院の入所患者の証言によれば、岩下は入所患者に対して「お前たちは病人としてここに連れてこられたんだから、病人としての本分を尽くしなさい」と、再三にわたり説諭したという。[16] その患者の解釈によれば、「病人としての本分」とは、まず第一に「治そうという気を起こすこと」だという。[17]

一九三〇年代の癩は〈不治の病〉であり、救癩施設への入所は生涯にわたる既存社会からの〈離脱〉を意味していた。それゆえ、とりわけ新来の入所患者は家族からの別離もあり、一様に厭世観に陥っていたのである。[18] 皇恩を讃え、祖国浄化を鼓吹する「御恵みの日」の記念講演会において、岩下は患者に癩にかかった理由を説明するには「只の道徳や慈悲の心では解決できぬ」、「信仰の世界に入らねば納得させ得ない」として、「実に癩問題には必然宗教問題が伴はなければ満足な解決は得られない」と述べた[19]〔岩下、一九四一b：七〕このことからすると、岩下が患者に説いた「病人としての本分」とは、患者の宗教的な再生を目標に見据えて提起された概念であったと考えられる。それは、岩下が言う「道徳や慈悲の心」すなわち伝統的であっても根拠の乏しい癩の病因説では合理的に説明ができないというものであった。確かに、過去の癩に対する病因説は「業病」や「天刑病」等の直喩を用いて、患者をほぼ一様に〈罪の因果〉として措定した[20]。こうした伝統的な心象のもとでは、社会に開かれたという意味での〈主体〉は捨象されていた。それに対して、「信仰の世界に入」るとは、患者自身が主体者として自己を認識するための自発的な行為に他ならなかったのである。

岩下が回復の見込みのない患者たちに「病人の本分」を説いたことは、彼らの「生」への意欲を取り戻させようとしたのである。ただ、言葉だけで励ますような小手先の対症療法は、極めて合理主義的な岩下の実践思想から推察して似つかわしくない〔小林、一九六一：二八六〕。そう考えるならば、むしろ岩下の真意は、患者が宗教的な超自然としての意味世界と経験的なそれとの間を、功利的な判断のもとに行き来する主体者であったこと――すなわち、患者たちの不安定な信仰姿勢――に対して警鐘を鳴らすことにあったのではないか。それは、岩下が「客観的啓示の権威に指導されない宗教の体験は、如何に立派でも客観的妥当性の保証を有し得ない」として、カトリック者の倫理的な基盤があくまでも教会権威への主体的服従によるべきであることを説いていることからも十分に推察できる〔岩下、一九四一a：八八〕。

ただ、さらに一歩進めて考えれば、前述の証言の中の「お前たちは病人としてここに連れてこられたんだから」という岩下の前言に注目することで、「本分」が示す当為としての意味がみえてくる。それは、財政難下で軍国主義体制が強化されていく一九三〇年代の社会状況の中にあって、間接的な表現ながらも患者たちが皇恩による特別な配慮のもとに救癩施設で保護されていることを強調することで、患者に〈報恩〉あるいは〈謝恩〉の意識を喚起させようとしたとみられるのである。しかし、それは権力への服従ではなく、既存社会への帰属欲求を再び回復できるように、言い換えれば彼らが国民国家に主体的に同一化することで内的不安を払拭できるように図ったのである。実際、元患者であった坂田金一は、戦後に岩下記念号を編んだ院内文芸誌の巻頭言において、岩下の救癩実践についての客観的な評価を試みている。すなわち、岩下が積極的に施設を社会に開放し、患者と社会——とりわけ知識階級——との接点を拡げていった援助実践をとり上げて、それにより患者たちが同時代の社会の中で自らのアイデンティティを確立していくことができたと主張している[21]〔坂田、一九五五：五〕。そこには、国民国家の権威主体の中心である「天皇」に対して、ひいては国家機構に組み込まれた権力機構の一部としての救癩施設の管理者や職員に対しても、患者が自身の〈分〉を認識し、それらと適切な倫理関係を構築できるように導くことで、結果的に患者の自発的な〈主体化〉を支持しようとした岩下の意図が看取できるのである。

結びにかえて

結局、岩下の患者観は、同時代の民衆がもっていた患者観あるいはプロテスタントのもっていた患者観の検討から明らかになったような〈主観〉的に主題化されたものではなく、普遍的かつ包括的であったという意味で〈客観〉的に主題化されたものであった。しかし、そこには人間‐社会の関係理解においても、〈理性〉でとらえられる問題を〈信仰〉に依存すべき問題と分離させたままで結論づけようとする近世哲学のように、無機的ともいえる思惟姿勢はみられなかった。岩下は、恩師・ヒューゲルから学んだ対立概念の相関的把握という中世哲学がもつ包括的なパースペクティヴの有用性を実証すべく、あえて救癩活動に身を投じて生活世界における〈理性〉と〈信仰〉との総合の可能性を模索したのである。つまり岩下は、癩患者となったがゆえに奪われた彼らの〈主体〉を再生させるべく、患者の主体形成の観点——すなわち、自ら宗教的・倫理的に〈内的権威〉をつくること——から患者‐国民国家の関係を根拠づける哲学を構築しようとしたのである。それゆえ、こうした検討から岩下を再評価すれば、国家主義の思想を基調として展開された国の隔離政策に岩下が加担していたとする従来の岩下評は、たとえそれが彼の「祖国浄化」や「皇恩報謝」といった言説を論拠にしたとしても当を得たものではないといえよう。(22)

注

（1）　第Ⅱ部全体がこうした時代認識をもとにして書かれていることは言うまでもない。

（2）　それは、患者の絶対隔離策を積極的に推進しようとした光田健輔が、在宅患者に向けて「軍人は国の為めに屍を満州の野に曝すを潔とし、進んで国難に赴いた。銃後の人は之れを支持するに努めた。それと同じく我等も村の浄化の為めにも自分の疾病を治す為めにも進んで療養所に行くべきである」と勧めている点をみても、まさに救癩運動がナショナリズムに同期していたことが理解できる〔光田、一九三六：二－三〕。

（3）　その一方で、一九三〇年代以降、私設の救癩事業は経営難に陥り、一九四〇年代に入ってからは次々に閉鎖ないしは解散していった

（4）　貞明皇后の三大業績といわれる救癩、養蚕、灯台守とその家族への仁慈の中でも、救癩への関心は自発的な関心を契機とする後二者に比べて幾分消極的な契機であったと思われる〔主婦の友社編、一九七一：一三七、一五八、一八八〕。

（5）　各論としての患者擁護的な側面からの主張は、戦前においては救癩政策の展開においてほぼどの時代でも存在していた〔山本、一九九三：九〇－九九〕。

（6）　実際、一九三〇年の皇太后・節子による公私の救癩活動への特別な下賜を契機として、一九三一年には官民挙げての救癩運動を進めるうえでの中心的機関として財団法人癩予防協会が設立されることになった。なお、同協会のおもな業務は、国民に対して癩予防についての正しい知識の普及を図り、患者に対しては療養所への入所を勧めることにあった。また、一九三〇年より癩の根絶策が内務省衛生局において検討され、民間でも盛んに議論された後、一九三五年には「らい根絶二十年計画」が採用・実施されることに決定した。

（7）　民衆が同時にもっていた患者への潜在的な同情感は、片野真佐子による、「野口男三郎事件」（一九〇二年）とそれをモチーフにして大ヒットとなった流行歌「夜半の追憶（男三郎の歌）」および「袖しぐれ（曾恵子の歌）」についての深層分析が妥当な論拠を提供している。片野は、患者を差別する民衆の自己への「負い目」の心理が、人肉が癩に効くという狂信的な流言を信じて癩を患う義兄のために少年を殺し、他方で自身の甲斐性のなさを責められて義兄

を毒殺したという男三郎の錯綜した心理をあえて美化した演歌に表象されていると分析している。なお、事件の経緯については、〔花井、一九三二〕に詳しい。

(8) 金井景子によれば、このテクストの技術的な効果のひとつは、「女性（＝主人公である小川自身）のことばと制度のことばとが、涙を触媒にして、頑なな患者の心に入り込んでいくさまが卓越した筆致で綴られる」点にあったという。

(9) この手術は、癩の症状のひとつである急激な喉頭浮腫により、その緊急処置として行われていた。通常、気管切開をすると急速に改善するが、患者はしばしば呼吸困難――発病、失明とともに癩の三大苦難といわれた――の再発を恐れて切開孔の閉鎖を拒否し、数十年にわたってカニューレ（＝管）を挿入し続けている者が少なくなかった。

(10) こうした認識は、奇しくも「私共病者も亦同時に『一個人としても生き、団体的にも生き、国家的にも生くる』てふ唯一本然の姿に於てのみ最上最善の生活を営み得るものと信じます」と宣言した、国家総動員体制下における長島愛生園患者自助会の解散声明にも同様にみてとれる〔長島愛生園入園者自治会編、一九八二：三三二〕。

(11) 長島事件の経緯については長島愛生園入園者自治会編〔一九八二〕に整理されている。

(12) 塚田は「天下の同情」というひとつの経験的な指標を用いて、（事件以前にあっては、親和的に付されていた）「同情」の受け手側に負わされた規範的な役割を措定してみせた。また、この指標が諸刃の剣であり、役割期待が拒否されると、送り手側は一転して排他的な対象者観へと変化してしまうという、大衆のもつ不安定な心理的実相をも示してみせた。

(13) 上智大学編〔一九四二：七八六、七八九〕にも類似の指摘がある。

(14) 荒井は、長島事件に対する塚田の主張に代表させて、キリスト者一般に対して「『優生』の人権ならともかく、『劣死』の象徴たるハンセン病の患者の人権視点など持ち得なかった」と指弾している〔荒井、一九九六：一〇三〕。

(15) 職（広義の）についてみれば、プロテスタントでは「天職」としてその平等性が強調されるのに対し、カトリックでは「職分」として、神の「召命」と「勧告」による規範的で客観的な価値に基づく社会秩序の体系としてとらえられる〔ウェーバー、一九八九：一〇九－一一一〕。また、カトリックの社会観においては、職分的社会秩序は国家に従属するものとされる〔上智大学編、一九四二：七二二－七二三〕。なお、ここでいう「職分」とは、単に職業労働からみた場合の概念ではなく、キリストの肢体として社会機能を有するあらゆる分類を含む概念である。

(16) 筆者が二〇〇二年八月八日に行った〔元〕患者T氏からの聞き取りによる。

(17) 同前。

(18) 同前。

(19) この会は一九三五年一一月一〇日に開催された。

(20) 必ずしも、岩下が〈罪の因果〉として癩をみなす見方を否定しているわけではない。実際、患者の療養生活のために作成した「病者の心得」には「病は往々にして罪の罰として送らるる場合もある」として、原罪ではなくむしろ自罪に帰してカトリックの教義から解釈した病因論を述べている箇所がある〔小林、一九六一：二八六〕。

(21) 坂田の問題意識は、「現在吾々の住んでいる復生病院は、社会からどう云う見方をされているのでしょうか。(中略)井の中の蛙同様の生活をする吾々が、日本人の日本語に精神的な渇きを感じ、言葉を通じて何かを求めようとしている事は、この環境の中の切ない真実の姿なのであります」との逆説的な記述に表されている。それは、太平洋戦争による戦時統制下をしのいだ後、修道院経営に移ってからは患者たちが同時代の社会に同一化しようとする通路が閉ざされてしまい、自分たちの主体性を自覚できないでいるもどかしさとして理解できる。

(22) 岩下の救癩活動への評価については、藤野〔一九九三：一一一–一一三〕を参照。また、荒井〔一九九六：二二一–二二三〕でも同様な評価がなされている。

終章　岩下研究と救癩史研究の思想史的「総合」
――救癩思想史試論

1　思想史の視座と記述の全体性

第Ⅱ部では、「岩下壮一」という一人の投写体に映し出された、主として救癩をめぐる患者と国民国家の関係構造を福祉思想史としてとらえようと試みた。こうした研究方法は、政治史研究においても、また福祉史研究においても、従来ほとんど試みられることのなかったものである。つまり、第Ⅱ部における岩下研究が指し示す方向は、前者の研究との比較においては脱実証主義を指し、また、後者の研究との比較においては脱主観主義を指すものである。しかし、研究対象を直接に人物ではなく、たとえば癩に関する個別の文学作品というテクストに置き換えても同様な分析が可能であることから、実際、文学史研究などではわずかながらそうした研究の試みがなされてきたところである。ともあれ、いずれもひとつの事例研究の体をなしている。それは、歴史的な文脈の中で社会の「一部」のあり様を切り出すことを意図するものである。つまり事例研究としての思想史研究は、特定の時代という共時的な前提のもとで、社会の一部である対象の主観的な認識を、性格を異にする〈他の一部〉との比較において把握しようとするものである。しかし、そこには研究上の隘路があって、論理学でいうところの外延が広がると内包は狭まるために、事例研究が多様に蓄積されると全体性の記述はかえって軽薄なものになりかねないという問題が起こる。

第Ⅱ部も事例研究である以上、こうした問題をもちつつ、可能な限りそれを克服しようと努めるものであるが、もうひとつ困難な問題は、同じ研究対象であってもそれを同化や反目といった複雑な社会関係で構成される生活空間の中のどこ（どの側面）に位置づけるかによって、描かれる像が異なってくるという点である。救癩史について言えば、極端な例と思われるものとして、たとえば隔離政策を主導したとされる光田健輔を救癩思想史の研究対象に選んだ場合、光田を国民国家側に据えて記述すれば、患者に対して強権で支配しようとする権力構造のマクロ図式が容易に描かれることになる。しかし、光田を患者側に据えた場合は、権力者としての現実的な支配意識の側面とは別に、「慈父」として接した側面をも同時に描き出さなければならないであろう。もちろん、それはパターナリズムのもつ二面性として記述することも可能ではある。しかし、あえて研究者の偏見で「権力」関係として単一の側面から記述しようとするならば、それは時に実証性を歪めた暴論になるに違いない。

つまり、程度の差こそあれすべての学問研究に通じるわけであるが、こうした分析上の立脚点の違いは、とりわけ思想史のように対象の主観を諸種の言説から組織し、抽象化を図って記述しようとする場合には、研究対象を誰に、また、どこに据えようとも、前提として研究者自らの分析の視座を明確に提示することが必要であるし、またそのように条件を措定することの意義についても十分に明らかにしなければならない。その意味では、とりわけ思想史はきわめて限定的な、研究者が想起したある種の主観的な「とらわれ」の枠に縛られているといえよう。それゆえ、対象を取り巻く体系的な全体像の記述を志向するような学問的な野望は、結局は中途半端なものと化してしまうであろう。

では、思想史研究に全体性への志向は不可能なのかというと、必ずしもそうではないと思われる。つまり、自明のことではあるが、ひとつの研究対象についての多元的な視点からの思想史研究の蓄積こそが、全体像を把握する唯一の接近法といえよう。その場合、雑多に研究成果を集積するよりも体系的に整除してとらえたほうが全体性をより確実にとらえやすいに違いない。ただ、そこには陥穽があって、表面上の体系性に隠れて重要な議論（あるいは、議論となる可能性）が抜け落ちてしまう場合がある。それは、後代の研究者または知識の継承者たちが意図的に捨象したり、あるいは意図的ではなくとも、思慮に欠くという場合もあろう〔湯浅、二〇〇三〕。また、体系性ということについても問題があって、その組織化は主観的に行われるものであることから、対象を取り巻く全体的な記述は、むしろ一人の研究者が特定の視座により研究対象の多様な側面を整序・記述するほうが、全体性をより秩序づけて言語化できるといえよう〔桑原編、一九六五：一一二〕。それは、思想の諸側面間の通時的あるいは共時的な因果関係をとらえられるだけでなく、対象の意識構造を関係的に把握できるという利点がある。たとえば、ある思想家の人間観と社会観との固有な関係構造を析出する場合のようなものである。また、全体性を客観性ととらえ直すならば、同一の対象の個々の研究成果をただ集合的に蓄積していくよりも、個別研究相互の共通認識をとり出し、それを積み上げていくほうがよい。

しかしながら、まだ問題は残る。それは、対象をとり巻く全体性とは何か、という問題である。先に示した光田の例で言えば、全体性とは光田の救癩史における功罪を併記することでも、また、その結果、功罪どちらの性向がどれほど顕著かを差し引きすることでもない。思想史研究における全体性とは、あくまでも思想のもつ諸側面・諸要素の〈関係性〉でとらえられなければならない。また、それはおのずと他者との〈間主体的〉な関係から可視的・具体的に導出されるものである。こうして関係を構造的にとらえることで、単なる集合としての全体性を超えて、より総合（相関）性をもって立体的に全体を構成できることになる。

2　岩下における〈信〉と〈知〉の問題――思想家・実践家としての岩下

岩下が自身の哲学思想を形成するにあたっては、明確な課題が意識されていた。それは、直接には師・ヒューゲルを通して学んだキリスト教哲学の真髄といえるものであった。岩下は、欧州から帰国以降の生涯をとおして、過去から現在そして未来へと流れる人間社会の実相の変化を理論的にどのように把握するかということ、すなわち〈歴史哲学〉における〈一貫性〉と〈総合性〉の各問題――岩下における〈信〉と〈知〉の問題と言い換えることができる――を、同時代的文脈の中でどのように理解すべきかについて考究し、その解明に向けてカトリシズムの立場からとり組もうとしたのである〈第3章参照〉。この〈一貫性〉と〈総合性〉の問題は、とりわけ実在論としてのアウグスティヌスの哲学思想を、また、アリストテレス哲学を基礎にしてキリスト教信仰の哲学を築いたとされるトマスの思想をとり入れて検討された。しかし、いずれの問題も「価値」の視点を抜きにしてはその核心を説明することは困難であった。なぜなら、人間は本性として将来的な「信念」によって行動するものであり、そこには民衆の主体性により支えられた安定した権威機構がなくてはならないと、岩下は確信していたからである。しかし、同時代思潮としての唯物史観と皇国史観には、歴史哲学としてどちらにも不備があった。唯物史観には人格的視点がまったく欠けていたし、また、皇国史観には伝統的な「信念」をとり入れた強みがありながらも、歴史哲学として当然に有すべき理論が、日本帝国主義を支え、擁護するうえでは極めて未熟なものであった。岩下は、この点を看破したのである。

日本のカトリック教会が、ナショナリズムとしての全体主義を乗り切るために皇国思想と短絡的に同調しようとした中にあって、岩下の主張はそうした短絡的態度とは一線を画し、成熟した歴史哲学としての最も重要な要件である〈一貫性〉と〈総合性〉の問題に正面から向き合ったのであった。岩下がこだわった点は、〈現実〉から離れてはならないということであった。それゆえ、社会で最も忌み嫌われていた癩者の小社会に自ら身を置き、そうした周縁社会の原理としても十分に堪えうる歴史哲学を模索したのである。ただ、その模索の過程で、岩下は少なくとも教会権威を基礎にしたカトリシズムに対しては懐疑論者とはならなかった。あくまでもキリスト教的な〈実在〉にこだわることで、包括的な普遍を探求しようとした。しかし、だからといって、彼がまったくのオプティミストであったわけではない。彼が自らの〈ポジティヴな犠牲〉観をもってとり組もうとした〈慈善《カリタス》〉としての救癩活動は、皮肉にもその裏面である〈ネガティヴな犠牲〉感によって自己否定されるという結果を招いたのである。つまり、岩下が思想形成の到達点として獲得した〈歴史哲学〉は、はからずも小社会での救癩活動という応用レベルにおいて、結果的に現実との微妙な乖離を修復できないまま終止符を打つことになったのである。そこに、〈思想家としての〉岩下と〈実践家としての〉岩下が統合することの難しさがあった。そこにはまた、人間としての岩下の限界も認めなければならないであろう。

　岩下の救癩実践は、帰納的なアプローチによって結果——すなわち、絶対的のみならず相対的にもカトリシズムが真理であるということ——を引き出すための試みであったといえよう。岩下は〈一貫性〉と〈総合性〉の二つの問題を「通時」と「共時」の縦横でつづられる生活世界の中心的な問題ととらえ、その成立条件として〈権威性〉と〈民衆性〉の両方が基底において必要であることを強調しようとした。ただ、〈権威性〉と〈民衆性〉の両方が真理探究ひいては国民国家の統合原理として重要であることは、岩下に限らずとも一部の同時代人には理解されていたことである。たとえば、半澤孝麿が指摘するように、無教会主義者として国家権力や教会権威からの解放を主張した内村鑑三でさえも、政治思想史としてとらえた場合には「ある種の権威指向と伝統主義」を自己の中に矛盾なく併せもっていたとみなされうるのである〔半澤、一九九三：三〇二〕。ただ、この点について半澤が、「〔内村は〕思想家における一貫性の必要を強調しながら、それを自らの〈知〉の問題としてはついに方法化しなかった」と分析しているように〔半澤、一九九三：三一九〕、内村の場合は歴史哲学の構築を志向したのではなく、ましてやそれを生活世界の深層から探求しようとする意図もなかったと思われる。つまり、岩下の歴史認識と比較するならば、内村の思想は他の同時代思潮と同じく、〈一貫性〉だけでなく〈総合性〉においても未成熟なものであったということになる。

では、岩下にとって〈権威性〉とは、また、〈民衆性〉とはそれぞれいかなるものであったのか。まず〈権威性〉についてみると、岩下はそれがカトリック世界観の有する絶対的な秩序として、普遍的に把握され得るものであると理解していた。そうした理解には、近代思潮に対する岩下の根源的な危機感が反映していた。それは、カトリック教会のもつ権威の担保の問題であり、ひいては神の権威に対する神学的な危機の問題へとつながるものであった。この問題は、国民国家のあり方についての同時代的問題に置き換えてとらえられるものであったし、また同時に、近世哲学さらには近代哲学の歴史的継承性の問題にも関わってくるものであった。一方、〈民衆性〉についてみると、岩下はそれが〈権威性〉を下支えして、総体としての社会の思潮を安定させる役割をもつという意味で、倫理的な性格をもつ「文化」としてとらえられると理解した。だから、岩下は外的なものとしての〈権威性〉と内的なものとしての〈民衆性〉とを、近代哲学の思惟方法のように分離してとらえるのではなく、総合して両者を相関的にとらえることが何よりも重要であると主張したのである。

同様に、このことは主体と客体の関係をとらえる場合においても、岩下は分離ではなく〈総合〉――すなわち、〈心身一元論〉――として、相関的にとらえることの重要性を確信していた。それは、主体としての患者と客体としての国民国家との関係における相関性——すなわち、援助対象者の生活構造——であり、岩下は患者に対する救癩実践を通してその再構築を図ったのである。つまり、岩下は患者が本来もっている〈民衆性〉を主体化させることを主要な目標として救癩実践にとり組んだのである。しかし、その一方で、前述の岩下の限界は、援助者（＝岩下）と患者との主体－客体の関係——すなわち、援助構造——においては、はからずも十二分に相関関係としてとらえきれなかった点にあるとみられる。それは、一般的にカトリック慈善ひいてはキリスト教慈善のもつひとつの隘路でもあろう。なぜなら、キリスト教慈善は援助主体の〈善意志〉に全面的に依存しており、一方で〈善意志〉としてのカリタスの成長可能性を認めながらも、結果として安定した思想構造をもっていないからである。それは、仏教思想が基本的に主体と客体との関係を「自他不二」として相関関係でとらえるのとは対照的である。

3　天皇制国民国家と民衆的アイデンティティの相関——救癩史の深層構造

救癩史を通して第Ⅱ部で明らかにした最も重要な点のひとつは、天皇制国民国家における癩患者のアイデンティティ志向が、あくまでも自然な意識的通路を介して、結果的に天皇制国家へと収束していたということである。つまり、患者は天皇制国家の救癩政策によって強制的に国民国家の周縁へと駆逐させられたにもかかわらず、なおも引き続き自然な感情の発露として、彼らが許された小社会の域を超えて天皇制国家へと民衆性意識を志向させていたのである。

患者からとらえた天皇制国家との内在的な関係は、施設管理者の患者処遇のあり様によって患者の対他意識が変容するとしても、その核心は、権力とそれに対する服従や抵抗というような〈被抑圧者的応答〉の図式で表されるようなものではなかった。その意味では、救癩史を必ずしも解放史的に二項対立の枠組みだけでとらえることはできない。思想家・実践家であった岩下はこうした状況を認識していたわけであるが、その応答としては、ナショナリズムに取って代わるような新たな対抗文化を形成する必要性を考えたのではなく、現実としての皇国思想を包摂するようなより普遍的な文化の形成を模索したのである。その基底には、否定することも、まして容易に崩壊させることもできない〈民衆性〉意識が国民の中に確固として存在・機能しているという確信があった。それは、現実には国民の基本的な欲求に天皇制イデオロギーすなわち皇国思想がとり込まれて、それが新たに民衆性の構築物として変容していった結果であろう。

この点については、アンダーソンが歴史的検証による普遍的な国民国家論を提示しているので、それが参考になる。彼は国民《ネーション》を、「制度的宿命性」をもつ「想像された共同体」とみなして、そうした宿命性ゆえに国民は死を賭してまで国家に究極的な自己犠牲を捧げうる、と分析している〔アンダーソン、二〇〇七：二三六―二三九〕。第Ⅱ部で述べた癩患者の民衆性意識には、アンダーソンが指摘するような宿命的とでもいえるバイアスがかかっていたとみてよいであろう。

したがって、社会や国家との関係を断ち切られたはずの癩患者にとってすら、本来の〈民衆性〉は抹殺されるどころか、社会や国家との能動的・自発的な関係の回復のために、時代文化の中に適応しようとしながら強靭に生き続けていたのである。それは、たとえば第Ⅱ部の検討で言えば、患者が宗教的な意味世界と経験的なそれとの間を功利的な判断のもとに行き来する主体者であったという点に見い出される。そうした患者の心理は、まさに荒井裕樹が文学史研究のアプローチで分析してみせた患者の心理理解に通じるものである。つまり、かつて「隔離政策の従順な〈客体〉」とされていた患者たちは、自らを隔離政策の〈準主体〉――すなわち、貞明皇太后の御歌(1)で皇太后に代わって国策のひとつとされた救癩施策を託された者たちと同じ立場の者――へと意識を昇華させるために、対米戦下の「大東亜三百万の癩者」という「自己の外部」にある新たな「客体」を生み出していったのだという〔荒井、二〇一一：一八四‐一八五〕。それはまた、前述の国民国家論に近づけて述べるならば、非生産的とみなされ国家の保護下に置かれた患者であっても、兵隊に伍して主体的に聖戦へ参加しているのだと自ら納得できるような国家への奉仕意識をもっていたととらえられるであろう。

確かに、既往の国民国家論や権力論に立てば、天皇制国家は「天皇制」という一種の意識操作的な表象作用を用いて、権威性を確保するだけでなく民衆性をもしっかりとつかんで「使役」させる、実に巧妙な国民統合の装置として機能したといえる。それゆえ、既往の近代天皇制に関わる研究は、まさにこの視点から論じられてきた。

しかし、こうした逆説的ともいえる二つのとらえ方は、単なる視座の置き方の違いに基づく、救癩史における表裏二面的な理解に帰すべきものであってはならない。人間の生活世界がどのような視座と原理で成立しているかということを考えるならば、それは〈客観〉に依拠し、また制御されつつも、〈主観〉をとおして営まれていることを無視してはならない。それゆえ、癩患者のアイデンティティが天皇制国家へと指向していたその両義的な誘因は決して看過できないものといえよう。

4　再び「主体」論に立ち返って

小林敏明は、近代日本思想史を論ずる際のひとつの重要な視角である「主体」がどのように解釈されていったのかについて考察している。一九三〇年代、西田幾多郎や田辺元を軸とした京都学派の思想動向として、民族・国家・共同体といった時代を反映したテーマに歴史・行為・弁証法・身体・世界といった普遍的なテーマが付け加えられて盛んに論じられていた。とりわけ、（論者により違いはあるものの）近代的国民国家（nation-state）を前提とした近代的自我主体（＝個人）は、両方が同一視されるような拮抗関係でつながっていると認識していたという（小林、二〇一〇：一二八）。そのことは、「主体」と「主権」の同一視とみなされ、すべての個人が「個人的身体」の側面とともに「社会的身体」の側面を併せもっている――小林が当時の「主体」論の先駆者であると評する三木清の用法――ことが前提になっていたという（小林、二〇一〇：一二九）。

個人として誰もがもつこうした両義性ゆえに、観察者であったはずの当の哲学者でさえもその哲学的思考の上で「『主体』を個人から民族国家へシフトさせることによって、かぎりなく当時の国体イデオロギーに接近」していたという〔小林、二〇一〇：一三二〕。ただ、ここで小林がとくに問題にしようとしたのは、この接近が「シニフィアンの戯れ」すなわち表現の皮肉として飛躍された論理のもとに解釈され、展開されていたということである〔小林、二〇一〇：一三二〕。つまり、それは小林が高山岩男の歴史観を要約する中で「ヨーロッパ中心主義と発展史観の克服つまり『近代の超克』という課題を負っているのが、ほかならぬヨーロッパの外部にありながら唯一ヨーロッパ近代を身につけることに成功した日本」と述べるように〔小林、二〇一〇：一三三―一三四〕、多元的な世界観から日本特殊論――たとえば、日蓮主義者であった田中智学により提唱され、その後ゆがめられていった「八紘一宇」のような排他的な国体思想――を必然化させる方便として不明瞭な「主体」概念が地歩を固めていたとみられるのである。

他方で、禅に傾いた西田幾多郎や親鸞に傾倒した三木清――ともに京都学派――という認識で比較するなら、岩下はアウグスティヌス（の歴史哲学）とトマス（の哲学・神学）に傾倒していたといえるであろう。そこでは、「個人としての主体性」と「国民としての主体性」とが仏教的な相即関係としてとらえられたのではなく、両者を分離して考究した後に改めて総合することで両者の相関的な共存を図る――もちろんプロテスタント的な反立的把握とも異なる――極めて包括的なカトリックの人間観―社会観のもとでとらえられていたのである。

5　第Ⅱ部の成果と展望

第Ⅱ部では、分析の対象を宗教救癩事業に求めた。それは、形としては「救癩」と「カトリック信仰」という二つの側面を重ね合わせてとらえた福祉思想史としての岩下論であった。しかし、そこから浮かび上がってくる救癩思想の実相は、特殊な社会像や特殊な人間像をもつものではなかつた。岩下はカトリックの思惟方法に依拠して社会観や人間観を構築していったが、それらは限定的なパースペクティヴではなく、極めて包括的な視座のもとになされたのである。

ただ、こうした岩下の思想的包括性は宗教的な寛容性へと継がるものではあったが、他方で、思想自体には完全な普遍性を求めていた。それゆえ生活世界に生起する諸現象を、その一部分であれ捨象したものでは満足し得なかった。岩下は、逸脱形態として、その時代社会の問題を最も鋭く映し出している救癩活動に直接に参与して「人間‐社会の関係」の問題を読み解こうとした。ただ、そうした関わり方は、対象のもつ具体的な内容を全体的文脈の中で理解できるという利点をもつ一方で、対象者の生活に密着しすぎるがゆえに観察の客観性を見失ったり、見方が一面的になるという危険性を孕んでいた。岩下の場合は、むしろそうした危険性への自覚が自身に「相関概念の総合的把握」という、「分離」ではない「総合」思考を呼び覚まし、岩下の〈実践知〉志向を支えることになったとみられる。ただ、それは対象者の生活構造を理解するという側面においては十分に留意され、顕著な実践成果もみられたわけであるが、援助構造の把握という側面においては、はからずも対象者の生活に密着し過ぎたがゆえの陥穽に陥ってしまったのである。第Ⅱ部における検討は、具体的な救癩実践を実証的に検証することで岩下の思想を実践論あるいは行為論のレベルまで掘り下げて、より包括的な岩下論となるように検討・記述した点にある。その意味で、第Ⅱ部は、少なくとも既往の福祉思想史研究ではほとんど取り組まれることのなかった、いわば〈生身の〉思想史論といえよう。

また、もうひとつの、より重要な意義は、第Ⅱ部では「岩下」をテクストとして、彼に投影された救癩史の社会関係を分析するという、従来の救癩史研究ではほとんどみられなかった研究方法をとった点にある。それは、結果的にではあったが、思想史研究としては一応成功したといえよう。なぜなら、テクストが記録された視座と同じ次元の視座で内容を読み解くことができたからである。歴史研究においては、適切な史料評価に基づいた分析方法の選択とそれによる分析の必要性は言うまでもないが、実際は必ずしも十分な配慮がなされているとはいえない。たとえば、プロテスタント思想の〈心身二元論〉と同列に、キリスト教思想一般としてカトリック思想をもとらえた例などは、この点において一考の余地があろう。テクストの視座と分析上の視座の間の齟齬を容認すれば、「客観」だけでなく「主観」によっても作られる現実の歴史が時に歪められかねないのである。

ところで、救癩政策においては、その主体がもつ「客観性」――天皇制国家にあっては民衆意識を巧みにとり込んだ擬制としての客観性であった――が対象（＝客体）のもつ主観性と接触する境界で倫理的な軋轢や抵抗が生じることは避けられなかった。岩下が救癩活動を行った一九三〇年代の救癩史を読み解くうえでも、こうした自他関係の内面構造への理解を欠いては正確にとらえることはできない。第Ⅱ部全体に貫通する課題整理上の問題意識は、境界域における主体と対象との間の緊張関係が媒介者である岩下の介入によって変容されていく過程で、岩下がどのような役割を果したのか、またその思想はどのようなものであったのかという問いを軸にしている。第Ⅱ部の中では、この緊張関係から対象に生ずる〈抵抗〉の側面についても、また抵抗の表出をみることなく内部で滞留し、増幅される〈ルサンティマン（＝怨恨）〉の側面についても可能な限り正面からとらえようとした。

第Ⅱ部において筆者は、岩下という（「権威性」の視点からではなく「民衆性」の視点からとらえた場合の）「患者＝主体」と「国民国家＝対象」を媒介する位置にある「個人」を通して、救癩史の深層構造を明らかにしようと試みた。つまり、「岩下」という投写体に映し出された救癩史の「深層」としての意味世界が、その背景との関係の中で記述されているのである。

救癩史研究における既往のアプローチでは、層は薄いが生活史研究のような主体に寄り添ったミクロ的――主観的でもある――な分析があり、また政治史研究のような権力主体とその対象の関係を外在的にみるマクロ的――客観的でもある――な分析がある。とくに後者においては一定の到達点が示されている中で、第Ⅱ部ではこれらとは異なった第三のアプローチとして、とりわけ患者と国民国家との間の間主観的（あるいは間身体的）で、より包括的な関係を開示しようとした。主観／客観のいずれかで捕捉した既往の救癩史論では、必ずしも現実世界の実相を総合――すなわち相関――的にとらえることはできない。第Ⅱ部で用いたような現象学的な分析によってこそ、深層の関係性がより実相を反映するものとして析出され得ると考える。

しかし、岩下の救癩思想研究からより包括的な近代日本救癩史研究へと発展させるうえでの課題もある。そのひとつは、同時代の他の私設救癩事業家――実際、私設救癩事業家は宗教者に限られていた――との比較研究を進めることである。第Ⅱ部において、岩下の思想をめぐる共時的な比較分析については、対するプロテスタント一般あるいはその他の時代思潮をとり上げて、それらとの立場や主張の相違を分析した。しかし、個々の私設救癩事業家との比較研究はまだ緒についたばかりである。現在、身延深敬病院院長の綱脇龍妙（日蓮宗僧侶）と岩下との救癩思想の比較研究を終え、続いてハンナ・リデル（聖公会宣教師）との比較研究にとりかかる用意をしているところである。

また、もうひとつは、岩下の救癩思想を体系的に把握しようとするうえで有効な史料が十分に得られなかったことである。元患者やその他の関係者への聞き取りも含めて、現時点で可能な限りの史料の収集を行ったつもりであるが[2]、結局のところ、それらは断片的なものであり、それゆえに岩下の救癩実践とその思想を十分に体系的に相対化できたわけではない。たとえば、神山復生病院の元関係者を探し出して聞き取りに取り組もうと考えたが、歳月の開きはいかんともしがたくそうした機会を得ることが困難であることに気づかされた。

実践思想を明らかにするという第Ⅱ部の趣旨で言えば、「岩下日記」（未公開）や活動記録としての病院所蔵史料をさらに幅広く入手・分析し、体系的な実証性を高めることが重要であろう。とくに前者については、後人が述べるようにこの日記が備忘録をさほど超えるものではないにしても、岩下が神山復生病院に在職した一〇年間のほぼ全期間にわたっての公私の「現実」が記録されていることから、彼の救癩活動の実際や思想を探るうえでは重要な手掛かりとなる史料であることは疑い得ない（小林、一九五〇：二二、星、一九八九：二一－五）。

ここで、「岩下日記」について多少付言するならば、当概日記がもっている特殊な事情を考慮する必要がある。つまり、この日記は岩下の没後に幾多の経緯を経て、現在は神山復生病院が非公開を前提に所蔵しているが、それは、日記を公開することでかつての患者とその遺族・縁者が不利益を被ることのないよう擁護するためであるという。しかし、そうした主張が妥当性をもつかどうかは必ずしも十分に説明できていない（輪倉、二〇〇八：七五－七八）。それゆえハンセン病患者への偏見という現代における人権上の繊細な問題にカムフラージュされて、史料の有効利用を本旨とするアーカイブズとしての本質的議論から遠ざけられている状況は、救癩史研究のとりわけ質的深化にとっては残念な状況と言わざるを得ないだろう。

注

（1）一九三二年一一月一〇日、大宮御所御歌会で詠まれた「癩患者を慰めて」と題する短歌「つれづれの友となりても慰めよ行くことかたきわれにかはりて」を指す。この御歌は、皇室の救癩に関する思召しの象徴として、とりわけ隔離政策施政者に熱烈に歓迎されたとされる。

（2）神山復生病院には、創立以来の業務史料も残されており、その一部は本書の検討で利用した。

参考文献一覧

アイゼンバーグ、ナンシー／ムッセン・P、一九九一『思いやり行動の発達心理』（菊池章夫・二宮克美訳）金子書房。

アクィナス、トマス、一九六〇『神学大全』Ⅰ（高田三郎訳）創文社。

朝香ひろ男編、二〇〇〇『精霊は限りなく――大聖年の恵みを受けて』カトリック新聞社。

安達憲忠、一九二一「最近見たる全生病院と癩隔離に関する雑感」『社会事業』五（七）、社会事業協会。

阿部泰郎、一九八六「湯屋の皇后――光明皇后湯施行の物語をめぐりて　上」『文学』五四（一一）。

――、一九八七「湯屋の皇后――光明皇后湯施行の物語をめぐりて　下」『文学』五五（一）。

天野郁夫、一九九二『学歴の社会史――教育と日本の近代』新潮選書。

天野貞祐、一九四一「岩下君の追憶」『カトリック研究』二一（二）。

荒井英子、一九九六『ハンセン病とキリスト教』岩波書店。

荒井裕樹、二〇一一『隔離の文学――ハンセン病療養所の自己表現史』書肆アルス。

荒川幾男、一九七六「一九三〇年代と知識人の問題――知識官僚類型について」『思想』六二四。

蘭由岐子、二〇〇四『「病の経験」を聞き取る――ハンセン病者のライフヒストリー』皓星社。

アリストテレス、一九六七『政治学』（山本光雄訳）岩波書店。

アンダーソン、ベネディクト、二〇〇七『定本　想像の共同体――ナショナリズムの起源と流行』（白石隆・

白石さや訳）書籍工房早山。

アンベルクロード、H、一九四一「司祭への召命」『声』七八〇。

井伊義勇、一九四一『復生の花園――救癩の慈父・前復生病院々長岩下壮一神父の生涯』一路書苑。

猪飼隆明、二〇〇五a『ハンナ・リデルと回春病院』熊本出版文化会館。

――――、二〇〇五b『「性の隔離」と隔離政策――ハンナ・リデルと日本の選択』熊本出版文化会館。

伊澤千三郎、一九四一「岩下さんの断片」『声』七八〇。

石塚正英・杉山精一編、二〇〇四『歴史知の未来性――感性知と理性知を時間軸上で統合する試み』理想社。

和泉眞藏、二〇〇五『医者の僕にハンセン病が教えてくれたこと』シービーアール。

市川浩、一九九二『精神としての身体』講談社。

一番ヶ瀬康子・高島進編、一九九〇『講座社会福祉　第二巻　社会福祉の歴史』有斐閣。

伊藤彰浩、一九九三「高等教育機関拡充と新中間層形成」『シリーズ日本近現代史――構造と変動　第三巻　現代社会への転形』岩波書店。

稲垣良典、一九六一『トマス・アクィナスの共通善思想――人格と社会』有斐閣。

――――、一九七九『信仰と理性』第三文明社。

――――、一九九四「解説」岩下壮一『カトリックの信仰』講談社。

井上謙、一九五五「らい予防策の変遷（二）」『愛生』一一、長島愛生園慰安会。

井上紫電、一九四一「岩下師と私の改宗」『声』七八〇。

井上吉次郎、一九三一「宗教の名に依る社会事業」『社会事業研究』一九（三）、大阪社会事業連盟。

今道友信、一九八二「岩下壮一師の著作について」『図書』六。

井門寛、一九八二「岩下清周の巻――豪放不羈（幕末・維新の商人たち―一九）」『月刊総務』二〇（九）、日本生産性本部。

岩下きよ子、一九七九「兄岩下神父について」『踏跡』神山復生病院。

岩下壮一、一九二六『愛と理性と信仰――加持力教会と徴兵忌避事件』カトリック研究社。

――、一九三二「御復活の祝日に際して」『声』六六三、二二六―二三一。

――、一九三三a「レゼー爺を憶ふ」『社会事業』一六（二）、中央社会事業協会。

――、一九三三b「療養所のところどころ」『愛生』二（三）、長島愛生園慰安会。

――、一九三三c『岩波講座　哲学　一一　新スコラ哲学』岩波書店。

――、一九三五a『アウグスチヌス神の国』岩波書店。

――、一九三五b「復生病院について」『感謝録』財団法人神山復生病院。

――、一九三五c「レゼー翁を憶ふ」『感謝録』財団法人神山復生病院。

――、一九三五d「皇太后陛下の御仁慈」『感謝録』財団法人神山復生病院。

――、一九四一a『信仰の遺産』岩波書店。

――、一九四一b「祖国の血を浄化せよ」『声』七八五。

――、一九四一c「スペインの『暁の星』」『声』七八〇。

――、一九四一d「リデル女史の思ひ出」『声』七八五。

――、一九四二『中世哲学思想史研究』岩波書店。

――、一九四八『キリストに倣ひて』中央出版社。

――、一九四九『カトリックの信仰』講談社。

――、一九五〇「教会合同について」（小林珍雄訳）『世紀』二（一二）、エンデルレ書店。

――、一九六二a『岩下壮一全集　第八巻 救ライ五〇年苦闘史』中央出版社。

――、一九六二b『岩下壮一全集　第九巻　随筆集』中央出版社。

――、一九九四『カトリックの信仰』講談社。

ウェーバー、マックス、一九八九『プロテスタンティズムの倫理と資本主義の精神』（大塚久雄訳）岩波書店。

内田守、一九七一『光田健輔』吉川弘文館。

内田守人、一九四一「私立療養所と消毒問題」『声』七八五。

エック、エミール、一九四一「教子フランソア・ソイチ」『声』七八〇。

エリクソン、エリック、一九七四『青年ルター――精神分析的・歴史的研究』（大沼隆訳）教文館。

エルトン、G・R、一九七四『政治史とは何か』（丸山高司訳）みすず書房。

遠藤興一、一九七七「日本における社会事業の近代化とカトリシズム――岩下壮一小論」『基督教社会福祉学研究』一〇。

――、二〇一〇「岩下壮一とその周辺（上）――昭和初期におけるカトリックとプロテスタント」『明治学院大学キリスト教研究所紀要』四三。

――、二〇一一「岩下壮一とその周辺（下）――昭和初期におけるカトリックとプロテスタント」『明治学院大学キリスト教研究所紀要』四四。

遠藤周作、一九七二『わたしが・棄てた・女』講談社。

大澤章、一九四一「裾野の追憶」『声』七八〇。

大西巨人、一九五七a「ハンゼン氏病問題――その歴史と現実、その文学との関係」『新日本文学』一二（七）。

――、一九五七b「ハンゼン氏病問題（承前）――その歴史と現実、その文学との関係」『新日本文学』一二（八）。

大貫隆・名取四郎・宮本久雄ほか編、二〇〇二『岩波キリスト教辞典』岩波書店。

大庭征露、一九四一a「二つの噂」『カトリック研究』二一（二）、岩波書店。

――、一九四一b「信濃町に移られてから」『声』七八一。

大濱徹也、二〇〇二『日本人と戦争――歴史としての戦争体験』刀水書房。

おかのゆきお、一九七四『林文雄の生涯――救癩使徒行伝』教文出版社。

小川正子、一九三九『小島の春』長崎書店。

沖浦和光・徳永進編、二〇〇一『ハンセン病――排除・差別・隔離の歴史』岩波書店。

邑久光明園入園者自治会編、一九八九『風と海の中――邑久光明園入園者八〇年の歩み』日本文教出版。

小倉襄二、一九九六『福祉の深層――社会問題研究からのメッセージ』法律文化社。

温情の灯会編、二〇〇一『われらが学び舎温情舎』温情の灯会。

賀川豊彦全集刊行会編、一九六四、『賀川豊彦全集』二四、キリスト新聞社。

笠原芳光、一九八二『宗教の現在』人文書院。

片野真佐子、二〇〇三『皇后の近代』講談社。

学校法人上智学院編、一九九六『新カトリック大事典』第一巻、研究社。

――――、一九九八『新カトリック大事典』第二巻、研究社。

――――、二〇〇二『新カトリック大事典』第三巻、研究社。

葛野教聞、一九三一「事業と斯く見らるる宗教」『社会事業研究』一九（三）、大阪社会事業連盟。

桂島宣弘、二〇〇四「民衆宗教の宗教化・神道化過程――国家神道と民衆宗教」『日本史研究』五〇〇。

加藤尚子、二〇〇五『もう一つのハンセン病史――山の中の小さな園にて』医療文化社。

金井景子、二〇〇〇「『いのちの初夜』と『小島の春』――昭和一〇年代のジェンダー編成と文学・序説」『昭和文学研究』四一、昭和文学会。

金倉円照、一九四一「岩下先生の追憶」『カトリック研究』二一（二）。

加納実紀代、二〇〇二「母性天皇制とファシズム」『岩波講座　天皇と王権を考える　七　ジェンダーと差別』岩波書店。

神谷美恵子、一九八一『神谷美恵子著作集　七　精神医学研究（一）』みすず書房。

川上武、一九八二『現代日本病人史』勁草書房。

川嶋保良、一九八六「わが国初のハンセン病病院、神山復生病院と二人のフランス人神父（その一）」『学苑』五六四、昭和女子大学近代文化研究所。

――――、一九八七a「わが国初のハンセン病病院、神山復生病院と二人のフランス人神父（その二）」『学苑』五六六、昭和女子大学近代文化研究所。

――――、一九八七b「わが国初のハンセン病病院、神山復生病院と二人のフランス人神父（その三）」『学

苑』五七一、昭和女子大学近代文化研究所。

川中なほ子、一九六二「岩下神父・ヒューゲル・ニューマン」『世紀』一四七、世紀編集室。

川端俊英、二〇〇五「北條民雄『いのちの初夜』とその周辺」『部落問題研究』一七二。

川端康成編、一九三八『北條民雄全集』上巻、創元社。

北里善従編、一九二六『神山復生病院概況』神山復生病院静岡県後援会。

記念誌等編纂委員会編、一九八九『暁星百年史』学校法人暁星学園。

紀本参次郎、一九三五「最近十年間に於ける救療事業の変遷」『社会事業』一九（七）、中央社会事業協会。

教皇ヨハネ・パウロ二世、二〇〇二『信仰と理性　教皇ヨハネ・パウロ二世回勅』（久保守訳）、カトリック中央協議会。

ギルマン、サンダー・L、一九九六『病気と表象――狂気からエイズに至る病のイメージ』（本橋哲也訳）ありな書房。

九鬼周造、一九四一「岩下壮一君の思出」『カトリック研究』二一（二）。

窪田暁子、一九九一「草津聖バルナバミッションの理念と事業――医療ソーシャルワークの先駆的モデルとして」『東洋大学社会学部紀要』二八（二）。

久保勉、一九四一a「岩下君の追懐」『カトリック研究』二一（二）。

――、一九四一b「岩下君とケーベル先生」『声』七八〇。

久保守、二〇〇二『信仰と理性』カトリック中央協議会。

熊本日日新聞社編、二〇〇四『検証・ハンセン病史』河出書房新社。

栗野斎次郎、一九四一「岩下師追想」『カトリック研究』二一（二）。

栗原彬、一九七六「一九三〇年代の社会意識と大本――社会不安と両義性の宗教」『思想』六二四。

――、二〇〇二「現代天皇制論――日常意識の中の天皇制」網野善彦・樺山紘一・宮田登・安丸良夫・山本幸司編『岩波講座　天皇と王権を考える（一）人類社会の中の天皇と王権』岩波書店。

栗原るみ、一九九八「戦前・戦中の女性役割論――戦後民主主義の『男女平等』再審のために」『福島大学地域研究』一一（二）。

桑原武夫編、一九六五、『現代日本思想体系　二七　歴史の思想』筑摩書房。

小泉信三、一九二九「マルキシズム」『岩波講座　世界思潮』（一一）、岩波書店。

故岩下清周君伝記編纂会編、一九三一『岩下清周伝――伝記・岩下清周』私家版。

厚生省医務局療養所課内国立療養所史研究会編、一九七五『国立療養所史（らい編）』厚生省医務局。

厚生省医務局編、一九五五『医政八〇年史』印刷局朝陽会。

好善社、一九七八『ある群像――好善社一〇〇年の歩み』日本基督教団出版局。

神山風人、一九五五「対談　岩下院長を語る」『黄瀬』四、落葉社。

神山復生病院静岡県後援会編、一九二六『神山復生病院概況』神山復生病院静岡県後援会。

神山復生病院一二〇年の歩み編集委員会編、二〇〇九『神山復生病院一二〇年の歩み』財団法人神山復生病院復生記念館。

国立療養所史研究会編、一九七五『国立療養所史（らい編）』厚生問題研究会。

小坂井澄、一九八九『ライと涙とマリア様』図書出版社。

――――、一九九六『人間の分際』聖母の騎士社。

五野井隆史、一九九〇『日本キリスト教史』吉川弘文館。

小林敏明、二〇一〇『〈主体〉のゆくえ――日本近代思想史への一視角』講談社。

小林珍雄、一九五〇「岩下壮一師の日記」『世紀』二（一二）、エンデルレ書店。

――――、一九六一『岩下壮一全集　別冊　岩下神父の生涯』中央出版社。

小林珍雄遺稿・追悼文集刊行会編、一九八一『カトリシズムへのかけ橋――小林珍雄遺稿・追悼文集』エンデルレ書店。

小林珍雄編、一九四一『カトリック研究』二一（二）。

財団法人神山復生病院編、一九三五『感謝録』財団法人神山復生病院。

――――、一九三七『感謝録』二、財団法人神山復生病院。

財団法人藤楓協会編、一九八三『創立三十周年誌』財団法人藤楓協会。

西藤二郎、一九八二「岩下清周と北浜銀行――彼の経営理念をめぐって」『京都学苑大学論集』一〇（二）。

斎藤武雄、一九八二『ヤスパースの教育哲学』創文社。

酒井直樹、一九九七「日本人であること――多民族国家における国民的主体の構築の問題と田辺元の『種の論理』」『思想』八八二。

坂田金一、一九五五「巻頭言」『黄瀬』四、落葉社。

桜井一二三・三島清、一九九五「座談会　岩下院長様の思い出」『黄瀬』四、落葉社。

寒川鼠骨、一九四一「筍」『カトリック研究』二一（二）。

澤野雅樹、一九九四『癩者の生――文明開化の条件としての』青弓社。

塩沼英之介、一九四一「医療施設の改善を見る――復生病院の眼科嘱託医に招かれて」『声』七八五。

志賀志那人、一九三一「現代社会事業における宗教の地位」『社会事業研究』一九（三）、大阪社会事業連盟。

時局研究会編、一九三九『時局認識辞典』日本書院。

重兼芳子、一九八六『闇を照らす足おと――岩下壮一と神山復生病院物語』春秋社。

柴田平三郎、二〇〇一「神の善性（bonitas Dei）としての《この世と人間》――トマス政治思想の神学的＝形而上学的基礎」『獨協法学』五五。

――、二〇〇二「人間（homo）・社会（societas）・国家（civitas）――トマス政治思想の基礎構造」『獨協法学』、五九。

――、二〇〇三「《聖なる教え》としての『政治学』――トマス政治思想研究への覚書」『法学研究』七六（一二）。

柴田善守、一九六八「連載・人物で綴る社会事業の歩み〈一〇〉岩下壮一」『月刊福祉』五一（一〇）、全国社会福祉協議会。

渋谷治、一九四一「受品の前後」『声』七八〇。

嶋田厚、一九七六「『種族の知性と論理の国際性』――横光の外遊前後」『思想』六二四。

清水孝純・助川徳是・高橋昌子、一九八六『近代日本文学史』双文社出版。

下中邦彦編、一九七六、『哲学事典』平凡社。

社会福祉法人聖母会編、一九九八『待労院』社会福祉法人聖母会。

主婦の友社編、一九七一『貞明皇后』主婦の友社。

上智大学編、一九四〇『カトリック大辞典』第Ⅰ巻、冨山房。

――――、一九四二『カトリック大辞典』第Ⅱ巻、冨山房。

――――、一九五二『カトリック大辞典』第Ⅲ巻、冨山房。

――――、一九五四『カトリック大辞典』第Ⅳ巻、冨山房。

――――、一九六〇『カトリック大辞典』第Ⅴ巻、冨山房。

シロニス、ロペス・R、一九八九「中世思想における理性と信仰との関係の特徴をめぐって」『カトリック研究』五六、上智大学神学会。

真宗大谷派ハンセン病問題に関する懇談会編、二〇〇三『いま、共なる歩みを――ハンセン病回復者との出会いの中で』真宗大谷派宗務所出版部。

菅井凰展、一九九三「明治後期における第一高等学校学生の思潮――『校友会雑誌』を中心に」坂野潤治・宮地正人・高村直助・安田浩・渡辺治編『シリーズ日本近現代史――構造と変動（二） 資本主義と「自由主義」』、岩波書店。

杉山博昭、一九九五「ハンナ・リデルと救癩政策」『宇部短期大学学術報告』三二。

――――、一九九六「山室軍平と救癩」『社会福祉学』三七（二）、日本社会福祉学会。

――――、二〇〇九『キリスト教ハンセン病救済運動の軌跡』大学教育出版。

須崎愼一、一九九九『日本ファシズムとその時代――天皇制・軍部・戦争・民衆』大月書店。

鈴木習之、一九四一「日本の指導者たれ」『声』七八一。

鈴木正幸、一九九八『王と公――天皇の日本史』柏書房。

隅谷三喜男、一九七六「転向の心理と論理」『思想』六二四。

関根正雄、一九九一『人と思想　二五　内村鑑三』清水書院。

全国ハンセン氏病患者協議会編、一九七七『全患協運動史――ハンセン氏病患者のたたかいの記録』一光社。

第一六回ハンセン病医学夏期大学講座実行委員会編、一九九二『第一六回ハンセン病医学夏期大学講座教本』第一六回ハンセン病医学夏期大学講座実行委員会。

高木一雄、一九八五a『大正・昭和カトリック教会史　日本と教会二』聖母の騎士社。

――、一九八五b『大正・昭和カトリック教会史　日本と教会三』聖母の騎士社。

高須鶴三郎、一九四一a「七高教授時代の岩下師」『カトリック研究』二一（二）。

――、一九四一b「七高教授時代」『声』七八〇。

高野六郎、一九二六「民族浄化のために――癩予防策の将来」『社会事業』一〇（三）、社会事業協会。

高橋昌郎、一九九二「明治三二年改正条約実施とキリスト教界」中央大学人文科学研究所編『近代日本の形成と宗教問題』中央大学出版部。

滝尾英二、二〇〇一『朝鮮ハンセン病史――日本植民地下の小鹿島』未來社。

――、二〇〇五「藤野豊氏の『ハンセン病問題』に関する認識と行動への疑問――「ハンセン病問題と天皇制（三）」『（飛礫　四七）』の記述と「富山シンポジウム」の問題性」『飛礫』四八、つぶて書房。

竹内愛二、一九七一『実践福祉社会学』弘文堂。

武田徹、一九九七『「隔離」という病い――近代日本の医療空間』講談社。

――――、二〇〇一「描かれたハンセン病」沖浦和光・徳永進編『ハンセン病――排除・差別・隔離の歴史』岩波書店。

竹中勝男、一九三一「現代社会事業における宗教の位置」『社会事業研究』一九（三）、大阪社会事業連盟。

田尻敢、一九四一「病院の明朗化」『声』七八五。

田代菊雄、一九八九『日本カトリック社会事業史研究』法律文化社。

――――、一九九四「近代日本におけるプロテスタント・カトリック社会事業の展開とその意義」『キリスト教史学』四八。

田代不二男、一九七九「日本におけるカトリックの社会福祉の発展とその課題」『基督教社会福祉学研究』一二。

――――、一九八三『社会福祉とキリスト教』相川書房。

田中耕太郎、一九四一「岩下壮一と現代知識階級」『カトリック研究』二一（二）。

――――、一九四二「信と知と愛」『カトリック研究』二二（一）。

田中峰子、一九四一「聖子と聖母もかくやと」『声』七八一。

多摩全生園患者自治会編、一九七九『倶会一処――患者が綴る全生園の七〇年』一光社。

千葉大樹、一九四一「神山復生病院に於ける岩下師」『カトリック研究』二一（二）。

塚田喜太郎、一九四一「人形つかひの神父様」『声』七八一。

次田大三郎、一九五九「地方局の思い出を語る（上）」『自治時報』一二（五）。

綱脇龍妙、一九四一「善き慰め主を憶ふ――琵琶歌にされた深敬病院と復生病院との縁」『声』七八五。

帝国地方行政学会、一九五九「地方局の思い出を語る（上）」『自治時報』一二（五）。

デュフレン、ミケル、一九八三『人間の復権を求めて――構造主義批判』（山縣熙訳）法政大学出版局。

デュモリン、ハインリッヒ、一九五〇「岩下師とフォン・ヒューゲルとの出会い」『世紀』二（一二）、エンデルレ書店。

デンツィンガー・シェーンメッツァー、一九七四『カトリック教会文書資料集（改訂版）』（浜寛五郎訳）エンデルレ書店。

徳田靖之、二〇〇四a「ハンセン病隔離政策と医の倫理（一）」『セミナー医療と社会』二五。

――、二〇〇四b「ハンセン病隔離政策と医の倫理（二）」『セミナー医療と社会』二六。

徳永進、一九八二『隔離――らいを病んだ故郷の人たち』ゆるみ出版。

徳永文和、二〇〇八「死刑存廃問題に対する刑法学、文学および神智学的観点からのアプローチ――ジョセフ・ド・メーストルの死刑観と生餐による罪障消滅の教理」『大阪産業大学論集　人文・社会編』四。

富山智海、一九三一「神の僕たるよりも」『社会事業研究』一九（三）、大坂社会事業連盟。

外山富士雄、一九五五「親父の思出――親父とは岩下神父様の愛称」『黄瀬』四、落葉社。

トレルチ、エルンスト、一九八一「キリスト教社会哲学の諸時代・諸類型」（住谷一彦・山田正範訳）『トレルチ著作集　七　キリスト教と社会思想』ヨルダン社。

中尾文作、一九四一「帝大カトリック研究会の事など」『声』七八〇。

長島愛生園入園者自治会編、一九八二『隔絶の里程――長島愛生園入園者五〇年史』日本文教出版。

中村茂、一九九九「草津湯之澤における聖バルナバ・ミッションの形成と消滅――コンウォール・リー女史とハンセン病者救済事業」『桃山学院大学キリスト教論集』三五。

――、二〇〇四「メアリ・ヘレナ・コンウォール・リーとジョージ・ハワード・ウィルキンソン――メアリ・ヘレナ・コンウォール・リーのハンセン病者自由療養地区草津湯之澤への道」『キリスト教史学』五八。

中村元、一九六二『中村元選集 三 東洋人の思惟方法 三』春秋社。

中村文哉、二〇〇四「あるハンセン病患家の食卓と沖縄社会――『差別の記憶』の原景へ」『山口県立大学社会福祉学部紀要』一〇。

――、二〇〇五「沖縄社会の二つの葬祭儀礼――沖縄のハンセン病問題と『特殊葬法』」『山口県立大学社会福祉学部紀要』一一。

――、二〇一〇「屋辺〈隔離所〉時代の青木恵哉――〈自由の地〉と〈もう一つのシマ社会〉を拓く営み」『山口県立大学学術情報』三。

――、二〇一二「シマ社会に挑む〈闘う病友たち〉と青木恵哉――大堂原「占拠」の展開と顛末」『山口県立大学学術情報』五。

夏目漱石、一九六八『現代日本文学大系 一七 夏目漱石集（一）』筑摩書房。

奈良崎英穂、一九九八「〈癩〉という他者――北條民雄『間木老人』『いのちの初夜』論」『昭和文学研究』三七、笠間書院。

西川知一、一九七七『近代政治史とカトリシズム』有斐閣。

日本聖書協会編、一九九七『小型新約聖書 詩篇つき（口語）』日本聖書協会。

ハードン、ジョン・A編、一九八二『現代カトリック事典』（浜寛五郎訳）エンデルレ書店。

花井卓蔵、一九三一『訴庭論草――人肉事件を論ず』春秋社。

早川三郎、一九五五「故岩下神父様を偲びて」『黄瀬』四、落葉社。

林富美子、一九九二『野に咲くベロニカ』聖山社。

原山、モニック編、一九九一『キリストに倣いて――岩下壮一神父永遠の面影』学苑社。

――、一九九三『続キリストに倣いて――岩下神父・マザー亀代子・愛子の追憶』学苑社。

ハルトゥニアン、H・D、一九九〇「一木一草に宿る天皇制」『思想』七九七。

半澤孝麿、一九九三『近代日本のカトリシズム――思想史的考察』みすず書房。

ハンセン病問題に関する検証会議編、二〇〇五『ハンセン病問題に関する検証会議最終報告書』財団法人日弁連法務研究財団。

ピオ一一世、一九五九『ディヴィニ・レデンプトリス――無神的共産主義』（岳野慶作訳解）中央出版社。

百年史編集委員会編、一九八九『神山復生病院の一〇〇年』春秋社。

廣川和花、二〇一一『近代日本のハンセン病問題と地域社会』大阪大学出版会。

フーコー、ミッシェル、一九七七『監獄の誕生――監視と処罰』（田村俶訳）新潮社。

――、一九八四「主体と権力」（渥海和久訳）『思想』七一八。

ブーバー、マルティン、一九七九『我と汝・対話』（植田重雄訳）岩波書店。

フービー、ジョセフ／ロイ・A編、一九四三『カトリック思想史』（戸塚文卿訳）中央出版社。

深堀信一、一九四一「アンティ・フェミニスト」『声』七八一。

藤井仁子、二〇〇二a「可視と不可視のポリティクス――映画『小島の春』と総力戦体制下における〈癩（らい）〉の表象（一）「文化映画」としての『小島の春』」『UP』三一（一一）。

――、二〇〇二b「可視と不可視のポリティクス――映画『小島の春』と総力戦体制下における〈癩（らい）〉の表象（二）境界の引き直し」『UP』三一（一二）。

――、二〇〇三a「可視と不可視のポリティクス――映画『小島の春』と総力戦体制下における〈癩（らい）〉の表象（三）〈癩〉というスキャンダル」『UP』三二（一）。

――、二〇〇三b「可視と不可視のポリティクス――映画『小島の春』と総力戦体制下における〈癩（らい）〉の表象（四）滅亡のユートピア」『UP』三二（二）。

――、二〇〇三c「可視と不可視のポリティクス――映画『小島の春』と総力戦体制下における〈癩（らい）〉の表象（五）代行する女」『UP』三二（三）。

――、二〇〇三d「可視と不可視のポリティクス――映画『小島の春』と総力戦体制下における〈癩（らい）〉の表象（六）〈生－権力〉と崩壊する身体（最終回）」『UP』三二（四）。

藤田進一郎、一九三一「狭められた領域」『社会事業研究』一九（三）、大阪社会事業連盟。

藤野豊、一九九〇「法律『癩予防ニ関スル件』の成立とキリスト教主義療養所」『キリスト教史学』四四。

――、一九九三『日本ファシズムと医療――ハンセン病をめぐる実証的研究』岩波書店。

――、一九九五「近代日本のキリスト教と優勢思想」『キリスト教史学』四九。

――、一九九七『教室から「自由主義史観」を批判する』かもがわ出版。

――、二〇〇一『「いのち」の近代史――「民族浄化」の名のもとに迫害されたハンセン病患者』かもがわ出版。

―――、二〇〇四「ハンセン病問題と天皇制（一）」『飛礫』四五、つぶて書房。

―――、二〇〇五a「ハンセン病問題と天皇制（二）」『飛礫』四六、つぶて書房。

―――、二〇〇五b「ハンセン病問題と天皇制（三）」『飛礫』四七、つぶて書房。

―――、二〇〇五c「ハンセン病問題と天皇制（最終回）」『飛礫』四八、つぶて書房。

藤野豊編、一九九六『歴史のなかの「癩者」』ゆるみ出版。

渕倫彦、二〇〇三「エルンスト・トレルチ著、『キリスト教会およびキリスト教諸集団の社会教説』（邦訳・一七）東京都立大学トレルチ研究会訳」『東京都立大学法学会雑誌』四四（一）。

古田光・子安宣邦編、一九七九『日本思想史読本』東洋経済新報社。

ベックハウス、B・S・J、一九七八「社会事業におけるカリタス思想の再発見」『上智大学社会福祉研究』五三。

ホイヴェルス、ヘルマン、一九九六『人生の秋に――ホイヴェルス随想選集』春秋社。

ボイド、ジュリア、一九九五『ハンナ・リデル――ハンセン病救済に捧げた一生』（吉川明希訳）日本経済新聞社。

北條民雄、一九三八「いのちの初夜」『北條民雄全集　上巻』創元社。

星芳江、一九八九「神山復生病院の岩下壮一師――在任中の日記に偲ぶ」『カトリック生活』七二五、ドン・ボスコ社。

ホーレン、ロバート／ベイリー、ロイストン、一九八二『ケースワークと権威』（宗内敦編訳）学苑社。

増田和宣、一九六九『岩下壮一　一巻選集』春秋社。

松風誠人編、一九四一「聖ダミアンを慕いて――岩下師のモロカイ島視察談」『声』七八一。

松村菅和・女子カルメル修道会共訳、一九九六、『パリ外国宣教会年次報告Ⅰ（一八四六－一八九三）』聖母の騎士社。

――、一九九七『パリ外国宣教会年次報告Ⅱ（一八九四－一九〇二）』聖母の騎士社。

――、一九九八『パリ外国宣教会年次報告Ⅲ（一九〇二－一九一二）』聖母の騎士社。

――、二〇〇〇『パリ外国宣教会年次報告Ⅴ（一九二六－一九四八）』聖母の騎士社。

マリタン、ジャック、一九三六『近代思想の先駆者――ルッター・デカルト・ルーソー』（岩下壮一訳）同文館。

――、一九四八『人権と自然法』（大塚市助訳）エンデルレ書店。

丸山雅夫、一九九〇「田代菊雄『日本カトリック社会事業史研究』を読んで」『商学討究』四一（一）、小樽商科大学経済研究所。

見田宗介・栗原彬・田中義久編、一九九四『〔縮刷版〕社会学事典』弘文堂。

光岡良二、一九七〇『いのちの火影――北条民雄覚え書』新潮社。

光田健輔、一九三六「癩多き村の浄化運動」『愛生』六（三）、長島愛生園慰安会。

――、一九四一「復生病院の中興と岩下神父」『声』七八五。

三原陽人、一九五五「岩下神父様と野球」『黄瀬』四、落葉社。

宮坂道夫、二〇〇六『ハンセン病重監房の記録』集英社。

無らい県運動研究会編、二〇一四『ハンセン病絶対隔離政策と日本社会――無らい県運動の研究』六花出版。

メルロー＝ポンティ、モーリス、一九六六『眼と精神』（滝浦静雄・木田元訳）みすず書房。

森川恭剛、二〇〇五『ハンセン病差別被害の法的研究』法律文化社。

森田進、二〇〇三『詩とハンセン病』土曜美術社出版販売。

森幹郎、一九六三『足跡は消えても――人物日本ライ小史』日本生命済生会。

――、一九九三『差別としてのライ』（京都）法政出版。

――、二〇〇一『証言・ハンセン病――療養所職員が見た民族浄化』現代書館。

ヤコブレフ、アレクサンダー・N、一九九四『マルクス主義の崩壊』（井上幸義訳）サイマル出版会。

安田亀一、一九三一「社会事業経営の合理化」『社会事業』一五（八）、中央社会事業協会。

安田浩、二〇一一『近代天皇制国家の歴史的位置――普遍性と特殊性を読みとく視座』大月書店。

ヤスパース、カール、一九八六『啓示に面しての哲学的信仰』（中山剛史・平野明彦・深谷潤訳）理想社。

安丸良夫、一九七四『日本の近代化と民衆思想』青木書店。

山口昌男、一九八九『天皇制の文化人類学』立風書房。

山中巌彦、一九四一「神学生への激励」『声』七八一。

山本信次郎、一九四一「外遊時代の思い出」『声』七八〇。

山本俊一、一九九三『日本らい史』東京大学出版会。

湯浅赳夫、二〇〇三「思想史の一つの陥穽――思想変造のためのホメゴロシ」『人間科学論究』一一、常盤大学大学院人間科学研究科。

吉田久一、一九九四『日本の社会福祉思想』勁草書房。

吉田久一・一番ケ瀬康子編、一九八二『昭和社会事業史への証言』ドメス出版。

吉田久一ほか、一九七一『人物でつづる近代社会事業の歩み』全国社会福祉協議会。

吉満義彦、一九四一「基督教思想家としての岩下壮一師」『カトリック研究』二一（二）、カトリック研究社。

癩予防法改正促進委員会編、一九五二『癩予防法による被害事例——強制収容・懲戒検束等の実態』癩予防法改正促進委員会。

輪倉一広、二〇〇二「『癩予防に関する件』（一九〇七年法律第一一号）制定の評価に関する一考察」『愛知江南短期大学紀要』三一。

——、二〇〇八「私史料の公開に付随する特殊な問題——岩下壮一日記を例として」『社会事業史研究』三五。

※岩下壮一全集（全一〇巻）は次の通りである。

『岩下壮一全集（第一巻）神学入門（一）』中央出版社、一九六一年。

『岩下壮一全集（第二巻）神学入門（二）』中央出版社、一九六二年。

『岩下壮一全集（第三巻）神学入門（三）』中央出版社、一九六四年。

『岩下壮一全集（第四巻）信仰の遺産』中央出版社、一九六二年。

『岩下壮一全集（第五巻）教父研究』中央出版社、一九六二年。
『岩下壮一全集（第六巻）中世思想』（小林珍雄訳）中央出版社、一六二年。
『岩下壮一全集（第七巻）哲学論集』中央出版社、一九六二年。
『岩下壮一全集（第八巻）救ライ五〇年苦闘史』中央出版社、一九六二年
『岩下壮一全集（第九巻）随筆集』中央出版社、一九六二年。
『岩下壮一全集（別冊）岩下神父の生涯』（小林珍雄著）中央出版社、一九六一年。

岩下壮一関係略年譜

（関連事項は〔　〕で示した）

年	年齢	岩下壮一の動向と関連事項
１８８９（明治二二）	0歳	九月一八日、岩下清周・渡辺由加の長男として東京市京橋区采女町に出生。〔神山復生病院開設、帝国憲法公布〕
１８９４（明治二七）	5歳	〔日清戦争始まる〕
１８９７（明治三〇）	8歳	東京の飯倉小学校二年に入学。
１８９９（明治三二）	10歳	私立の暁星小学校に転入。
１９００（明治三三）	11歳	暁星小学校卒業。同中学校入学。〔初の全国癩患者数調査を実施〕
１９０１（明治三四）	12歳	十一月一日、暁星中学校長のエックより受洗。〔財団法人神山復生病院の法人登記〕
１９０２（明治三五）	13歳	初聖体拝領。聖母会に入会。
１９０４（明治三七）	15歳	〔日露戦争始まる〕
１９０５（明治三八）	16歳	暁星中学校を優等で卒業。第一高等学校文科合格。但し、所要年齢に達するまで一年間入学延期。
１９０６（明治三九）	17歳	第一高等学校入学。暁星内にカトリック研究会を設立。

1907（明治四〇）	18歳	〔法律第一一号「癩予防に関する件」公布〕
1909（明治四二）	20歳	東京帝国大学文学部哲学科（哲学・哲学史専修）入学。ケーベルに師事。日本最初のヴィンセンシオ・ア・パウロ会を設立。〔法律「癩予防に関する件」施行。公立癩療養所全国五か所に設置〕
1912（明治四五、大正元）	23歳	東京帝国大学卒業（恩賜銀時計を拝受）。同学大学院入学。
1913（大正二）	24歳	カトリック研究会、ヴィンセンシオ・ア・パウロ会の活動に傾注。霊的・思想的修養を行う。レイ大司教に進路相談。
1914（大正三）	25歳	第一次世界大戦のため、欧州留学を中止。〔第一次世界大戦始まる〕
1915（大正四）	26歳	大学院修了。第七高等学校の英語教師として鹿児島に赴任。先輩教師のマードックに師事。清周が北浜銀行事件で起訴される。
1916（大正五）	27歳	〔公立癩療養所長の懲戒検束権が規定される〕
1918（大正七）	29歳	〔レゼー師が神山復生病院の第五代院長として就任。第一次世界大戦終わる〕
1919（大正八）	30歳	文部省在外留学研修生として欧州へ出発。パリ、モンマルトル大聖堂の奉献式に日本代表として参列。パリのアンスティテュ・カトリックに聴講入学。
1920（大正九）	31歳	ベルギーのルーヴァン大学に聴講入学。
1921（大正一〇）	32歳	皇太子時代の昭和天皇の外遊中にルーヴァン大学を案内。ロンドンのセント・エドモンド大神学校に入学。ヒューゲルに師事。

1923（大正一二）	34歳	ローマのプロパガンダ・フィデに入学（在学一週間）。ローマのコレジヨ・アンジェリコに転学。インスブルックで開催された万国カトリック青年大会に日本代表として出席。〔関東大震災〕
1924（大正一三）	35歳	ヴァティカンで開催された万国布教博覧会に、文部省より日本委員を委嘱される。
1925（大正一四）	36歳	六月六日、ヴェネチア大司教のラ・フォンテーヌ枢機卿により、聖母マリア被昇天の聖堂において司祭に叙階される。日本布教のための祈祷会を創設し、スペインを中心に活動。日本へ宣教師として派遣される。東京帰着、芝区白金に居住。〔日本MTL発足、公立癩療養所の入所基準拡大〕
1926（大正一五、昭和元）	37歳	外大森に転居。聖フキリッポ寮を設け、近親のカトリック子弟等をあずかる。カトリック研究社を開設。麻布教会や暁星中学校の公教要理解説を指導。カトリック研究社で福音書講義。
1927（昭和二）	38歳	『公教要理解説』を頒布。帝大カトリック研究会を創設。
1928（昭和三）	39歳	父とともにレゼー師を訪問し、援助する。清周が急逝、不二農園にて葬儀（司式は壮一）。都下学生のために夏期講習会を不二農園にて開催。麹町に転居。
1929（昭和四）	40歳	カトリック研究社よりカトリック信仰叢書を続刊。新設の公教神学校で「聖会史」の講義を担当。カトリック中央出版部の設立のため出版委員長に就任。四谷区信濃町に転居。
1930（昭和五）	41歳	カトリック思想講座を開始。神山復生病院の第六代院長に就任。神山復生病院の改善五カ年計画策定。〔レゼー師逝去、全国初の国立癩療養所「長島愛生園」開園〕
1931（昭和六）	42歳	病院の改善五カ年計画の実施（開始）。〔「国立癩療養所患者懲戒検束規定」公布、癩予防協会設立、改正法「らい予防法」公布、「らい予防デー」制定、満州事変始まる〕
1932（昭和七）	43歳	未感染児童の保護事業を正式開始。〔皇太后「つれづれ」の御歌披露〕

1933（昭和八）	44歳	六月七日、貞明皇太后のお召列車を奉送。
1934（昭和九）	45歳	モロカイ島のダミアン事跡を訪問。
1935（昭和一〇）	46歳	「聖フキリッポ寮」を財団法人とし、理事長に就任。聖フキリッポ寮にてカトリック講座開始。
1936（昭和一一）	47歳	信仰弘布会日本代表委員に就任。〔長島愛生園騒擾事件発生、北條民雄「いのちの初夜」発表、内務省「らい根絶二〇年計画」公表〕
1937（昭和一二）	48歳	東京大司教に推挙される（辞退）。〔日中戦争始まる〕
1938（昭和一三）	49歳	日本カトリック新聞社顧問に就任（『カトリック』編集長）。カトリック婦人東亜親善会の指導司祭となる。〔小川正子『小島の春』発刊、国家総動員法施行〕
1939（昭和一四）	50歳	カトリック中央出版部『声』編集長になる。日本カトリック新聞社の責任を辞任。〔神山復生病院創立五〇周年。第二次世界大戦始まる〕
1940（昭和一五）	51歳	神山復生病院院長を辞任し、法人理事に就任。興亜院の要請を受け、宗教団体の戦争協力を促すため華北へ出発。帰国直後、一二月三日、神山復生病院にて逝去。〔神山復生病院の第七代院長に千葉大樹師就任〕

（資料）小林珍雄、一九六一『岩下壮一全集　別冊　岩下神父の生涯』中央出版社
百年史編集委員会編、一九八九『神山復生病院の一〇〇年』春秋社
記念誌等編纂委員会編、一九八九『暁星百年史』学校法人暁星学園
多摩全生園患者自治会編、一九七九『倶会一処——患者が綴る全生園の70年』一光社

あとがき

私が岩下研究に取り組んできた理由と本書を世に問おうとしたきっかけについて、述べておかなければならない。

まず、前者についてであるが、私が初めて岩下の救癩事業を研究テーマにしたのは今から約二〇年前の一九九二年のことであった。当時、日本福祉大学大学院社会福祉学研究科に少し出遅れた院生として入学し、研究らしきことにとりかかったのがこの年であった。ただその時は、救癩の歴史研究に関心はあったものの岩下を研究対象としてとり上げるつもりはまったくなかった。むしろ、岩下の名前さえ知らなかったといってよい。ところが、研究テーマをあれこれと渉猟するうちにカトリックの救癩事業に目がとまり、中でも神山復生病院で邦人初の院長となった岩下壮一のことが気になってきたのである。彼の生き方を調べると、世間の期待を裏切ってこの事業に入ることになった実に興味深い人物であることがわかり、半ば運命の出会いのような思いで岩下研究に取りかかったのである。

社会事業史研究、とりわけ現在まで継続している事業・施設に関する研究では、実地調査の成果(史料の発掘・収集)が期待できる場合が少なくない。幸い、明治期の開設時から現在まで「神山復生病院」はカトリックの神父や修道会によって一〇〇年を超えてその事業が連綿と継承されていた。貧乏学生ゆえに安価な交通手段を探し出しては足繁く通ったのが昨日のことのように思い出される。一九九三年頃、神山復生病院の開設後まもなく建てられた事務本館に設けられた記念館は、気休めほどの展示スペースをもつ半ば物置のような場所であった。財団法人神山復生病院の副理事長で事務局長を兼ねていた小嶋康子氏には、それ以来史料の閲覧等でずいぶんとお世話になった。それまで歴史研究に携わったことのなかった私にとって、病院の生の史料を目の前にして、これが一〇〇年前の生々しい現実を物語る証拠なのかと、史料を持つ手が震えたものである。多摩全生園で開催されていた「ハンセン病医学夏期大学講座」で、現役の医学生に混ざってハンセン病医学についてにわか勉強をしたのもこの頃であった。

史料調査とともに、その後、中断していた岩下研究を再開してからは併せて入院患者の方々や関係者への聞き取りにもとり組んだ。ただ、今にして思えば研究の早い段階で話を伺っておけばよかったと後悔することも少なくない。岩下や神山復生病院に関わりのあったほとんどの方々がすでに他界されていたのである。そのような中でも、すでに故人となられた藤島桂二氏は調査のために神山復生病院を訪れるたびに居室へ立ち寄り何かと相談相手になっていただいた方である。氏は岩下の時代より数年後の入所患者ではあったが、院内の同時代の状況といわずより包括的な近代日本救癩史さえも極めて客観的に捉えられるおそらく唯一の入院（元）患者であった、と私は理解している。しばらく訪問できない場合などは、彼とはまたメル友でもあった。岩下研究を再開した二〇〇五年頃のやり取りの中であったであろうか、私の研究がらみの愚痴ともつかない相談に応じて、氏は「救癩史の金字塔的研究はいまだなされていない」と、きわめて冷静で客観的な近代日本救癩史研究への評価を述べられた。

時に癩政策についての研究では、すでに藤野豊氏の優れて実証的な成果がほぼ到達点と評価されていた上でのことである。また、荒井英子氏のキリスト教との関係でみた救癩史研究も同様に一定の評価を得ていた。私は藤島氏のことばに、ある種の深い陥穽に落ち込んだ出口の見えない研究状況が今後もしばらくは続いていくような予感を覚えたのである。しかし、その一方で、できれば私自身がその陥穽に曙光を差し入れることができれば、と途方も無い夢想を抱いたりもしたのである。

本書がそうした野望ともいえるような私の思いをその一端でも具現化できたかどうかは、読者諸氏の忌憚のない評価を待たなければならない。

次に、後者すなわち本書を世に問おうとしたきっかけについては、言うまでもなく本書の出版を引き受けてくれた吉田書店の代表である吉田真也氏を挙げなければならない。氏との出会いはある意味で偶然ではなく必然であったかもしれない。二〇〇七年に博士学位論文を仕上げてから、岩下研究を発展的に継続してはいたものの単著として世に問うという企てを現実的に考えていなかった私は、博士学位論文が二、三年程度で出版される今日の出版状況からすればかなり怠惰な研究者であった。それに痺れを切らしてか、吉田氏がそれまでまったく見ず知らずだった私を発見し、やんわりと促しの声をかけてくれたのである。それが二〇一二年の夏頃だったかと思う。以来、氏の謙虚でありながら的確な助言に助けられて今日の出版にこぎつけられたのである。

もとより、これも私の日頃の怠惰さゆえのことであるが、著書として十分に耐え得るものとなったかどうか、いささか心もとない。吉田氏の諦めともいえる寛容さに甘えてしまった点も少なからずある。この点も読者諸氏のご批正を乞う。

最後に、本書のもとになる論文の作成に当たってご協力いただいた方々に感謝を申しあげたい。前述の方々はもとより史資料の収集・閲覧にご協力いただいた神山復生病院、カトリック東京教区事務所、長島愛生園と多摩全生園、聞き取りにご協力いただいた神山復生病院の入所患者の故外山富士雄氏、氏は聞き取り当時、岩下についてほぼ唯一直接の記憶をお持ちの方であった。また、御殿場と裾野在住の病院ないしは岩下関係の地元の方々、関心は異なっていたがいくつかの聞き取り調査に同行してくれた横須賀雪枝氏、修士論文の指導をしていただいた日本福祉大学の永岡正己先生、先生はその後も続けて私の岩下研究を励ましてくださった。さらに博士論文の指導をしていただいた名古屋大学の阿部泰郎先生、原稿を読んで貴重なご意見をくださった勤務校の名誉教授・岩熊幸男先生、その他数え挙げればきりがないほどの方たちにお世話になった。また私事で恐縮だが、とりわけ院生時代には三〇代初めの修士課程のときだけでなく、四〇歳を過ぎて短大教員の身で入学した博士後期課程の在籍中も妻・由美には苦労をかけた。本書の刊行が、その幾ばくでも恩返しになったとしたらこの上ない幸いである。

なお、本書の出版にあたっては、その一部として勤務校の福井県立大学から特別研究費（出版）の助成を受けた。

輪倉　一広

二〇一五年三月

初出一覧

第Ⅰ部

第1章 「岩下壮一の生涯と思想形成（その一）」『愛知江南短期大学紀要』第三九号、二〇一〇年

第2章 「岩下壮一の思想形成と救癩――欧州からの帰朝以後、救癩活動の中頃まで」『福井県立大学論集』第三五号、二〇一〇年

第3章 「岩下壮一の思想形成と救癩――救癩活動の中頃から晩年にかけて」『福井県立大学論集』第四一号、二〇一三年

第Ⅱ部

序 章

1 「近代日本救癩史研究における岩下壮一研究の視座と位相について――思想史研究の立場から」『社会事業史研究』第三八号、二〇一〇年（なお、同稿は、博士論文「救癩史の深層――岩下壮一の救癩思想研究」の一部を加筆・修正したものである）

2 前記の博士論文（一部）の内容を加筆・修正

3 「〈岩下壮一の福祉思想〉研究ノート――既往の岩下論の検討を中心に」『愛知江南短期大学紀要』三二号、二〇〇三年

4 前記の博士論文（一部）の内容を加筆・修正

第1章　「戦前におけるわが国の癩対策の変遷とカトリック救癩事業の意義」『名古屋大学比較人文学研究年報』二〇〇三年

第2章　「岩下壮一による救癩事業改革の実際と思想」『愛知江南短期大学紀要』第三三号、二〇〇四年

第3章　「岩下壮一における権威性と民衆性」『日本研究』（国際日本文化研究センター）第三三号、二〇〇五年

第4章　「岩下壮一の救癩思想―指導性その限界」『社会福祉学』第四四巻一号、二〇〇三年

第5章　「カトリック救癩史の一断面――岩下壮一における患者観の形成の視点から」『宗教研究』第三五六号、二〇〇八年

終　章　「近代日本救癩史研究における岩下壮一研究の視座と位相について――思想史研究の立場から」『社会事業史研究』第三八号、二〇一〇年（なお、同稿は、前記の博士論文の一部を加筆・修正したものである）

※第Ⅱ部の一部は、平成一六－一八年度日本学術振興会科学研究費補助金　基盤研究（C）の研究成果である。

著者紹介
輪倉　一広（わくら・かずひろ）
福井県立大学看護福祉学部教授。
1960年新潟県生まれ。名古屋大学大学院文学研究科博士後期課程（人文学専攻）修了。博士（文学）。専門は福祉思想史。

論文に、「カトリック救癩史の一断面――岩下壮一における患者観の形成の視点から」（『宗教研究』第356号、2008年）、「ふたりの宗教家にみる〈救癩〉の主題化と倫理」（『宗教研究』第376号、2013年）など。

司祭平服《スータン》と癩《らい》菌
岩下壮一の生涯と救癩思想

2015年 3 月 25 日　初版第 1 刷発行

著　者　輪倉一広
発行者　吉田真也
発行所　合同会社 吉田書店
102-0072　東京都千代田区飯田橋 2-9-6 東西館ビル本館 32
Tel：03-6272-9172　Fax：03-6272-9173
http://www.yoshidapublishing.com/

装丁　奥定泰之
DTP　アベル社
印刷・製本　シナノ書籍印刷
定価はカバーに表示してあります。

ISBN978-4-905497-30-1